| 经济大趋势系列 |

掘金中东

主权财富基金与家族企业

高皓　孙子谋
——— 著 ———

清华大学出版社
北京

本书封面贴有清华大学出版社防伪标签，无标签者不得销售。

版权所有，侵权必究。举报：010-62782989，beiqinquan@tup.tsinghua.edu.cn。

图书在版编目（CIP）数据

掘金中东：主权财富基金与家族企业 / 高皓，孙子谋著. -- 北京：清华大学出版社，2025.6. -- （经济大趋势系列）. -- ISBN 978-7-302-69450-2

Ⅰ. F833.702

中国国家版本馆 CIP 数据核字第 2025SX3369 号

责任编辑：顾　强
装帧设计：方加青
责任校对：宋玉莲
责任印制：宋　林

出版发行：清华大学出版社
　　　　　网　　址：https://www.tup.com.cn，https://www.wqxuetang.com
　　　　　地　　址：北京清华大学学研大厦 A 座　　　邮　编：100084
　　　　　社 总 机：010-83470000　　　　　　　　　邮　购：010-62786544
　　　　　投稿与读者服务：010-62776969，c-service@tup.tsinghua.edu.cn
　　　　　质 量 反 馈：010-62772015，zhiliang@tup.tsinghua.edu.cn
印 装 者：三河市东方印刷有限公司
经　　销：全国新华书店
开　　本：170 mm×240 mm　　　　　印　张：15　　　字　数：277 千字
版　　次：2025 年 8 月第 1 版　　　　印　次：2025 年 8 月第 1 次印刷
定　　价：89.00 元

产品编号：105655-01

前 言

长久以来，中东特别是富饶的海湾国家因其丰裕的石油、天然气资源而备受全球瞩目。这片土地既是全球能源与经济版图的战略要冲，也是国际政治风云变幻的焦点所在。

当前，中东各国正在进行历史性的深刻转型，包括经济结构调整、科技创新发展以及社会文化演进。这一结构调整与产业升级的重大经济社会变革为我国实体企业和金融机构提供了开拓海外市场的宝贵机遇。中东海湾各国长期积累的雄厚石油资本，正在全球范围内寻找多元化资产配置标的，为我国更大力度吸引外资提供了难得的外部机遇。

经过十余年对全球企业研究和中东经济社会的深入观察，我们越来越意识到中东民营家族企业在全球商业舞台上扮演着不可或缺的重要角色。然而，长期以来，这些企业一直被视为神秘的存在。中东较为独特的政治、历史、文化等因素塑造了独特的经济结构、产业格局和企业特征，与世界其他地区呈现出较大的差异性。

与此同时，中东各国主权财富基金也因其巨大的资产规模和日渐增强的影响力而备受瞩目。尽管如此，我国对这些家族企业和主权财富基金的深入研究却相对较少。我们有幸获得国家发展改革委、商务部、国务院发展研究中心、中国投资有限责任公司的委托和资助，自 2020 年开始对中东主权财富基金和家族企业展开深入研究。随着"掘金中东"成为大势所趋，我们期望在既有的学术、政策和实务研究基础上，为学界和业界提供新的参考。

全球政经格局的不断演变和科技的颠覆性快速发展，使得这些石油国家开始谋求超越传统的自然资源出口模式，开启多元化、科技化、绿色化的发展之路，以实现国家经济持续转型和国民财富代际更替。这些变化将为中国和世界带来哪些新机遇？我国实体企业和金融机构应当如何把握中东国家财富和国民财富的属性和特征？如何在理解中东历史文化、政治制度、经济结构和社会变化的基础上进行前瞻性思考？

为了近距离观察并试图"置身事内"进行探究，我们"躬身入局"，自2023年恢复国际旅行以来，每年数次访问中东，深入阿拉伯联合酋长国（以下简称"阿联酋"）、沙特阿拉伯（以下简称"沙特"）、卡塔尔、巴林等海湾国家进行调研访谈，与中东各国中央与地方政府、主权财富基金、国家能源公司、金融机构、家族企业、商会组织、科研院所以及我国驻外使领馆和出海企业等深入交流，在此过程中获得的新发现和新见解，构成了本书研究的重要素材。

本书开篇即探讨中东国家财富和国民财富在全球范围内的重要性，试图从多个维度进行研讨。第二章以"国富论"为主题，探讨中东主权财富基金的内在特征和投资策略，通过对六家代表性主权财富基金案例的剖析，探究这些"战略型"主权财富基金在全球金融市场中发挥的重要作用，以及如何支持其所在国家的经济转型升级。第三章以"民富论"为主题，聚焦中东家族企业的快速崛起及其成功因素，遴选六家典型家族企业进行案例研究，探讨企业家精神在中东经济增长和全球发展方面的重要作用。第四章面向未来，从多个视角对中东的发展趋势进行前瞻判断，并分析中东经济社会转型浪潮中的中国机遇。

本书得益于各方机构和师友的鼎力支持，我们致以衷心的感谢。感谢接受访谈的沙特、阿联酋、卡塔尔、科威特、巴林等国的王室成员、政府官员、外交使节、资深金融人士、国有企业高管、民营企业家及其家族成员、大学教授、商协会人士，以及我国各类机构驻外人士，尤其是沙特通信与信息技术部原部长穆罕默德·苏韦仪阁下，阿联酋经济部次长阿卜杜拉·萨利赫阁下，阿联酋驻华大使侯赛因·伊卜拉欣·哈马迪阁下，以及阿联酋驻华大使馆公共关系负责人杨金燃，他们多次的无私分享使我们有机会理解中东这片神秘的土地及其独特的历史文化。感谢教育部国别和区域研究工作秘书处主任、北京语言大学国别和区域研究院院长罗林教授，中投公司研究院院长陈超研究员，中国社会科学院西亚非洲研究所政治研究室主任唐志超研究员，商务部国际贸易经济合作研究院王诚研究员，他们对本书撰写给予了宝贵的指导和支持。感谢清华大学五道口金融学院全球家族企业研究中心的研究助理沈子添、吴可菁等对本书做出的贡献，特别是在后期书稿整理过程中的辛勤付出。

本书部分内容曾在《中国金融》《新财富》《清华金融评论》等不同期刊发表。感谢《中国金融》编辑部主任赵雪芳，《新财富》总编辑刘凌云、编辑程静，《清华金融评论》执行主编张伟研究员等，他们的诚挚约稿使我们笔耕不辍，他们的精心编辑提升了文章质量。感谢清华大学出版社责任编辑顾强在出版过程中给予的盛情帮助与专业支持，我们在本书成稿过程中进行了多轮深入讨论，力求将学术文章转化为更贴近大众读者的内容。

前　言

本书得以完成还有赖于长期支持我们进行研究的多位重要人士。感谢清华大学五道口金融学院院长焦捷教授、党委书记顾良飞研究员，清华大学金融科技研究院院长廖理教授，清华大学国家金融研究院院长田轩教授，清华大学五道口金融学院副院长张晓燕教授，富有远见地支持我们开启中东课题研究。感谢我们学术研究的长期捐赠人金光集团董事长黄志源博士、碧桂园集团董事会主席杨惠妍博士、国强公益基金会主席陈翀博士、康师傅饮品控股董事长魏宏丞先生、霍氏集团总裁霍建民博士，感谢他们对于知识创造的慷慨支持。

尽管我们获得了各方的大力支持，但由于资料来源与成稿时间限制，难免存在疏漏之处。未来，我们还会继续深入研究，敬请读者们提出宝贵意见，以便再版时进一步完善，谨此致谢！我们的邮箱是：gaoh@pbcsf.tsinghua.edu.cn（高皓），sunzm@pbcsf.tsinghua.edu.cn（孙子谋）。

高　皓　孙子谋
写于清华园

目 录

第一章　为何关注中东财富 1

第一节　"改革开放"之国运 3
第二节　跨越两洋三洲之桥 8
第三节　年轻领袖与全球人才 12

第二章　"国富论":中东主权财富基金 17

第一节　中东主权财富基金概览 18
第二节　阿布扎比投资局:阿联酋"投资航母" 25
第三节　沙特公共投资基金:根植本土,舞动全球 39
第四节　科威特投资局:世界首家主权财富基金 52
第五节　卡塔尔投资局:以耐心资本超越"脆弱的富裕" 66
第六节　穆巴达拉:化石油财富为长期繁荣 78
第七节　ADQ:阿联酋最"年轻"的主权财富基金 91

第三章　"民富论":中东家族企业 103

第一节　中东家族企业概览 105
第二节　奥拉扬家族:起家于沙特阿美的商业传奇 112
第三节　阿拉巴尔家族:阿联酋"新精英"的财富版图 124
第四节　萨维里斯家族:埃及家族传承的四大资本 134
第五节　卡诺家族:传承四代的巴林百年航运家族 146
第六节　阿吉兰兄弟:"后石油时代"沙特转型的微缩样本 161
第七节　跨来控股:沙特联合家族办公室的实践与创新 166

第四章 中东趋势前瞻：转型浪潮的中国机遇·················· 177

第一节　从"石油王国"到"资本先锋"：中东投资版图·············· 178
第二节　中东主权财富基金"向东看"：洞见中国新机遇············· 187
第三节　能源巨擘的资本蝶变：以沙特阿美为例··················· 198
第四节　绿色主权债券：中东主权财富基金的可持续实践············ 202
第五节　迪拜家族办公室崛起：领航财富管理新时代················ 207
第六节　中东证券交易所前瞻：扬帆新兴市场····················· 213

参考文献·· 225

第一章

为何关注中东财富

中东一直是世界上最受关注的地区之一，既为沟通两洋、三洲、五海的地理战略要冲，又拥有丰富的石油、天然气等重要自然资源，在国际地缘政治、全球经济能源和世界文明版图中殊为重要。

通常所指的中东涵盖地中海东部与南部地区，特别是亚洲西部一带，总人口约 4.9 亿。因石油资源而繁荣的沙特、阿联酋、卡塔尔、科威特、阿曼和巴林六个海湾阿拉伯国家合作委员会（以下简称"海合会"）成员国（亦称"海湾六国"）尤为亮眼，本书将聚焦探讨这些中东海湾国家的国家财富和国民财富。

中东各国主权财富基金与家族企业共同构建了庞大而稳固的财富基础。主权财富基金作为国家财富的守护者，致力于管理来源于自然资源的石油美元，追求长期且稳定的投资回报。与此同时，家族企业在经济增长和吸纳就业等方面扮演着重要角色。

尽管中东各国因丰富的石油资源而面临历史新机遇，但其长期发展前景依然面临诸多挑战，包括食利性经济结构导致的产业结构失衡、全球清洁能源转型升级、国家治理能力有待完善、文化宗教冲突及地缘政治动荡等，使其迫切需要通过深化制度改革和提升治理能力来实现经济多元化和可持续发展。

中东海湾国家层面的多项改革举措，包括从"石油大国"向"投资强国"和"科技强国"转型的战略等，共同使得中东资本获得越来越广泛的全球关注。在世界金融市场加剧动荡的挑战下，中东资本将目光转向中国及其他充满活力的新兴市场，旨在拓宽投资渠道，实现资产配置的多元化，以有效规避潜在风险。

2023 年以来，我国各大搜索引擎中"中东"的搜索热度持续处于高位，中东亦成为各级政府招商、各类企业出海和投资基金募资的重要目的地。受宏观经济环境、地缘政治关系等因素影响，美元基金在我国正在显著退潮。国家外汇管理局数据显示，2023 年中国外来直接投资净流入 330 亿美元，继 2022 年同比下降 47.6% 后再降 81.7%，净流入规模降至 30 年来最低值。在此背景下，中东资本对于缓解我国企业的美元融资约束具有独特作用。"掘金"中东日益成为中国各类机构的共识。上述多种因素共同推动了这一投资趋势,且自 2022 年来不断增强。中国和中东海湾国家具有极强的互补性,一方谋"活水",一方要"转型",未来合作前景值得探索和期待。

第一节　"改革开放"之国运

一、海湾新时代

20 世纪 30 年代,海湾国家相继发现石油、天然气,引发了经济结构的根本性转变。原本以渔业、珍珠采集和小规模贸易为主的传统经济体,转变为以石油、天然气等化石能源出口为主。根据英国石油公司(BP)数据,海湾各国石油产量占全球 20%,占石油输出国组织(OPEC)总产量 60% 以上,海湾各国政府从油气相关产业中获得的财政收入大约是非油气产业的 8 倍。

2018 年以来,海湾国家 GDP 总体呈稳步上升趋势,如图 1-1 所示。沙特 GDP 位列六国之首,从 2018 年的 8 466 亿美元增长到 2023 年的 10 675 亿美元,

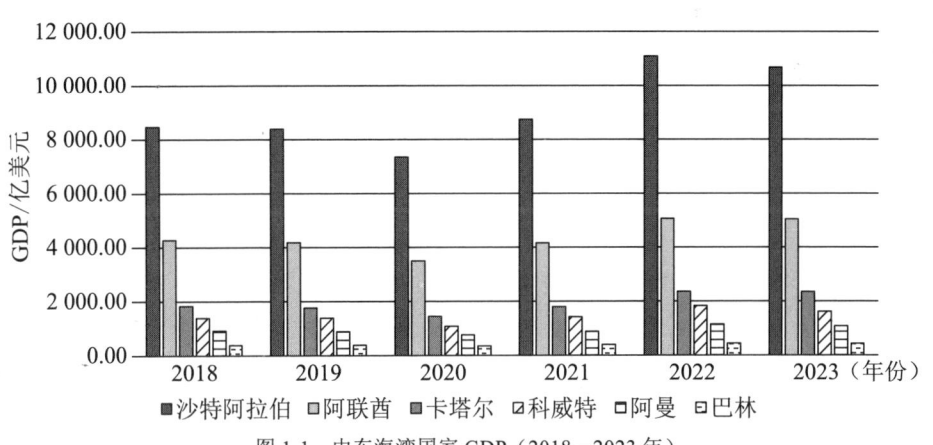

图 1-1　中东海湾国家 GDP(2018—2023 年)

资料来源:世界银行、各国统计局

人均GDP为2.89万美元。阿联酋紧随其后，GDP从2018年4 270亿美元增至2023年5 041亿美元，人均GDP为5.29万美元。卡塔尔、科威特、阿曼和巴林在2020年后也呈明显上升趋势，人均GDP在2023年分别达到8.19万、3.75万、2.32万和2.9万美元，其中卡塔尔近年来多次登顶全球最高人均GDP国家之列。俄乌冲突爆发以来，全球油气价格高企，海湾各国在全球能源供应链中的影响力进一步凸显，经济发展迎来新的机遇。

中国与海湾各国互为重要合作伙伴，在政治、经济、文化等领域均保持着紧密且富有成效的联系与合作。自建交以来，双方关系不断深化，形成多维度、广覆盖的合作格局。2004年，中国与阿拉伯国家联盟共同创立"中国—阿拉伯国家合作论坛"，成为推动务实合作、共筑"一带一路"高质量发展的重要平台。2013年首届中国—阿拉伯国家博览会开幕以来，每两年举办一届，成为中阿合作的新高地。

中国已成为阿拉伯国家的最大贸易伙伴。2023年，中国与阿拉伯国家贸易额达3 981亿美元，保持着较好的发展态势。中国致力于扩大贸易规模，深化与阿拉伯国家的政策沟通，共同构建"命运共同体"，推动双方关系迈向更深层次的发展。

2022年12月，国家主席习近平对沙特进行国事访问，出席中阿、中海、中沙领导人"三环峰会"。这一高级别活动被视为中国外交的一项重大创举，体现了中阿双方在应对全球挑战方面加强团结协作的战略抉择。此次峰会明确了五大重点合作领域：一是构建能源立体合作新格局，中国将继续从海合会国家稳定、大量进口原油，扩大液化天然气进口，加强油气上游开发、工程服务、储运炼化合作以及清洁低碳能源技术等合作；二是推动金融投资合作新进展，双方将成立共同投资联合会，研究举办中海产业和投资合作论坛，开展本币互换合作；三是拓展创新科技合作新领域，双方将加强5G和6G技术合作，围绕跨境电商合作和通信网络建设等领域实施数字经济项目；四是实现航天航空合作新突破，在遥感和通信卫星、空间应用、航天基础设施等领域开展一系列合作项目，研究成立中海联合月球和深空探测中心等；五是打造语言文化合作新亮点，中国将同海合会国家300所大中小学合作开展中文教育，同海合会国家合作设立300个中文智慧教室，提供3 000个"汉语桥"夏（冬）令营名额，建立中文学习测试中心和网络中文课堂等。以上五个领域充分彰显了中国与海湾国家之间合作的广度和深度，将进一步促进双方全面合作，推动跨越式发展。

中东拥有全球约三分之二的石油储量，石油产业在海湾各国经济中扮演着关键角色，贡献了近90%的外汇收入，创造了约40%的GDP，但非油产业的发展则相对薄弱。全球经济格局的深刻调整、地缘政治风险的复杂性、气候和环境挑战的严峻性以及科技进步和创新的加速发展，共同推动了海湾各国积极谋求经济增长与社会发展的全面转型。

自 2016 年以来，海湾各国纷纷制定了全新的国家战略愿景，旨在摆脱对化石能源的依赖，通过金融投资来促进先进产业发展，推动尖端科技、顶级赛事、艺术文旅等新兴产业壮大，并大力推动能源转型，以实现经济多元化和可持续发展目标。各国转型愿景如表 1-1 所示。

表 1-1 海湾各国转型愿景

国　家	战略愿景	提出时间	倡导者	主要内容
沙特	2030 国家愿景	2016 年	王储兼首相 穆罕默德·本·萨勒曼	减少石油依赖，发展公共部门，促进教育和健康服务，提高女性的劳动参与度，促进私营部门发展
阿联酋	面向未来 50 年国家发展战略	2021 年	总统 谢赫·穆罕默德·本·扎耶德·阿勒纳哈扬	巩固全球领先的国家地位，通过实施一系列创新和远见政策促进经济、社会和环境的可持续发展
卡塔尔	2030 国家愿景	2008 年	埃米尔 谢赫·哈马德·本·哈利法·阿勒萨尼	经济多元化，社会发展，提高教育和卫生标准，环境保护和可持续发展
科威特	2035 国家愿景	2017 年	埃米尔 谢赫·萨巴赫·阿尔艾哈迈德·阿尔贾比尔·阿尔萨巴赫	将科威特转变为金融和商业中心，改善公共服务和基础设施，促进私营部门发展
阿曼	2040 愿景	2013 年	苏丹 卡布斯·本·赛义德	经济多元化，社会和文化发展，提高生活质量，教育和卫生服务提升
巴林	2030 经济发展愿景	2008 年	国王 谢赫·哈马德·本·伊萨·阿勒哈利法	经济多元化，成为区域金融中心，提高教育和健康标准，政府效率和透明度提升

来源：各国政府官网

俄乌冲突爆发导致全球石油价格上涨，一度达到 2014 年以来最高水平，刺激了海湾国家的财富增长。根据国际货币基金组织（IMF）2022 年的预测，中东国家有望在之后四年额外获得 1.3 万亿美元的石油收入，这笔"意外之财"将进一步增强中东主权财富基金的实力。海湾国家凭借巨额石油财富缓解了自身财政紧张的压力，开始寻求更积极的全球资产配置。这种趋势将进一步加强其全球经济地位，并推动其在国际金融市场上的投资和影响力的增长。

沙特 2030 愿景——打造未来之城

2016 年沙特提出"2030 愿景"，彼时刚上任的穆罕默德王储（MBS）定义了该愿景的三大支柱：阿拉伯和伊斯兰世界的中心地位、全球投资强国的决心和实力、连接三大洲两大洋的战略位置。沙特利用丰富的光照、广袤的土地和丰沛的风能资源，积极发展可再生能源产业，希望投资 7 万亿美元建设 6 个"千兆项目"，包括未来新城（NEOM）和阿卜杜拉国王金融城（KAFD），聚焦能源与水、生物科技、食品、清洁制造业等九大行业，采用风能和太阳能等可再生能源来满足城市的能源需求。NEOM 新城将通过世界产能最大的制氢工厂，孵化和加快实施可再生能源解决方案，目标是超越"零碳"进入循环经济，以未来思维推动变革。

NEOM 新城是沙特一项宏大的造城计划，旨在打造一座集未来科技与可持续发展于一体的绿色城市。该项目总投资高达 5 000 亿美元，占地约 26 500 平方千米，预计 2040 年完工，到 2045 年将容纳约 900 万居民。NEOM 新城致力于打造可盈利、可持续和创新驱动的经济实体，包括线性城市 The Line、先进清洁产业中心 Oxagon、山区旅游目的地 Trojena、豪华岛屿度假胜地 Sindalah 和海滨社区 Norlana 等重要组成部分。为了寻求经济转型，这些项目希望使用零排放、能源再生、智能科技、生态和谐、清洁工业等绿色技术，保留超过 95% 的原有自然景观。其中，Trojena 的沙漠滑雪胜地项目将成为沙特 2029 年亚冬会场馆。据报道，NEOM 新城是目前全球最大的打桩工程，260 台挖掘机和 2 000 辆卡车昼夜 24 小时不间断地工作，每周完成超过 200 万立方米的土方。然而，受预算方案等多重因素影响，NEOM 新城的当前进展相较于原定计划有所减缓。

中国企业在 NEOM 新城建设中扮演着重要角色。中国建筑集团有限公司（简称"中建集团"）和沙特新未来城公司签署了交通隧道项目的施工总承包合同，项目金额 78.6 亿元；中国电力建设集团简称"中国电建"助力构建 The Line 摩天大楼；阳光电源股份有限公司为 NEOM 绿氢项目提供解决方案；中国铁建国际集团负责承建新未来城隧道支洞项目；中建集团负责承建新未来隧道项目；中国电建华东院负责施工综合供水管网项目；中土集团签署预制件供应项目，为铁路隧道建设提供材料；华为公司提供技术支持，协助新未来城建立 5G 网络、骨干传输网络、数据中心、云和人工智能平台；三一重工在 NEOM 新城项目中部署了超过 1 672 台设备；远景能源以风电打造全球最大绿氢工厂……这些项目作为中沙两国的经济合作旗舰项目，将大力推动 NEOM 新城的建设。

二、持续优化营商和投资环境

根据世界银行《全球营商环境报告》，海湾各国在营商环境方面不断优化。阿联酋凭借开放的商业政策与卓越的基础设施，长期位居全球营商环境前列，世界银行数据显示，其 2020 年营商环境在 190 个国家/地区排名中位列第 16，连续多年领跑阿拉伯国家。沙特作为中东经济的重要支柱，全球竞争力排名从 2021 年第 32 位跃升至 2024 年第 16 位，展现了在吸引国内外投资、推动经济多元化发展方面的坚定决心与不懈努力。卡塔尔、科威特、阿曼和巴林等国亦积极推动营商环境改革，特别是巴林，在税收、施工许可和信用可得性等九大关键指标上均取得显著进步，整体营商环境得分快速提升，全球竞争力在 2024 年排名第 21 位，较 2022 年上升 9 位，成为海湾地区营商环境优化的典范。

中东拥有多个重要的国际金融中心，包括迪拜、阿布扎比、多哈等。以阿联酋为例，其不断加强作为国际贸易、物流、商业和金融中心的吸引力。通过提供先进的基础设施、税收友好型政策吸引全球人才和客户，依托地理优势成为通往中东、北非及欧洲市场的门户和"一带一路"的重要枢纽。低至 9% 的企业所得税率及迪拜国际金融中心（DIFC）长达 40 年的零税率保证，进一步增强了竞争力。迪拜的多元文化、年轻人口以及对外籍人才的吸引力，使其成了一个创新、活力与潜力并存的国际化大都市。随着世界各国越来越多的家族办公室选择在迪拜设立，阿联酋正在逐渐成为全球财富管理中心。2023 年 4 月，全球最大对冲基金之一的桥水基金的创始人瑞·达利欧计划在阿布扎比设立家族办公室。越来越多的全球高净值人士和投资者将目光投向这里，阿联酋的金融市场和商业环境有望进一步优化。

与此同时，中东在建设区域性证券交易所和完善资本市场方面取得了显著进展。2022 年，中东在全球最大 IPO 项目中表现卓越，占据了前十名中三个席位，分别是阿联酋的阿布扎比证券交易所（ADX）、迪拜金融市场（DFM）和沙特证券交易所（Tadawul）。这些交易所的出色表现不仅为中东金融行业带来了更多机遇，也为国际投资者提供了广阔的投资渠道，进一步推动了地区经济发展和国际化。

第二节

跨越两洋三洲之桥

中东地区得益于其独一无二的地理位置，自古以来便占据了举足轻重的地缘政治与经济战略地位。在历史上，该地区作为东西方文明交汇的关键通道，见证了无数文化的碰撞与融合；而今，它更是成为全球贸易往来与能源运输体系中不可或缺的关键节点。这一地区的区位优势与经济潜能相辅相成，为中东国家提供了良好的发展基础。

一、连接两洋、三洲、五海之地

中东横跨亚洲、非洲和欧洲三大洲，连接印度洋和大西洋两大洋，环绕五大海域，地理位置得天独厚，被誉为"世界的十字路口"，因其丰富的自然资源和重要的地理位置，长久以来一直是全球地缘政治的核心区域。海湾各国位于"海上丝绸之路"的关键节点，拥有绵长的海岸线、多个港口和主要运河，尤其拥有对于全球贸易和能源运输具有重要意义的关键航道。

中东的港口和运河也是国际运输的咽喉通道。霍尔木兹海峡位于阿拉伯半岛，是全球石油与天然气运输的重要枢纽。2022—2023年，通过该海峡的石油运输量占全球海运石油交易总量的1/4以上。2022年全球液化天然气（LNG）贸易中，约有1/5贸易量也是穿过霍尔木兹海峡运输的。

中东在全球贸易、物流、航运和金融等方面拥有重要地位。迪拜利用其得天独厚的地理位置，成了连接东西方的交通枢纽和中东金融经济中心，为来自亚洲、欧洲、非洲的企业提供了便捷的商务条件。迪拜国际机场连接200多个目的地，这种国际交通便利性，结合其豪华的会展、酒店和娱乐设施，使得迪拜成为全球顶级展会的热门选择，如迪拜世界博览会、迪拜国际汽车展和迪拜国际游戏展等。迪拜世界贸易中心（DWTC）和迪拜国际会展中心（DICEC）每年举办超过100场展览和贸易博览会，涵盖科技、医疗、房地产、酒店等多个行业，进一步巩固了其在全球会展业中的领先地位，也促使迪拜成为中东贸易中心。

沙特则以纵深腹地连接多个重要国际海运航道，凭借10个主要港口，每年约处理超过1000万个集装箱，具有强大的海上物流能力。沙特于2021年宣布了一项1066亿美元的运输和物流扩展计划，目标是占据海合会国家物流市场的

55%，作为国家运输和物流战略的一部分。据预测，到 2030 年，物流和运输行业对沙特 GDP 的贡献将提升至 10%，成为推动国家经济增长的重要引擎。

二、全球能源开发的心脏地带

中东蕴藏着极为丰富的石油资源，已探明石油储量 8 359 亿桶，在全球探明石油储量中占比 48.25%，被誉为全球石油的"心脏"。目前，中东石油出口 2 426.1 万桶/日，占全球石油出口量中的 35.26%。沙特拥有约 130 个油气田，已探明原油储量高达 2 665 亿桶，约占全球原油总储量 20%。伊拉克探明石油储量 1 450 亿桶，占全球储量 8.37%。科威特探明石油储量 1 015 亿桶，占全球储量 5.86%。阿联酋探明石油储量 978 亿桶，占全球储量 5.65%。

中东天然气探明储量高达 75.8 万亿立方米，高于俄罗斯－中亚地区的 56.6 万亿立方米和亚太地区的 16.6 万亿立方米，是全球天然气探明储量最高的地区。天然气储采比高达 110.4，同样为全球最高。目前，中东天然气年出口量超过 1 400 亿立方米，占世界天然气出口总量的 14%。卡塔尔表现尤为突出，拥有全球最低的天然气生产成本。预计到 2030 年，卡塔尔液化天然气出口量将显著增长，达到每年 1.26 亿吨。此外，沙特、阿联酋和伊拉克天然气探明储量也非常可观，分别为 6 万亿立方米、5.9 万亿立方米和 3.5 万亿立方米。

石油输出国组织（OPEC）预计，2024 年世界石油需求量将增至 10 440 万桶/日。俄乌冲突对全球原油价格产生了显著影响，供应中断的担忧、制裁影响和交易、运输的困难导致西得克萨斯州中间基原油（WTI）价格上涨 37.14 美元/桶，布伦特原油（Brent Crude）价格上涨 41.49 美元/桶，由于欧洲对俄罗斯石油、天然气的高度依赖，布伦特原油价格受到的影响更为显著，布伦特和 WTI 之间的价差显著增加。对于海湾产油国而言，俄乌冲突无疑带来了意外的收益。尽管高油价常常伴随着市场过热与风险，但欧美针对俄罗斯石油出口能力所施加的限制，为中东国家的油气出口创造了巨大商机。这一转变不仅加强了海湾产油国在全球能源市场的地位，也为其带来了可观的经济利益。

三、"向东看"："一带一路"合作不断深化，贸易版图逐渐扩展

截至 2023 年，中国与 22 个阿拉伯国家签署了共建"一带一路"合作文件。2023 年中国与阿拉伯国家贸易额达 3 981 亿美元，其中与海湾地区贸易额达

2 869 亿美元。中国从阿拉伯国家进口原油超过 2.6 亿吨，与海湾国家合作尤其突出，中国的阿拉伯国家原油进口来源国前 6 名均来自海湾国家。中阿贸易互补性显著，原油贸易占据较高比重，跨境投资增长势头迅猛，主要聚焦于能源、建筑及 IT 产业，承包工程方面重点覆盖基础设施、石油化工和电力领域。

越来越多有影响力的国际组织向中东敞开了大门。金砖国家是新兴市场经济实力不断增长的证明，旨在促进成员国之间的经济合作和发展。2024 年 1 月，沙特、阿联酋等国正式加入金砖国家，标志着其在全球政治经济格局中的地位得到进一步提升，也反映出中东等新兴市场经济体在国际舞台上日益增长的实力和影响，不但为金砖国家带来更广泛的投资、贸易和商业机会，同时也将利用金砖国家的集体影响力进一步推进全球合作。

中国与中东各国的友谊在"一带一路"倡议下续写崭新篇章，经贸关系跃升，多领域合作方兴未艾。沙特是最早支持并参与共建"一带一路"的国家之一。2022 年，中沙两国政府签署《关于共建"一带一路"的倡议与"2030 愿景"对接实施方案》，共同推进基础设施、能源、贸易和投资等领域合作。自 2001 年以来，沙特一直是中国在中东的最大贸易伙伴，而 2013 年起中国也成为沙特最大的贸易伙伴。2022 年中沙双边贸易总额达到 1 160.4 亿美元，沙特成为中国在中东第一个千亿美元级别的贸易伙伴。2023 年中沙双边贸易额为 1 072.3 亿美元。在能源领域，沙特一直是中国最重要的原油供应国之一。2022 年，中国从沙特进口的原油总量达到 8 750 万吨，2023 年达 8 796 万吨。

阿联酋是与中国合作程度最深、领域最广、最具成果的中东国家之一，连续多年是我国在中东第一大出口市场和第二大贸易伙伴。2022 年中阿双边贸易额 992.7 亿美元，其中我国出口额 538.6 亿美元；2023 年中阿双边贸易额 949.77 亿美元，其中我国出口额 556.86 亿美元。阿联酋是我国第四大原油进口来源国，2023 年我国从阿联酋进口原油 4 181.69 万吨。

中国与中东经贸关系日益升温，也为中国企业出海中东带来诸多机遇。中国在基础设施建设、港口运营、铁路建设、卫星遥感、电信通信、海水淡化等领域拥有显著的优势。这些产能通过大规模和长期投资，成功进入了海合会六国市场。中国港湾自 2007 年在沙特开展业务以来，已在当地实施水工、路桥、基础设施等超过 50 个项目，陆续修建起海尔港、达曼港、延布工业港码头、吉达集装箱码头、吉赞港口等，累计合同金额超过 50 亿美元。2017 年以来，中国石油天然气集团有限公司（简称"中国石油"）抓住重大油气项目合同到期的机遇，成功获取阿布扎比陆上、海上 4 个项目。在伊拉克，中国石油和英国石油公司合作开发了伊拉克最大的油田鲁迈拉油田，油气当量年产超 7 000 万吨，占伊拉克总产量的 1/3。哈法亚项目成功建成 2 000 万吨级现代化大油田，在伊拉克同期中标项目中率先完成高峰期产能建设并实现高峰产量。中国建材迪拜海外仓位于阿联酋迪拜的杰贝阿里自由贸易区，2013 年正式运营，占地面积约 5.2 万平方米，主营产品建筑材料、车辆及设备、油气、新能源等，是在中东及北非地区打造的属地化区域中心。

越来越多的民营企业也出海中东，展现出强大的创新能力和成本效率优势。华为为沙特建设 5G 网络、骨干传输网络、数据中心、云和 AI 平台等，推动了沙特数字经济的发展。商汤科技在 2018 年进入沙特市场，在当地开拓并持续深耕智慧城市、智慧文旅、智能汽车、智慧医疗等多个行业，与沙特国家主权财富基金 PIF 共同成立合资公司。长城汽车和比亚迪等也与中东知名汽车经销商签署战略合作协议。2022 年，中国制造的新车在阿联酋的销量约占总销量的 4% 至 5%。2023 年 6 月，阿布扎比投资机构 CYVN Holdings 通过定向增发新股和老股转让等方式向蔚来进行总计约 11 亿美元战略投资，并寻求蔚来国际业务机会；12 月 CYVN 宣布以现金形式向蔚来进行新一轮总计约 22 亿美元战略投资。

作为全球经贸的战略要地和"海上丝绸之路"关键节点，中东在全球贸易中发挥着不可忽视的作用。自"一带一路"倡议发出以来，中国企业在中东的广泛投资与合作加深了中国与中东的政治经济联系，推动了中东对中文学习的热情和兴趣。中东各国正在主动加大中文在国民教育体系中的比重。2023 年，沙特已将汉语作为第二官方外语纳入学校课程，政府推动全国所有公立和私立中学开设汉语课程，每周两节课实施汉语普通话教学计划。阿联酋在境内 100 所学校开办汉语班，从小学一年级起讲授汉语直到十二年级（相当于我国高中三年级）。2018 年以来，埃及共有 16 所大学设立了汉语系或在课程中讲授汉语。中东"中文热"的兴起，源于中国日益增强的国际影响力和双方经贸合作的不断扩大，掌握中文已经成为提升个人就业竞争力的关键技能。

中东以独特的地理位置、丰富的自然资源和"一带一路"沿线的核心角色，彰显了其在全球政治经济格局中的重要地位。这种地理位置的优越性使中东在国际贸易、物流和信息交流中发挥着枢纽性作用，有望在全球经济格局中扮演更加重要的角色。

第三节
年轻领袖与全球人才

海湾各国新一代的领导人正为中东的经济版图勾勒出崭新的蓝图。他们在政治上展现出勃勃生机与现代视角，同时在经济与金融领域推动深刻变革，致力于建设现代化基础设施，推动石油化工、新能源、高科技等行业发展。海湾国家认识到创新与人才的重要性，通过教育改革、人才引进及国际合作，打造开放包容的人才环境，为中东经济多元化与创新发展注入活力。

一、海湾各国的年轻领导人引领现代化发展

海湾各国的经济格局正迅速演变，传统的君主制政体受到内部政治改革之压，而新兴政治力量积极追求更广泛的政治参与和影响力。这些国家较为年轻的领导人正引领着自己的国家展开深刻的"改革开放"。这一阶段的愿景和方针包括建设现代化基础设施，推动石油化工、新能源、高科技等行业发展，以实现经济多元化和可持续发展。新一代领导人以创新理念推动发展，塑造国家在全球舞台上的崭新形象，使海湾国家在全球经济中的角色变得更加灵活和多元（见表1-2）。

表1-2 海合会六国概况（截至2025年4月）

国家	政体	国家领导人	人口（万人）	面积（万平方公里）	人均GDP（万美元）
沙特	君主制	萨勒曼·本·阿卜杜勒阿齐兹·阿勒沙特	3 530	225	3.44
阿联酋	君主制（联邦）	穆罕默德·本·扎耶德·阿勒纳哈扬	1 024	8.36	4.77
卡塔尔	君主制	塔米姆·本·哈马德·阿勒萨尼	305	1.15	8.18
科威特	君主制	米沙勒·艾哈迈德·贾比尔·萨巴赫	486	1.78	3.9
巴林	君主制	哈马德·本·伊萨·阿勒哈利法	157	0.078	2.35

续表

国　家	政　体	国家领导人	人口（万人）	面积（万平方公里）	人均GDP（万美元）
阿曼	君主制	苏丹海赛姆·本·塔里克·阿勒赛义德	516	30.95	1.9

来源：维基百科、中华人民共和国外交部官网等。

备受瞩目的沙特王储兼首相穆罕默德·本·萨勒曼（MBS）是1985年出生的政治新星，毕业于沙特国王大学，2007年获得法学学士学位。作为新一代领军人物，穆罕默德王储正致力于推动沙特全面而深刻的改革。他力主推进的"2030愿景"计划，旨在降低沙特对石油产业的依赖，实现经济多元化，并推动社会现代化。这一宏伟蓝图包括发展非石油产业，提升旅游业、体育业以及文化娱乐领域等一系列改革措施。穆罕默德王储初期在国外被誉为改革者，放松了沙特众所周知的许多严格的社会限制，包括解禁电影院，允许女性更广泛地参与社会活动，并赋予她们驾驶的权利。这些改革标志着沙特社会在开放和多元化方面的重大进步，同时吸引外国投资和增加就业机会，但改革的道路也面临着经济多元化、社会变革以及复杂地缘关系的多重挑战。穆罕默德王储致力于加强沙特与其他国家的关系，并积极参与国际事务，推动沙特在全球事务中的影响力。他还推动了包括NEOM新城这样的大型发展项目，旨在吸引全球投资者和高科技企业。他从2015年开始掌握沙特主权财富基金——沙特公共投资基金（PIF），将其作为国家经济转型的重要抓手。

卡塔尔"80后"埃米尔塔米姆·本·哈马德·阿勒萨尼（以下简称"塔米姆"），以前瞻性的领导风格和果敢的执行能力而著称。塔米姆是哈马德的第四个儿子，其母为哈马德第二任妻子穆扎王妃。他早年被送往英国接受教育，先后就读于享有盛名的哈罗公学和舍伯恩学校，而后在英国桑赫斯特皇家军事学院深造，被外界评价为通晓文学、历史、体育、军事等多个学科。塔米姆在担任王储期间积极推动教育普及与发展。2013年上台以来积极推动政府年轻化，重组内阁时鼓励年轻人参与，18名内阁成员中有3人年龄低于45岁，展现了其培养新一代领导者的决心。面对外交"断交"危机，当四国关闭通往卡塔尔的海陆空通道时，塔米姆展现出冷静和决心，下令大力发展农业，旨在提高粮食自给率。经过不懈努力，卡塔尔的粮食自给率已经从15%显著提高到60%。塔米姆还对体育事业充满热情，担任王储的10年间，领导卡塔尔通过吸引大型体育赛事和收购知名运动队来提升国际地位。为实现其"让全世界每一个知道足球的人都能了解卡塔尔"的宏大目标，卡塔尔投入 2 200 亿美元巨资举办世界杯，这一数字超过了之前七届世界杯预算总和的五倍。

二、招贤纳士，探索多元化人才吸引策略

中东海湾国家的人口结构以外来人口占多数，主要是由于这些国家经济快速发展，对劳动力的需求巨大，吸引了大量世界各地的工人和人才参与其经济建设和社会发展（见表1-3）。较为突出的是，阿联酋和卡塔尔的外来人口占总人口的比例超过 85%，科威特的外来人口占比约为 68%。

表 1-3　中东海湾各国人口结构（截至 2025 年 4 月）

国　　家	人口（万人）	外来人口（万人）	外来人口占比
沙特	3 530	1468	42%
阿联酋	1 024	901	88%
卡塔尔	305	259	85%
科威特	486	330	68%
巴林	157	86	55%
阿曼	516	221	43%

来源：中华人民共和国外交部

各国政府采取了多种措施来吸引和留住外来人才，包括长期居留和永久居民计划、税收激励政策以及提供高水平教育机会。沙特 2024 年 1 月全面推出了"高级居留签证"政策，其"2030 愿景"明确表示欢迎更多有才华和技术的外籍人士定居沙特。该政策针对的申请人群包括专业人才（科研人员、管理人员、医疗专家等）、优才（体育、文化、艺术领域人才）、投资者、企业家和房地产业主。外籍人士有权在沙特居留一年（可续签）或无限期居住，其中无限期居留计划费用为 80 万里亚尔（约 138.6 万元人民币），一年居留计划费用为 10 万里亚尔（约 17.1 万元人民币）。

海湾各国推出多个人才引进计划。阿联酋允许外国投资者、企业家、专业人士和优秀学生获得长期居留权，甚至是永久居留权，为外籍人士打造长期生活、工作和投资的首选目的地。从 2014 年起，阿联酋副总统兼总理、迪拜酋长

穆罕默德·本·拉希德·阿勒马克图姆发起并全额资助迪拜商业英才项目（Dubai Business Associates），旨在为优秀的大学毕业生提供在迪拜学习并体验商业环境的机会，培养未来商业领袖。该项目融合了硬技能、软技能、咨询技能以及为期9个月的实践工作，包含学术模块、实习和战略咨询等方式。在整个项目期间，学员将参加行业领袖和CEO大师课程，接受技能发展培训。沙特的国家数据和人工智能战略致力于在2030年前在人工智能领域吸引约200亿美元国内外投资，培训超过2万名数据和人工智能人才。

在税收激励方面，沙特实施了非居民税制，对外国居民提供了较低的税收负担，同时为在利雅得设立地区总部的外国公司提供税收优惠（包括30年免征企业所得税），利用这样的税收政策吸引外国专业人才和企业家在沙特工作和投资。迪拜国际金融中心（DIFC）承诺在40年内对公司利润实行零税率，并通过与监管机构和中央银行签订的双重避税条约进一步增强税收优惠政策。阿布扎比全球市场（ADGM）对所有注册在区内的企业实行50年内零税率，允许100%汇回资本和利润，这些措施都吸引了大量国际人才和企业。

在科研和教育方面，海湾各国正努力尝试转型成知识经济，对科教领域进行大量投资，将重心转移向人力资本。沙特阿卜杜拉国王科技大学（KAUST）作为世界级研究型大学，以吸引顶尖人才、购置先进设备、开展前沿研究并发表学术论文为核心原则，为博士生提供全额奖学金，每年2.5万到3万美元，包括学费、杂费、医疗保险和住宿等，而硕士生每年可获得2万美元。KAUST在2022—2023学年展现出较高的国际化水平，招收的1 800多名学生来自73个国家，约380位教职人员包括教师、助教和行政人员来自48个国家。学科主要分为"生物与环境科学与工程""计算机、电气和数学科学与工程"和"物理科学与工程"三个大类。

纽约大学阿布扎比分校（NYUAD）则凭借其以通识教育为核心的研究型大学特色，吸引来自超过90个国家的学生，学科涉及工程、物理、计算机科学、生物学等领域。该校由阿联酋政府提供所有费用，奖学金覆盖四年学习期间的所有费用，包括学费、伙食费、住宿费、课外活动、医疗保险以及每年两张往返家乡的机票。阿联酋哈利法大学与中国国家留学基金委合作，向符合条件的攻读全日制工程或科学博士学位的中国公民提供奖学金，涵盖生活费补贴（1 500美元/月）、全部学费、科研经费、书本费、签证处理费及当地医疗保险，免费校内住宿（或房租补贴800美元/月）。

在新的世界格局中，中东集中了诸多优势，丰富的自然资源为经济发展提供了坚实基础，而显著的地缘政治地位则赋予了其全球重要影响力，同时，拥有年轻领导人和富有创新精神的人口结构，为区域发展注入了源源不断的活力。这些因素共同为中东转型提供了强大动力，让其成为创新发展的热土。

第二章

"国富论":中东主权财富基金

中东是全球主权财富基金的起源地和聚集地。主权财富基金亦是中东各国实现经济转型、支持区域发展、拓展国际合作的重要金融工具。石油出口国通过设立主权财富基金，将其出口盈余、财政盈余或外汇储备进行国际投资。因其资源禀赋和经济结构的差异，中东主权财富基金拥有独特的资金来源与投资目标，兼具战略性和经济性的"双重属性"。

2022年12月初，国家主席习近平出席首届中国—阿拉伯国家峰会，标志着中阿关系进入了新的历史时期。中东国家"向东看"的趋势越发明显，从"能源大国"向"投资大国"的转型过程中，中东石油出口国丰沛的投资额度和积极的资产配置策略引起了全球金融市场的广泛关注。

与此同时，海合会国家的经济增长率在2022年整体提高至6.4%，而2021年仅为2.7%。石油价格的激增扩大了中东主权财富基金的资产管理规模，为其开展新的投资活动提供了动力。据《海湾日报》报道，海合会经济体的GDP增长率预计将从2024年2月的3.8%，到2034年将增至5.4%，这将推动该地区GDP总量增加约2.5万亿美元。中东各国政府希望通过主权财富基金，实现国家财富的多元化和高额投资回报，并与国家政策和战略规划相结合，以提高国家的可持续竞争力。

第一节
中东主权财富基金概览

国家主权财富基金（简称"主权财富基金"）作为世界范围内重要的机构投资者，2018年以来资产管理规模大幅增长，影响力不断增强，已成为全球金融市场日益活跃的参与者。根据主权财富基金研究院（SWFI）数据，截至2024年

3月，排名前100位的全球主权财富基金资产管理规模总计已高达12.3万亿美元。

中东主权财富基金以其自身独特的发展历史和雄厚的资金实力独树一帜。主权财富基金最早发源于中东，大多为资源型主权财富基金。海湾国家率先以石油出口收入盈余设立投资基金，以减弱石油价格的当期波动对本国财政及货币的潜在影响，提高长期投资收益水平，进而提升国家的可持续发展能力。

一、主权财富基金的定义

"主权财富基金"（Sovereign Wealth Fund，SWF）一词最早由美国道富银行经济学家安德鲁·罗扎诺夫提出。对于主权财富基金，当前学术界与实务界尚无统一定义和分类。国际货币基金组织（IMF）、经合组织（OECD）等对其给出了不同定义（见表2-1）。

表 2-1　国家主权财富基金的定义

定义方	定义内容
IMF	政府拥有的、为实现各种宏观经济目标而设立的投资基金，其资金通常来源于可用于长期海外投资的外汇资产
OECD	将一国的外汇储备或大宗商品收入进行分散化投资并谋求保值增值的基金，从而使国内经济免于大宗商品周期价格波动的影响
美国财政部	使用外汇资产设立的政府投资工具，这些外汇资产同货币当局（央行或财政部）掌控的官方外汇储备相互独立
谢平、陈超（中投公司）	由一国政府拥有和管理，以外汇储备和商品出口收入为主要资金来源，主要面向海外投资并以收益最大化为主要目的的市场化、专门化的长期投资机构。管理上独立于货币管理当局，为稳定币值而进行被动型外汇储备管理

本书在既有文献基础上提出如下定义：国家主权财富基金是指由一国政府支配的、通常以外币形式持有的财富储备基金，以资产增值为主要目标进行资产配置和投资管理，致力于实现保持较长期限内实际购买力的经济性目标与其他政府指定的战略性目标。

中东海湾地区是世界主权财富基金的发源地，这些国家将油气资源的出口美元收入以主权财富基金形式转化为多元化和长期化的投资组合，以期提高自身经济发展的韧性和可持续性。中东主权财富基金作为实现经济转型、支持区域发展、拓展国际合作的重要工具，备受各国政府重视。一方面政府通过发挥主权财富基金对实体经济多元化发展的培育作用，不断开辟国民经济产业投资的新领域，以调整产业结构；另一方面通过主权财富基金驱动金融业发展，打造国际金融中心，通过对石油带来的外汇提升管理运作水平，不断拓展国际投资的新边界。

由于资源禀赋和经济结构的差异，中东主权财富基金拥有独特的资金来源与投资目标，由于实际控制人为一国政府，主权财富基金的投资行为不仅包含商业和收益因素（"经济性"），还包括政治、军事、外交等因素（"战略性"）。因此，一国在考虑与外国主权财富基金进行合作时，除应考虑资本要素外，还应关注背后的技术、资源、市场等其他要素，深刻认识到外国主权财富基金的独特意义及其投资活动对本国利益的重要影响。

二、目标与特征

相对于其他类型的机构投资者，主权财富基金由于实际控制人是一国政府，因此政府是重要的公共部门投资者，主权财富基金的决策具有长期性、审慎性与公共性等特征。主权财富基金具有国家财富管理和财富再分配功能，是国际金融体系中在发展中国家出现的金融创新，对当今相互依赖而又不平衡的国际金融格局产生了重要影响。

异质性是主权财富基金的核心特征，不同国家的主权财富基金受到多种权变因素影响。例如，在收益目标、投资久期、风险承担与流动性要求等方面呈现出显著差异，而财富来源与投资目标也是其异质性的重要来源。

就资金来源而言，既有来自石油等自然资源出口形成的外汇盈余，也有来自制造业商品出口获得的外汇储备，还有国家资产划转、特别国债发行、国际援助基金等多种来源。

就投资目标而言，IMF 将主权财富基金的目标分为五类：稳定基金，避免预算和经济受大宗商品（通常为石油）价格波动的影响；储蓄基金，为后代保存财富；投资公司，提高储备资金的收益率；发展基金，为国家社会经济项目提供资金；国民退休金储备，支付政府资产负债表上的或退休金负债。

由于"国有"的相似性，大众很容易将主权财富基金与传统的政府养老基金或持有外汇储备资产以维护本币稳定的货币管理当局相混淆。不同于二者，主权财富基金通常是具备主动性、专业化、市场化等特征的特殊投资机构（见表 2-2）。

主权财富基金和政府养老基金的主要区别在于，前者的资金来源主要是外汇储备和商品出口收入，币种主要为国际储备货币（外币），而后者的资金来源主要是政府以社会保障形式进行的征收，币种主要为本币。

主权财富基金与货币管理当局的区别在于，前者侧重"增值"，进行大类资产配置和投资组合管理，大多由专业团队管理；后者侧重"保值"，由于外汇储备需要保持较高流动性和安全性，投资方式较为单一，大部分资产是外国国债，由央行直接管理。

表 2-2　主权财富基金与相似机构比较

	国家主权财富基金	政府养老基金	货币管理当局
所有权	中央政府	养老金成员	中央政府
资金来源	外汇储备/商品出口/投资收入	社会成员缴纳	外汇储备
投资目的	增值目的（主要）/战略目的（次要）	兑付养老金	保值/稳定币值
投资组合	多元化	多元化	单一化
投资期限	长期	长期	短期
政府控制	完全	不确定	完全
信息披露	透明度不确定	透明度高	透明度低

来源：谢平，陈超. 谁在管理国家财富 [M]. 北京：中信出版社，2010.

三、资产规模与资金来源

据不完全统计，中东国家目前共设立了 20 余只主权财富基金，截至 2024 年 6 月总规模约 4.9 万亿美元。中东主权财富基金规模在全球所有地区中排名第二，仅略低于亚洲主权财富基金的 41%。

主权财富基金起源于中东。世界第一家主权财富基金是成立于 1953 年的科威特投资局（KIA）。石油出口国通过设立主权财富基金，将出口盈余、财政盈余或外汇储备进行国际投资（见表 2-3）。全球前 20 大主权财富基金如表 2-4 所示。

表 2-3　海合会国家石油出口收入（2013—2023 年）　　单位：亿美元

国家	2013	2014	2015	2016	2017	2018	2019	2020	2021	2022	2023
沙特	3 141	2 779	1 490	1319	1 702	2 316	2 005	1 194	1 840	3 260	2 660
科威特	1 040	921	466	399	473	626	565	340	590	1 000	940
阿联酋	1 176	900	548	415	556	1 072	1 883	1 528	750	1 250	1 205
卡塔尔	324	279	139	116	165	213	175	73	未披露	未披露	未披露
巴林	102	143	52	39	56	69	60	59	57	180	未披露

来源：UN Comrade、CEIC、EIA 等

表 2-4 全球前 20 大主权财富基金

（以资产规模排名，截至 2025 年 3 月）

排　名	主权财富基金	地　区	资产规模/亿美元	透明度指数
1	挪威政府全球养老基金	欧洲	17 430	10
2	中国投资有限责任公司	亚洲	13 320	7
3	中国华安投资有限公司	亚洲	12 350	2
4	阿布扎比投资局	中东	11 100	6
5	科威特投资局	中东	9 690	6
6	沙特公共投资基金	中东	9 250	6
7	新加坡政府投资公司	亚洲	8 470	7
8	卡塔尔投资局	中东	5 100	5
9	迪拜投资公司	中东	3 600	5
10	穆巴达拉投资公司	中东	3 300	10
11	淡马锡控股	亚洲	2 870	10
12	阿布扎比发展控股公司	中东	2 480	5
13	韩国投资公司	亚洲	2 060	8
14	未来基金	大洋洲	2 040	10
15	土耳其财富基金	中东	1 900	6
16	伊朗国家发展基金	中东	1 620	4
17	国家发展基金	中东	1 320	—
18	国家福利基金	欧洲	1 160	—
19	阿联酋投资局	中东	900	—
20	萨姆鲁克-卡泽纳国家基金	亚洲	810	10

来源：Global SWF

根据 Global SWF 的排名，中东地区有 6 家主权财富基金跻身全球资产规模前十。SWFI 的该统计为 4 家，分别为：阿布扎比投资局（ADIA）、科威特投资局（KIA）、沙特公共投资基金（PIF）、卡塔尔投资局（QIA），这 4 家合计占中东主权财富基金资产管理规模总额的约 70%，略高于全球总额的四分之一。

中东主权财富基金主要来源于石油出口形成的外汇盈余，主要集中于海湾产油国（沙特、阿联酋、科威特、卡塔尔、巴林、阿曼）。过去几十年，海湾产油国逐渐认识到国民经济依赖石油收入的脆弱性，相继成立规模庞大的主权财富基金，在全球展开投资，探索将不可再生的石油财富转化为长期繁荣的有效路径。

2023 年，全球主权财富基金数据平台 Global SWF 发布的年度报告将海湾地区评选为年度最佳地区。中东主权财富基金的资产管理规模在当年达到了历史高峰，共计 4.1 万亿美元，当年交易总额更是高达 823 亿美元。受油价持续高企等因素影响，预计到 2030 年，19 个海湾主权财富基金的总资产可能达到 7.6 万亿美元，如图 2-1 所示。

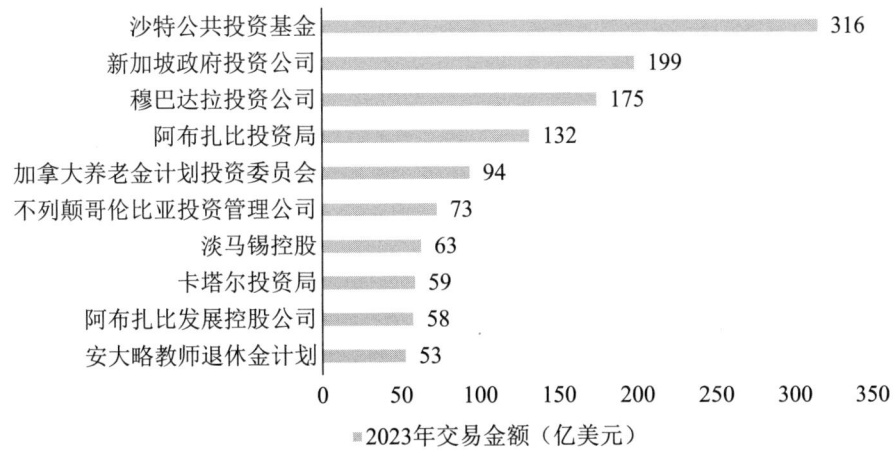

图 2-1　部分主权财富基金 2023 年交易金额

来源：Global SWF 2023 年度报告

2022 年全球主权财富基金总计进行 376 笔交易，最活跃的主权财富基金前 10 名交易 336 笔，占 89.4%。2022 年全球最活跃的主权财富基金前 10 名中有 6 家来自中东。中东主权财富基金 2022 年投资支出约 890 亿美元，是 2021 年的两倍。沙特公共投资基金 PIF 成为全球最活跃的主权财富基金，在 49 笔交易中总计投入了 316 亿美元。

四、治理结构

主权财富基金的治理议题，包括组织结构、控制权、透明度以及社会责任等。在组织结构上，中东主权财富基金通常设立董事会、管理层等治理架构，注重投资管理的独立性和战略目标的一致性，同时加强透明度建设。董事会是治理结构的核心，作为决策机构和监督机构负责制定总体投资策略与监管投资组合，同时与投资委员会分级行使决策职能。

由于主权财富基金兼具国家目标的公共性和投资管理的专业性，战略性目标要建立在实现经济性目标的基础之上，其组织结构要能够保证机构投资者与外部管理人在利益上的协调一致。中东不同产油国的主权财富基金管理差异性很大，在基金管理、账户审计和信息披露规则等方面各不相同。

IMF曾公布自然资源型主权财富基金的最佳行为准则,该准则强化了政府和公众作用,以及选用专业人才、公信力和透明度等要素的重要性,指出基金治理结构应包含以下部分:有效的立法(规定基本框架,但不涉及特定的投资工具、资产组合参数和基准等);董事会应包括政府和立法机构代表、外部专家、投资管理机构成员等;通常由董事会制定投资策略(尤其是战略资产配置),由央行或适当的政府机构承担监管工作。

各国主权财富基金的发展趋势是,逐步由政府直接管理的行政化方式向市场化、专业化、透明化等职业化管理方式转变。新加坡、挪威等国的成功经验表明,政府控制监督下的市场化模式对于主权财富基金而言最为有效,如挪威政府全球养老基金(Government Pension Fund-Global,GPFG)作为世界规模最大的主权财富基金,确立了"议会—财政部—央行"三位一体的治理结构,明确权责边界,确保基金长期、稳健的投资和运营。类似地,中东主权财富基金不过度参与被投资企业的内部治理,而是明确风险参数,在内部治理、风控建设、信息披露等方面均有所作为。

中东主权财富基金面临着至少两个重要挑战。首先,基金实际管理者是否能够在实现多重利益目标时保持一致性,特别是在进行战略性投资时需要有效平衡战略目标和财务目标之间的张力。其次,中东君主制国家中,国家财富和统治家族财富之间的边界往往模糊不清。在这些国家中,统治家族通常在主权财富基金中扮演着重要角色,这可能导致潜在的利益冲突和治理结构的复杂性。因此,如何有效地处理国家财富与统治家族财富之间的关系,确保基金的透明度和公正性,是中东主权财富基金管理中的一大挑战。

主权财富基金的透明度问题一直是母国和东道国的争议焦点。母国出于自身利益考虑不愿披露过多的信息,东道国为保证国家安全呼吁信息的透明公开。中东少数主权财富基金向市场提供完整的运营和投资信息,而大部分主权财富基金的透明度很低。透明度不高是中东国家主权财富基金面临的共性问题之一。造成中东主权财富基金不透明的原因除了一般性商业机密考虑之外,还与中东国家较为特殊的政治体制、商业文化和内部管理有关。

2008年,国家主权财富基金论坛国际工作组(IWG-SWF)向国际货币与金融委员会(IMFC)提交《圣地亚哥原则》,目前已有至少25个国家签署。此项原则对主权财富基金的透明度提出了要求,包括资金来源、法律结构、公司治理、风险管理等方面。中东国家所处的政治制度、社会环境和商业文化也对主权财富基金的透明度提出了挑战。这些国家大多处于经济社会转型期,仍然面临着威权与民主、宗教与世俗、缓和与对抗等矛盾,这些矛盾在新的历史时期呈现出新特点，滋生出新矛盾和新问题，国家治理体系和治理能力的现代化程度有待进一步完善。在此种大背景下，建立透明的主权财富基金管理制度变得更加复杂。但从主权财富基金长期健康发展来看，进行信息披露透明化是必要的。从主权财富基金的公共性来看，透明度的提高能够让母国国民对于其人员设置、投资风险、投资管理结果有更清晰的认知，有利于维护母国国民利益，同时也有助于减少外界对于主权财富基金可能存在的政治动机的猜疑，确保其商业化与独立化运作。

鉴于世界对化石能源依赖度的持续下降和中东国家的经济社会问题，主权财富基金在中东国家经济社会发展中被寄予厚望。这些国家在转型期大多面临诸如高失业率、通货膨胀等挑战，同时还需要应对粮食对外依赖度高、经济结构不合理、劳动生产率低等问题。在这一背景下，主权财富基金不仅需要支持国内的经济多元化转型，还需要在国际市场上进行投资以获取收益，从而支持国内社会发展和经济建设。

主权财富基金也成为中东国家与全球沟通合作的桥梁。通过主权财富基金，中东国家可以更积极地参与到全球经济发展和治理中，推动与其他国家的经贸合作，同时也为国内改革和发展吸引外资和技术，不断融入全球化进程之中。

第二节

阿布扎比投资局：阿联酋"投资航母"

阿布扎比投资局（Abu Dhabi Investment Authority，简称"ADIA"）是阿联酋成立最早、规模最大的主权财富基金，截至2025年3月的资产管理规模高达11 100亿美元，位居全球主权财富基金第四（见表2-4）。

ADIA总部位于阿联酋首都阿布扎比，来自超过65个国家的高管和员工组成了高度国际化的管理和投资团队，目前在中国香港开设了唯一一家海外办公室。

ADIA自1976年成立至今一直保持低调，鲜有公开报道。以实现可持续的长期投资回报为目标，建立了高度多元化的投资组合，横跨多个地域和资产类别，从而穿越经济周期获得稳定回报。根据ADIA年报，截至2022年底的30年长期回报率达7%。笔者对ADIA进行了一手调研和深入分析，以探究其投资策略和趋势。

一、中东规模最大的主权财富基金

阿联酋由 7 个君主制酋长国组成，政体为联邦制，各酋长国对于联邦政府指定范围外的所有事项拥有法定权力，包括管理各自辖区的资源和财富等。各酋长国因资源禀赋、发展定位和领导人风格不同，发展存在差异。

阿布扎比作为阿联酋首都，是面积最大、人口最多、石油储备最丰厚的酋长国，成为联邦政府预算的主要出资者。

阿布扎比曾是波斯湾岛屿上的一片荒漠，石油的发现改变了其命运。20 世纪 60 年代初，波斯湾南部小岛达斯岛石油开始大规模出口。如今，阿布扎比控制着世界已探明碳氢物 10% 的储量，石油出口量约占阿联酋的 90% 以上，石油日产量高达 250 万桶。石油出口带来了巨额外汇收入，根据阿布扎比统计中心数据，1970 年阿联酋人均 GDP 高达 1.35 万美元，为美国同期人均 GDP 的两倍以上。

为管理高额外汇盈余，将价格波动性大且最终可耗尽的石油财富转化为更稳定的金融资产，同时吸引对本国经济发展稀缺且必要的人力资本，推动经济实现转型和可持续增长，自 20 世纪 50 年代以来，海湾国家纷纷以石油出口盈余资金设立主权财富基金。阿布扎比政府 1967 年成立阿布扎比投资董事会（Abu Dhabi Investment Board，简称"ADIB"），隶属于阿布扎比财政部，总部位于伦敦。

1971 年，阿联酋政府设立阿布扎比投资署，与 ADIB 共同管理阿布扎比的石油收入盈余。随着石油收入增长到 1974 年的 5.2 亿美元，阿布扎比投资署取代 ADIB，成为管理阿布扎比主权财富的唯一机构。在阿联酋开国总统扎耶德的倡导下，1976 年阿布扎比投资署得到进一步发展，更名为阿布扎比投资局，其目标是将外汇盈余投资于各类低风险资产，以实现资产的长期保值和增值。

随后，阿布扎比穆巴达拉发展公司（MDC）、阿布扎比发展控股公司（ADQ）和酋长国投资局（EIA）等阿联酋各家主权财富基金相继设立，但其在投资策略和投资偏好上各有侧重。另外，阿布扎比和迪拜这两个酋长国的主权财富基金资金来源不同：前者来源于石油收入盈余，而迪拜由于自身石油资源有限，所以大力引进外资，并致力于杠杆驱动式的增长模式，如大力发展金融、贸易、旅游与房地产等外向型产业，如表 2-5 所示。

表 2-5 阿联酋主权财富基金一览
（截至 2024 年 11 月）

名　　称	成立年份	资产规模/亿美元	资产规模全球排名	透明度指数（满分10分）
阿布扎比投资局（ADIA）	1976	11 090	4	6
迪拜投资公司（ICD）	2006	3 600	9	5
穆巴达拉投资公司（MDC）	1984	3 020	10	10
阿布扎比发展控股公司（ADQ）	2018	2 480	12	5
阿联酋投资局（EIA）	2007	900	19	3
迪拜控股（DH）	2004	350	39	未披露
沙迦资产管理（SAM）	2008	30	79	未披露

来源：Global SWF

作为中东规模最大的主权财富基金，ADIA 的发展战略较为稳健，初期主要投资股票、债券和房地产，成立约 10 年后开始涉足另类投资，约 20 年后设立私募股权部门，约 30 年后才开始加大对房地产和基础设施的投资力度。ADIA 在 2016 年确立了"参考投资组合"的投资框架，以确定长期市场风险收益的期望值，如图 2-2 所示。

- 2017年，新增策略和规划部门
- 2011年，创立指数基金部和外部股权
- 2007年，开始投资基础设施
- 2005年，新兴市场部门成立，专门投资小盘股
- 1998年，开始进行通胀指数债券投资
- 1988年，开始进行私募股权投资
- 1986年，开始另类投资，建立商品投资业务
- 1976年，从事股票、债券、房地产投资

图 2-2 ADIA 的投资发展历程

在信息披露方面，大多数主权财富基金普遍缺少积极的公众沟通政策。即使以实现国家财富代际传承为目标，大部分也未能以互动对话或问责等形式与社会各界（利益相关者）接触，这一点在中东国家尤为突出。但随着融入国际金融市场程度的不断加深，中东主权财富基金亦开始应国际惯例，逐步提高透明度，以增强投资东道国的信任。

ADIA 早期的资产规模、投资策略、投资组合等信息一直鲜为人知，直到 2010 年才首次公布年度评估报告，但披露信息仍较为有限。在 2022 年 Linaburg-Maduell 透明度指数评估中，ADIA 被评为 6 分（总分 10 分）。

主权财富基金资产规模庞大，在危机时刻常能发挥为金融市场强劲"输血"的能力，所以成为稳定国际金融市场的重要力量。新冠疫情带来金融市场波动的大背景下，ADIA 频频出手购入国际金融机构股权，尤其关注保险公司、房地产基金等，包括较为活跃的南亚地区。例如，2022 年 1 月 ADIA 购入 IIFL Home Finance 的 20% 股权，后者是印度一家主营房地产贷款的金融公司；2022 年 8 月购入印度健康保险机构——艾迪塔贝拉（Aditya Birla Health Insurance）9.99% 的股权；2022 年 11 月向印度投资银行——柯达克投资（Kotak investment）投资 5 亿美元，建立房地产投资基金。

二、寻找"系统性优势"与"强劲增长点"的财务投资者

作为国际市场上资金实力最为雄厚的机构投资者，中东主权财富基金在短时间内迅速成为世界金融舞台的关键角色。根据《中东报》，仅 2004—2007 年中东海湾国家就将 1 400 亿美元投资于海外。

中东海湾国家主权财富基金属于典型的资源型主权财富基金，目标多为减弱石油价格波动对本国财政及货币政策的潜在影响，通过多元化投资提高长期收益水平。

根据清华五道口主权财富基金课题组的调研，ADIA 与其他中东主权财富基金"战略投资者＋财务投资者"的定位有所不同，将自身定义为"纯粹的财务投资者"，致力于以更为审慎的投资风格带来稳定的财务回报，而并非实现更为激进战略性投资的政策工具。

ADIA 的投资组合涉及各种资产类别，包括二级市场股票、固定收益、房地产和私募股权等，并可进一步细分为 20 多个资产类别和子类别，同时会保留 10% 以内的现金类资产（见图 2-3）。

ADIA 的投资组合以二级市场股票为主（占比超过 60%）；其次是政府债券（占比约 20%）；信贷、另类投资（对冲基金、期货等）、房地产、私募股权、基础设施占比在 3% ～ 15% 不等。

为了追求更高收益率，ADIA 自 2008 年开始更多地转向投资指数基金。不过 2019 年以来，开始从债券、指数基金等低风险、低收益资产转向股票、私募股权、对冲基金等高风险、高收益资产，投资方式亦逐渐由被动型转向主动型。

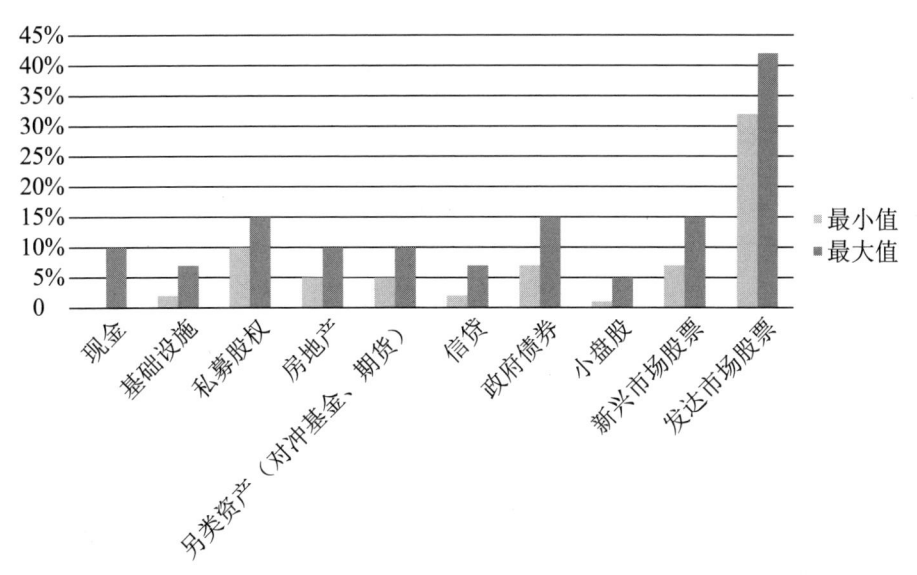

注：比例为配置区间最大值，因此总计超过100%

图 2-3　ADIA 的大类资产配置

来源：ADIA 官网

（一）股票：发达市场占四成，新兴市场占两成

ADIA 管理着高度多样化的股票组合，重点关注具有"系统性优势"与"强劲增长点"的行业。其股票配置可分为发达市场股票、新兴市场股票和小盘股等子类，权重依次约为 42%、15% 和 5%，如图 2-3 所示。

ADIA 股票投资通过其指数基金部和股票部来管理。指数基金部在股票配置中占 45%，目标是实现风险控制和分散投资，在合理的风险区间内获得稳定收益。股票部在股票配置中占 55%，目标是寻找能够带来超额回报的投资机会。

ADIA 美股投资重点关注金融、能源、云计算、医疗等行业（见表 2-6），2020 年以来明显加大了对互联网、能源与医药等高增长行业的投资。例如，2022 年 11 月购入了美国伊利诺伊州启明公司 6.5% 的股票，后者是一家基于云计算的企业管理解决方案提供商，这展现了 ADIA 对于科技行业的紧密关注。再如，2021 年购入生物分析及医药制剂公司 PPD 医药，以及切尼尔能源、新能源全球等两家能源公司。切尼尔能源主营液化天然气的清洁配套设施，新能源全球则是印度最大的可再生能源独立发电商，ADIA 对其持股比例也达到了 23.27%。

表 2-6　ADIA 部分美股持仓

公司名称	股票代码	行业	持股数	持股比例	购入时间	持仓市值/亿美元
切尼尔能源（Cheniere Energy）	LNG	能源	9 640 443	3.82%	2021/2/10	13.77
PPD 医药	PPD	医药	21 472 151	6.14%	2021/2/2	10.2
通用地产发展公司（General Growth Properties, Inc.）	GGP	地产	38 566 017	4.3%	2016/8/23	8.5
凯悦酒店（Hyatt Hotels）	H	酒店	4 757 200	10.9%	2009/12/14	7.48
房屋发展金融公司（Housing Development Finance Corp Ltd）	HGDFF	金融	17 355 366	0.94%	2016/3/31	5.73
布鲁克菲尔德控股有限责任公司（Brookfield Properties Retail Holding LLC）	GGP	房地产	30 082 449	3.13%	2016/8/19	4.08
塔塔汽车有限公司（Tata Motors Ltd）	TENJF	汽车	30 958 158	0.81%	2016/3/31	3.78
新能源全球公司（ReNew Energy Global）	RNW	能源	58 170 916	23.27%	2021/9/2	3.74
雅典娜控股（Athene Holding）	ATH	金融	10 349 129	5.5%	2018/3/7	2.48
菲德利斯保险控股公司（Fidelis Insurance Holdings Ltd）	FIHL	金融	13 869 151	11.76%	2023/12/31	2.35
启明公司（Alight）	ALIT	信息技术	14 692 018	2.68%	2022/11/17	1.32
罗宾有限公司（Lupin Ltd）	LPMCF	医药	5 816 513	1.28%	2016/3/31	1.09

来源：SEC，Bloomberg（截至 2024 年 3 月）

（二）固收：资产配置占20%，发力量化研究

以政府债券为主的固定收益类投资在 ADIA 大类资产配置中占 20%，包括发达和新兴市场的政府债券，其目标是在满足流动性要求的同时，提高总体投资收益率。标的具体可分为五大类：全球政府债券、全球通胀调整债券、新兴市场债券、全球投资级信用债和非投资级信用债。

ADIA 在 2021 年年报中表示，将继续加强量化研究能力，以增强投资的决策能力，将更多资金部署到固定收益领域。2021 年 ADIA 对其固定收益部进行了重组，以期达成更高收益率，重点关注创造新的阿尔法因子增长点。

（三）房地产：直接投资、地产基金投资为主

ADIA 的房地产投资采取直接投资、公募房地产基金和私募房地产基金相结合的方式进行。ADIA 与经验丰富的母国投资者组成合资公司，充分运用第三方基金平台，同时也直接参与建设和开发项目。例如，2022 年与长租公寓投资运营商瑞星资本（Greystar Real）建立战略合作伙伴关系，共同投资 26 亿欧元，以开发伦敦及其周边通勤城镇的出租房屋。自 2015 年以来，瑞星资本和 ADIA 子公司以 OurDomain 品牌在荷兰建造了 6 000 余套住房。

（四）另类投资：私募股权投资为主

ADIA 通过配置与其他资产类别相关性较低的另类资产（如私募股权基金、大宗商品和实物资产等），实现投资组合多元化和风险调整后的回报。

2021 年，ADIA 对另类投资部进行了重组与结构优化，其中对私募股权部的投资创历史新高，当年投资达到 40 笔（2020 年为 25 笔）。直接投资和共同投资占其投资总额的 58%。ADIA 私募股权投资继续专注于数字技术、医疗保健和消费服务等领域。

ADIA 的私募股权投资始于 1989 年，作为 LP 投资多家国际知名私募基金。根据国际私募股权（PEI）发布的 2022 年度投资者报告，ADIA 对 S 基金 Ardian Secondaries Fund IX 40 亿美元的投资成为该年度金额最大的单笔投资，比第 2 名的投资交易额高出 5 倍之多。

2015 年以来，ADIA 越来越多地直接投资于成长期或成熟期公司。例如：2016 年参与 7.86 亿美元联合收购秘鲁热电企业 Fenix Power Peru 36% 的股份交易，该企业拥有秘鲁效率最高的电厂；2018 年投资英国养老保险公司（PIC）；2019 年与瑞典知名私募股权投资公司——殷拓集团（EQT）联手以 102 亿美元

收购雀巢集团旗下皮肤健康管理公司 Nestlé Skin Health S.A；2021 年向印尼最大科技集团 GoTo 投资 4 亿美元资金，参与 Pre-IPO 融资。

（五）基础设施：联合收购为主

ADIA 于 2007 年进入基础设施投资市场，主要关注发达市场的交通、能源和数字基础设施等领域，并积极在新兴经济体中寻找机会。

ADIA 对于基础设施采取相对谨慎的投资方式，目的是获得相对稳定的收益和现金流，主要策略则是与实力雄厚的投资合伙人共同收购标的的少数股权。ADIA 的基础设施投资涵盖建设运营的各阶段，但并不投资于中东海湾地区和阿联酋本土项目。

2017 年 ADIA 与收费公路集团 Transurban Group 合作，参与澳大利亚新南威尔士州政府对道路建设管理公司 West Connex 公司 51% 股权的私有化，但未对外披露投资金额。2022 年与私募投资公司 SC Capital Partners 合作进行亚太数据中心投资，并承诺股本可提高至 20 亿美元，重点关注日本、韩国、新加坡及澳大利亚等市场。

以 ADIA 为代表的中东主权财富基金虽然仍以欧美为投资重点，但 2019 年以来为规避风险，逐渐重视新兴市场。ADIA 投资地理分布大体为：北美（45%～60%）、欧洲（15%～30%）、新兴市场（10%～20%）和亚洲发达地区（5%～10%），如图 2-4 所示。在股票类资产的投资比重上，发达国家为新兴市场的 2～3 倍。2017 年，ADIA 董事总经理谢赫·哈米德·本·扎伊德·纳哈扬（简称"哈米德"）接受采访时表示："ADIA 已连续 15 年以上超配于新兴市场，其中亚洲和中国市场占比可观。主要原因是我们看好该地区的经济增长，以及向海外投资者开放的节奏。"

中东主权财富基金是现有美元主导的国际金融体系之产物，海合会国家的央行储备资产以美元为主，所以 ADIA 将一半以上资产配置在美元市场。ADIA 发布的 2021 年年度评估报告显示，已将其在北美的目标配置额度提高至 45%～60%，如图 2-4 所示，并预计 2021 年及以后的房地产投资活动水平将保持在较高水平。同年，ADIA 加大了在中国、澳大利亚和日本的电商物流相关投资。2022 年在阿布扎比共同主办了"一个星球"主权财富基金（One Planet Sovereign Wealth Funds，OPSWF）CEO 峰会，汇集的全球机构投资者总资产超过 37 万亿美元。OPSWF 旨在增进全球机构投资者在能源转型主题上的合作。

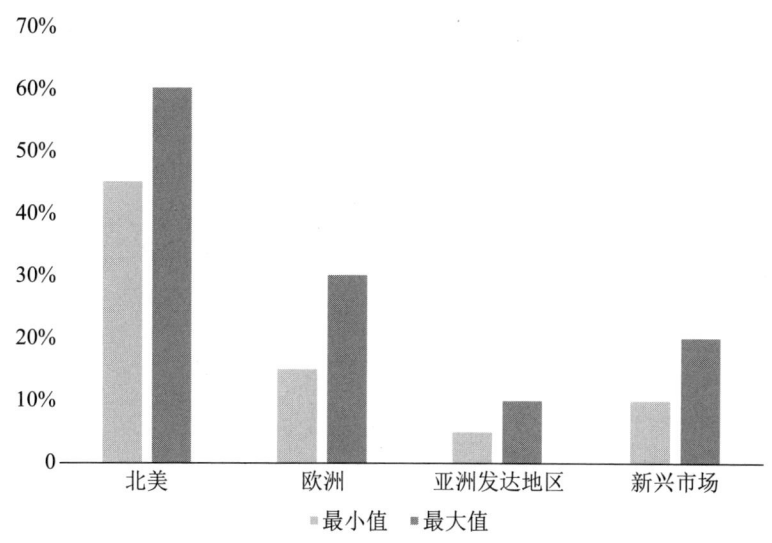

图 2-4 ADIA 大类资产地理分布

资料来源：ADIA 官网

ADIA 投资策略呈现出较强的逆周期特征，尤其体现在国际金融危机期间。当投资者信心较差、大量回撤资金导致金融机构面临流动性困难时，主权财富基金作为长期投资者进行反向投资，不但能够稳定市场，也可以获得可观的利润。例如，ADIA 在 2007 年美国次贷危机发生后，以可转债等方式参与金融机构投资。成功案例之一是向花旗集团投资 75 亿美元，凭借逆周期投资策略获得双赢。再如，兴业证券研究显示，2015 年中国 A 股市场超跌时，ADIA 的 A 股持股数量及市值反而一度到达区间峰值，共持有 23 只 A 股股票，市值达 32.08 亿元。2019—2023 年期间，ADIA 也呈现出较强的逆周期性投资特征。2022 年 12 月投资 40 亿美元于印度眼用品电商 Lenskart，以支持其供应链的复苏。

ADIA 重视并遵守东道国的法律法规和投资原则，因此当地市场的开放与否，以及投资监管环境的明晰程度，对于其进行稳健投资和风险管控至关重要。相较于阿联酋另一家知名主权财富基金穆巴达拉的主动投资策略，ADIA 以往倾向于采取被动投资策略，更关注资产配置而非个别投资标的，对其投资的公司也通常选择持有少数股权而非控股股权。因为一旦原油产量出现严重下降，阿布扎比政府就要依赖 ADIA 的投资收益为其养老金、基础设施投资等支出融资。但根据 ADIA 的 2022 年年报，其主动投资比例达到 58%，展现了其投资策略的某种转变。

此外，ADIA 2019 年以来持续加大可再生能源领域投资，向储能和氢能等领域发展。截至 2022 年 10 月，ADIA 基础设施团队支持了约 22GW 的运营可再生能源项目，还有约 19GW 的项目正在开发中。

三、政府背景与专业的投资决策结构

中东不同产油国的主权财富基金管理特征差异很大，涵盖基金管理、账户审计和信息披露规则等。仅少数基金向市场提供完整的运营和投资信息，多数基金的透明度很低。

阿联酋政体为七大酋长领导的联邦制，主权财富基金所进行的投资与酋长家族的意志紧密相关。尽管 ADIA 以投资收益的经济性目标为主，但也积极遵循阿布扎比政府的经济和政治战略，其董事会中有超过一半成员来自阿布扎比酋长国的统治家族——阿勒纳哈扬（Al-Nahyan）家族。

阿布扎比政府将每年财政盈余中的部分资金提供给 ADIA 用于投资活动。在具体投资计划执行方面，ADIA 拥有较大的自主酌情权，无须参考政府或其他政府投资机构意见。ADIA 通过不同部门对每一种资产类别进行专业化管理，约有 55% 的资产由内部团队管理，45% 则委托给外部资产管理人。

ADIA 具有较为完善的主动投资和被动投资的管理体系，重视外部经理人的选择，认为"广泛使用外部投资经理是一种多样化工具"。其聘用外部管理人有较为严格、系统的筛选机制，采用"4P 框架"，即投资哲学（Philosophy）、决策流程（Process）、人才（People）以及业绩表现（Performance）。这使 ADIA 能从不同维度综合评估，从而筛选出最契合自身投资需求的候选人。

在组织架构方面，ADIA 设有董事会、常务董事办公室、投资部、战略部和支持部门。董事会是最高权力机构，拥有绝对的控制权，下设审计委员会、投资委员会、战略委员会、管理委员会、IT 委员会等，所有部门都由投资委员会和战略委员会领导（见图 2-5）。

（一）董事会

ADIA 董事会由主席、常务董事及其他董事会成员组成。董事会决定 ADIA 的战略和风险收益参数，并定期开会审查业绩。董事会成员通常不直接参与 ADIA 的投资和运营，每届任期 3 年，可连任。常务董事负责执行战略、投资和运营活动，定期向董事会汇报。

中东主权财富基金通常都由该国统治家族所掌控，ADIA 董事会亦不乏阿联酋政坛的关键人物（见表 2-7）。2023 年 3 月 9 日，阿联酋最高金融和经济事务委员会发布决议，重组 ADIA 董事会，新任主席谢赫·塔努·本·扎耶德·阿勒纳哈扬（简称"塔努"）为阿联酋开国总统扎耶德之子，也是现任总统谢赫·穆罕默德·本·扎耶德·阿勒纳哈扬（简称"MBZ"）的弟弟。他同时担任阿布扎比发展控股公司（ADQ）董事长、阿布扎比第一银行（FAB）董事长，也是国家安全顾问。

塔努还是最早进军商业的阿布扎比王室成员，23岁就创立了第一海湾银行且担任董事会主席，并推动该行与阿布扎比国民银行合并成为阿联酋最大银行——阿布扎比第一银行。ADIA上一任董事会主席是已故的阿联酋第二任总统谢赫·哈利法·本·扎耶德·阿勒纳哈扬酋长（简称"哈利法"）。

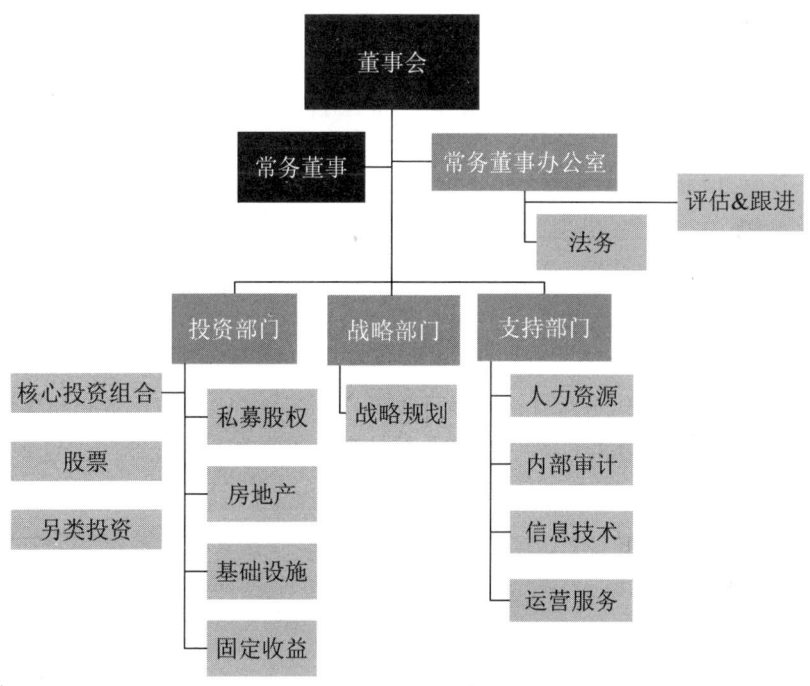

图 2-5 ADIA 的组织结构

来源：ADIA 官网

CEO 在董事会授权下负责战略实施和日常管理，从专业角度进行与投资运营相关的所有决策。CEO 下设投资委员会（CEO 担任投委会主席）、风险管理委员会等常设机构，负责审议相关领域的制度、授权和重大事项。

表 2-7 ADIA 董事会成员

职　　务	姓　　名	主 要 履 历
董事会主席	谢赫·塔努·本·扎耶德·阿勒纳哈扬	国家安全顾问，ADQ 董事长、FAB 董事长，阿联酋开国总统扎耶德之子

续表

职　　务	姓　　名	主要履历
董事总经理	谢赫·哈米德·本·扎耶德·阿勒纳哈扬	阿布扎比皇家法院院长，阿提哈德航空公司董事会主席，阿联酋开国总统扎耶德之子
董事会成员	谢赫·曼苏尔·本·扎耶德·阿勒纳哈扬	阿联酋副总理，阿联酋开国总统扎耶德之子
董事会成员	贾西姆·穆罕默德·扎比	阿布扎比财政部主席，阿联酋中央银行副主席
董事会成员	哈马德·穆罕默德·苏韦迪	阿布扎比国家能源公司主席兼任阿布扎比政府财政次长
董事会成员	哈利勒·穆罕默德·谢里夫·福拉蒂	曾任阿联酋中央银行主席、阿布扎比伊斯兰银行常务董事
董事会成员	谢赫·哈立德·本·穆罕默德·本·扎耶德·阿勒纳哈扬	阿布扎比王储，阿联酋现任总统MBZ长子，阿联酋开国总统扎耶德之孙

来源：ADIA官网、年报

（二）投资部门

投资委员会需向常务董事汇报投资政策、外部经理人的投资选择和具体投资状况，并定期向常务董事会汇报投资进度和状况（见表2-8）。

表2-8 ADIA投资委员会成员

职　　务	姓　　名	主要履历
投委会主席	谢赫·哈米德·本·扎耶德·阿勒纳哈扬	见表2-7
投委会副主席	哈利勒·穆罕默德·谢里夫·福拉蒂	见表2-7
投委会副主席	马吉德·萨利姆·哈利法·拉希德·阿罗米提	ADIA战略计划部执行理事
投委会成员	谢赫·穆罕默德·本·哈利法·本·扎耶德·阿勒纳哈扬	阿布扎比执行委员会成员，曾任阿布扎比养老和福利基金主席，阿联酋第二任总统哈利法之子
投委会成员	达恩·穆罕默德·达恩·马哈苏恩·阿哈梅利	ADIA核心投资组合部执行理事
投委会成员	纳赛尔·肖特·萨利姆·拉希德·凯特比	ADIA证券部执行理事
投委会成员	哈里法·马塔尔·哈里法·赛义夫·阿尔姆希里	ADIA固定收益部执行理事

续表

职　务	姓　名	主　要　履　历
投委会成员	哈马德·沙赫万·苏鲁尔·沙赫万·阿尔达赫里	ADIA 私募股权部执行理事
投委会成员	穆罕默德·拉希德·穆罕默德·奥贝德·阿尔梅里	AIDA 核心投资服务部执行理事
投委会成员	朱马·哈米斯·穆格海尔·贾比尔·阿尔克海里	AIDA 运营部执行理事

来源：ADIA 年报

（三）支持部门

支持部门负责人力资源、信息技术、内部审计等事务。ADIA 拥有较为成熟的审计与问责机制（见图 2-6）。由于 ADIA 由政府所有，其董事会有责任向阿布扎比政府汇报运营情况。董事会下设审计委员会，确保内控体系的有效性和两名外部审计师的选聘工作。ADIA 内部审计部门则须定期向常务董事和审计委员会报告具体工作。

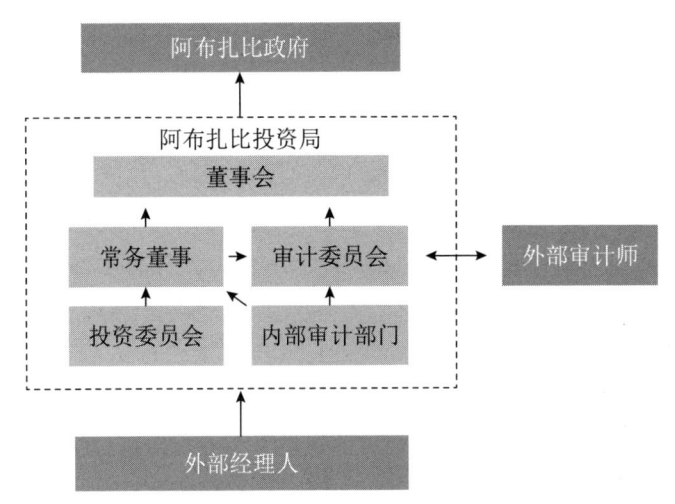

图 2-6　ADIA 的审计与问责机制

资料来源：A comparative study of sovereign investor models: Sovereign fund profiles

ADIA 员工构成的国际化、专业化和职业化程度很高，这与其开放的用人理念和全球广泛的投资布局有关（见图 2-7）。目前，ADIA 的阿联酋员工仅占 35%，其他 28% 来自欧洲，17% 来自亚太，10% 来自美洲，7% 来自中东及北非，3% 来自大洋洲。与其他中东主权财富基金相比，ADIA 员工国籍的多元化程度更高，这使得其能够更好地撬动高质量的国际人力资本。

ADIA 重视精简治理结构、提高灵活性和流程效率，增强投研和风险评估能力。2021 年进行了多个部门重组，建立了核心投资组合管理（CPD）和中央投资服务管理部门（CISD），以进一步细化投资组合。2022 年，CPD 加速构建内部量化投资能力，并寻求从单一核心公共股票和固定收益资产组合中获取更高回报。同时，CISD 在协调 ADIA 技术系统方面发挥着重要作用，充当 ADIA 整体投资组合风险可见性和情报的关键来源。2022 年，ADIA 进一步细化投资活动，将房地产和基础设施投资团队分为独立的部门。

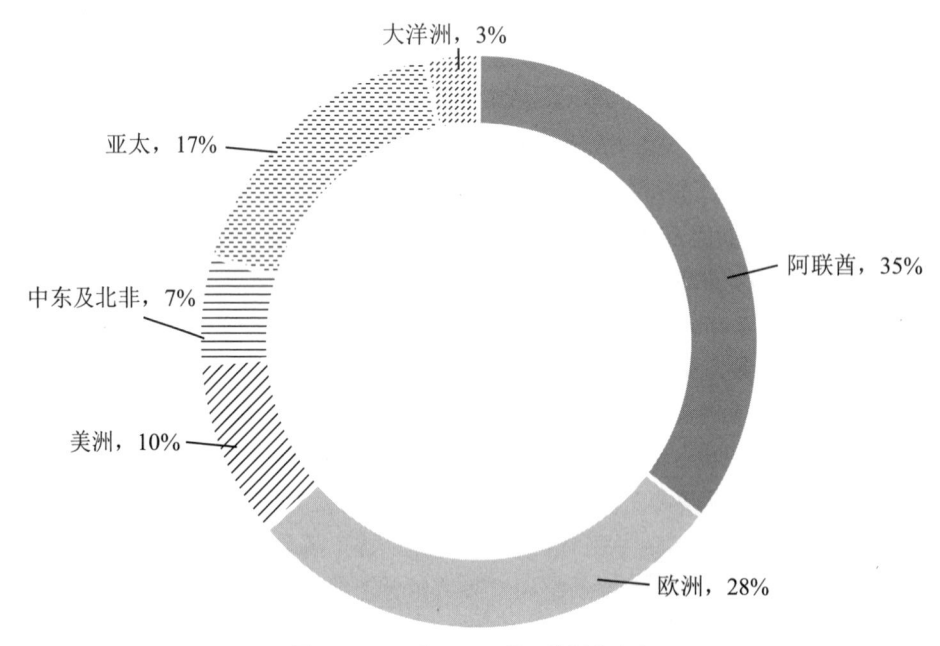

图 2-7　2022 年 ADIA 员工的国籍分布

来源：ADIA 年报

2019 年以来，ADIA 采用更加系统化和科学化的方法，提高量化和数据驱动的投资能力，广泛吸纳具有科学技术和工程学背景以及具有丰富研发经验的职业经理人。2022 年，该团队实施了首个投资策略，全球招聘在机器学习、战略制定、投资组合构建和实施、风险管理以及数字平台等领域的知名专家。同时，ADIA 的固定收益部门和房地产部门也开始利用基于数据和尖端定量方法进行投资组合策略和风险管理等工作。

透明度不高是中东国家主权财富基金的共性问题之一。这与中东国家社会政治环境、商业文化和内部管理有关。2008 年，国际货币基金组织《圣地亚哥原则》（GAPP）的制定有效推动了 ADIA 透明度改善，其 2010 年首次公开年度评估报告，但在透明度方面的评分仍然偏低。通过公开年报和相关报道，外界能够了解 ADIA 投资组合的大体状况、机构目标和投资目标等信息，但资产配置和投资收益等仍为非公开信息。另外，自 2018 年起，其年度报告中不再披露 ADIA 与阿布扎比政府的关系等内容。

在短短几十年间，巨额石油收入使阿布扎比从以采珠业为主的"沙漠绿洲"成为高度现代化的国家，为其大规模海外投资创造了前所未有的物质基础。40 余年来，ADIA 通过建立多元化投资组合、跨地区资产类别、长期性投资期限，在市场周期中获得稳定回报，并持续不断优化内部结构，缜密设定长期目标，为阿联酋的经济转型和长期稳定做出其独特贡献。

第三节
沙特公共投资基金：根植本土，舞动全球

中东最大经济体沙特的主权财富基金——沙特公共投资基金（简称"PIF"）以 9 250 亿美元的资产管理规模位居全球第六（截至 2024 年 10 月）。在沙特王储穆罕默德·本·萨勒曼（简称"穆罕默德王储"）领导下的 PIF 雄心勃勃，致力于成为世界规模最大的主权财富基金，目标是 2030 年资产规模达到 2 万亿美元，成为最具国际影响力的机构投资者。

PIF 最初设立目的，是降低当期石油价格波动对沙特经济社会的冲击，对石油带来的外汇财富加强管理运作，发挥主权财富基金对实体经济多元化发展的培育作用，助力实现"2030 愿景"，作为实现国家经济转型计划的重要基石和投资工具，不断开辟国际投资的新战场。沙特的国际地位和经济结构，决定了 PIF 具有较强的战略性投资逻辑，塑造了 PIF 独特的投资哲学和治理结构。

一、PIF 协同沙特央行管理石油美元

PIF 成立于 1971 年，早期在沙特石化、电力、化肥等国内行业发展中发挥重要作用，通过股权、担保等方式向政府和私营大型工业项目提供中长期贷款。PIF 的设立背景包括两方面：沙特石油出口带来大量外汇盈余，石油、天然气贡献了沙特出口收入的 90% 与 GDP 的 42%；沙特作为世界上储蓄率最高的国家之一，稳定的国内经济环境也有利于主权财富基金的设立。

尽管 PIF 设立很早，但直到 2015 年管理资产规模才开始大规模扩张，其中既有穆罕默德王储的领导因素推动，也有国际油价波动等市场因素推动。

由于 20 世纪 80 年代低油价和 1990 年海湾战争的经济打击，沙特直到 2006 年才从巨额债务中恢复过来。2015 年，现任沙特国王萨勒曼继承王位，任命儿子穆罕默德为新任王储并兼任副首相、国防大臣、经济与发展事务委员会主席等要职，使其成为沙特的最高掌权者之一。在能源价格方面，2014 年国际油价持续走低，2015 年每桶约为 50 美元，而沙特政府实现财政平衡的预期油价为 106 美元。面对低迷的油价，穆罕默德王储希望沙特能够尽快摆脱对石油的依赖，从而提出了雄心勃勃的"2030 愿景"。

与其他主权财富基金以经济性投资目标为主有所不同，PIF 有着更多的地缘政治与经济发展的战略性考量。沙特"2030 愿景"确立了沙特作为阿拉伯与伊斯兰世界"心脏"、全球性投资强国以及亚欧非的枢纽这三大战略目标。穆罕默德王储自 2017 年出任 PIF 董事会主席以来，重塑了 PIF 的组织结构，包括委任亚西尔·鲁梅延（简称"鲁梅延"）为总裁，使 PIF 投资目标与"2030 愿景"紧密结合。自此，PIF 进入全新的历史发展阶段，开始了一系列高调投资。

沙特主要通过沙特央行（SAMA）和 PIF 这两大机构对石油美元进行管理（见表 2-9）。

表 2-9 PIF 与 SAMA 比较

机　构	国家主权财富基金（PIF）	沙特中央银行（SAMA）
主要职能	实现国家经济转型计划的重要基石和投资工具	维持货币稳定，管理美元外汇储备，在石油市场带来冲击时稳定国家经济
资金来源	原油出口收入、SAMA 资金划转、沙特阿美石油公司资金划转、银行借款等	原油等大宗商品出口收入
投资策略	传统资产+另类资产，协同国家战略	保守，偏好低风险、高流动性的资产

来源：杨力.《中东地区主权财富基金研究报告》[M].上海：上海人民出版社，2015.

SAMA 成立于 1952 年，主要职能为管理该国银行系统和稳定货币，并管理沙特通过石油出口获得的外汇储备。作为国家货币管理机构，SAMA 采取较为保守的投资策略，偏好低风险、高流动性的固定收益类资产，如银行存款和发达经济体发行或担保的债券等，后者大部分是美国国债和高评级债券。此外，SAMA 持有极小比例的股权基金仓位，但从未参与过直接投资，也没有房地产或外国金融产品投资。有研究表明，SAMA 的海外投资某种意义上也是为了维护与美国之间的长期联盟，外界估计沙特外汇储备约有85%为美元固定收益资产（包括美国国债）。

与SAMA承担的职能显著不同，PIF则是实现国家经济转型的战略性投资工具。PIF的资管规模2015年以来获得大幅增长，主要来源于以下四个渠道。

（1）沙特央行SAMA的资金划转。自2016年起，SAMA将部分外汇储备划转给PIF。Arab News数据显示，2016年10月转移260亿美元，2020年3—4月转移400亿美元。

（2）沙特阿美石油公司（简称"沙特阿美"）的资产划转或关联交易。"2030愿景"指出，PIF最重要的资金来源就是世界最大石油公司沙特阿美。2016年3月，沙特阿美部分股权划转PIF，但份额未披露。据估计，2019—2021年PIF从沙特阿美获得约1 800亿美元资产。2019年，沙特阿美以691亿美元购买了PIF出售的沙特基础工业公司（SABIC）70%股份。2024年3月，穆罕默德王储将沙特阿美8%股份转让给PIF（市值约1600亿美元），此后PIF总计持股沙特阿美升至16%，资产增至约9 000亿美元。

（3）投资组合公司分红或资产出售所得。尽管PIF尚未披露其投资的具体盈利情况，但鲁梅延曾在采访中提到，PIF的投资收益将会进行再投资。

（4）外部贷款融资。2018年，PIF从高盛、瑞士信贷、三井住友、阿布扎比第一银行等17家国际银行贷款110亿美元，2019—2021年再贷入250亿美元。

二、PIF的国内资产配置

对于沙特"2030愿景"而言，PIF作为长期资本的重要来源和经济增长的关键力量，资产配置应当充分考虑到收益、风险、期限与流动性等关键要素，以及国家经济发展战略的重点方向。一方面保持跨越国民代际的实际购买力，另一方面保障国家经济转型与可持续发展。

PIF五年规划（2021—2025年）目标是致力于成为沙特经济转型的主要催化剂。穆罕默德王储曾表示，PIF五年规划对沙特"2030愿景"至关重要，将有力支持沙特经济的多元化，同时巩固沙特在全球投资领域的重要地位。鲁梅延透露，PIF当前资产配置为本国80%、外国20%，而2030年目标则是转为各占50%。

根据穆罕默德王储2021年的电视讲话，2021—2025年PIF每年至少要在国内投资400亿美元，同时2025年PIF资产将增至1.07万亿美元，累计贡献非石油收入3 200亿美元，创造直接及间接就业机会180万个，涉及TMT、金融农业等领域（见图2-8）。

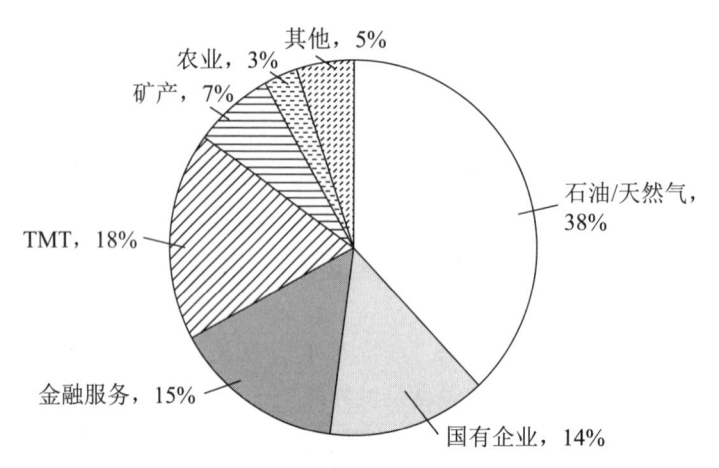

图 2-8 PIF 的沙特国内投资行业

来源：Global SWF 等

PIF 的国内投资策略是，提高被投企业的价值，支持产业转型、房地产和基础设施等，以实现国内经济发展目标。截至 2022 年 6 月，PIF 在国内的投资结构为：33% 固定收益，33% 股票，34% 新兴产业股权和基础设施，约有 200 个投资项目，包括约 20 家沙特证券交易所（Tadawul）上市的公司。

在股权投资上，PIF 关注国内中小型企业，优先发展领域包括汽车零部件、电池技术、工业电气设备、可再生能源、金属加工、工业数字软硬件及机器人等。PIF 对民营企业发展发挥了积极的促进作用。例如，投资设立沙特首家垃圾处理公司，推动生态保护和绿色发展；拓展传统伊斯兰国家的娱乐业，投资成立 7～8 家影视公司。

在基础设施投资上，沙特借助丰富的光照资源、广阔的土地资源、强大的风能资源，积极发展可再生能源产业，投资 7 万亿美元建设 6 个"千兆项目"。例如，总投资额高达 5 000 亿美元的 NEOM 新城（2.65 万平方千米），全部采用风能和太阳能等清洁能源，成为毗邻红海、亚喀巴湾与苏伊士运河的海上贸易通道。再如，投资总额达 100 亿美元的阿卜杜拉国王金融城（KAFD），打造新"红海经济带"。

PIF 控股多家沙特国有企业（尤其是银行业）并提供后续融资，这是多数其他主权财富基金所不具备的特征。PIF 也发挥了部分国家财政功能，目标之一是以"支出促进增长"（Spend to Grow），甚至将相当规模的财务资源用于发放国企工资。

值得注意的是，PIF 的国内投资规模也与原油价格波动有一定关联。2020 年油价跌破 40 美元 / 桶时，PIF 将国内资产配置大幅增加到 260 亿美元，以保证国内经济稳定（见图 2-9）。

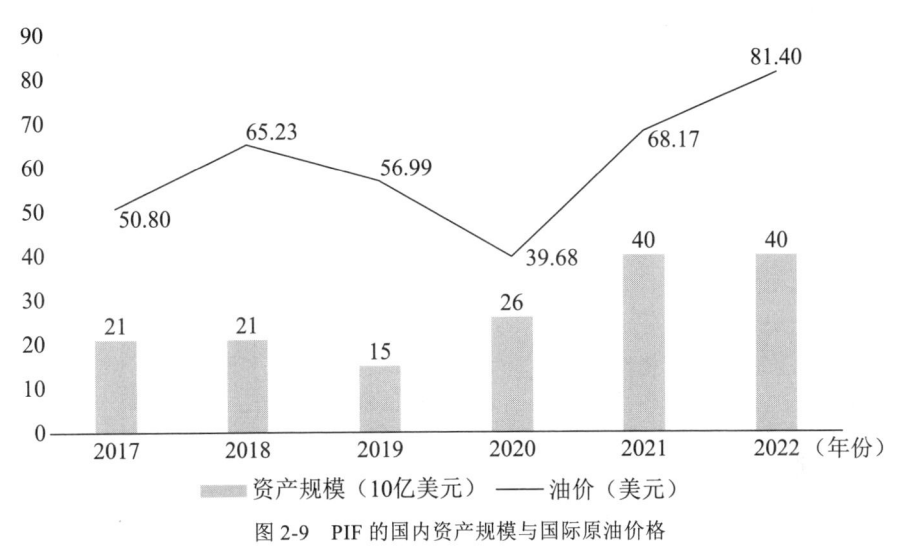

图 2-9　PIF 的国内资产规模与国际原油价格

来源：Global SWF 等

三、PIF 的海外资产配置

PIF 海外投资的主要目标是降低沙特对石油的依赖，实现财富的多元化。PIF 国际资产配置比例从 2015 年的 3% 快速增至 2020 年的 20%，同时还在纽约和伦敦设立了投资办公室，计划 2030 年进一步提高到 50%。

PIF 的海外资产组合包括股票、债券、房地产、私募股权、基础设施等类别，分为财务投资和战略投资两类。财务投资通过分散投资来实现，与其他机构投资者类似，大部分投资委托包括 PE 基金、房地产基金、对冲基金等在内的外部资产管理人。战略投资则主要着眼于对国家产业转型有较大促进作用的公司或基金，2016 年以来分别注资 450 亿美元和 200 亿美元到愿景基金和黑石新基础建设基金，广受国际瞩目。由于这两笔大额投资，另类资产在 PIF 海外资产中的占比从 2015 年 6% 快速增至 2017 年 71%，此后保持在 60% 左右（见图 2-10）。

在上市公司股票方面，根据美国证券交易委员会（SEC）披露数据，PIF 在 2020 年第一季度持有约 20 家欧美蓝筹股，包括英国石油、道达尔、波音、花旗、迪士尼和脸书等；2020 年底，美股仓位大幅增至 128 亿美元，并从大比例配置蓝筹个股，转为持有房地产、公用事业等行业 ETF；2021 年初持有 47 亿美元 ETF，占股票持仓 46%，主要投向防御性强的行业。鲁梅延介绍，PIF 逆市买入这些公司股票获得了高额收益，特别是那些可为沙特增加经济价值的战略投资，计划 2022 年追加约 100 亿美元，投入电子商务和可再生能源等领域。

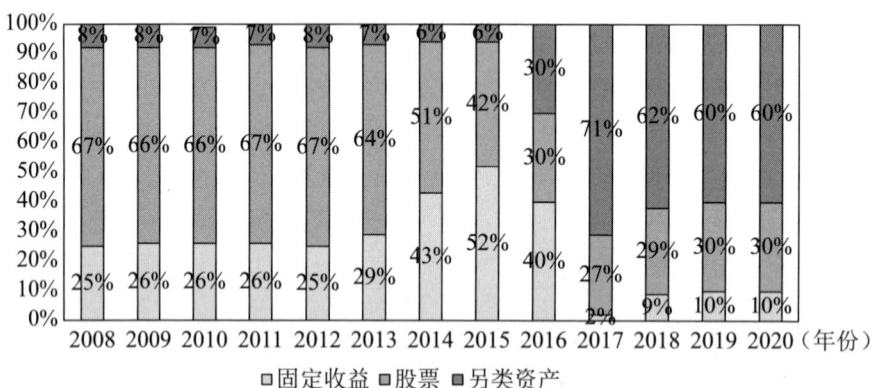

年份	固定收益	股票	另类资产
2008	25%	67%	8%
2009	26%	66%	8%
2010	26%	66%	7%
2011	26%	67%	7%
2012	25%	67%	8%
2013	29%	64%	7%
2014	43%	51%	6%
2015	52%	42%	6%
2016	40%	30%	30%
2017	27%	2%	71%
2018	29%	9%	62%
2019	30%	10%	60%
2020	30%	10%	60%

图 2-10　PIF 海外资产配置

来源：Global SWF 2020 Annual Report

在非上市公司股权方面，PIF 在 2008 年专门设立全资子公司 Sanabilel-Saudi 进行海外股权投资，初始资金 53 亿美元。据公开报道，SES 独立于 PIF，借助外部专业机构进行管理。PIF 管理层将其描述为类似挪威政府全球养老基金（GPFG）与新加坡政府投资公司（GIC）的职业化、专业化管理模式。SES 通过整合海外投资组合，以搭建更完善的投资治理体系，同时进一步提高 PIF 作为主权财富基金的投资透明度。

PIF 在 2017—2021 年通过外部 VC/PE 基金进行了 136 笔股权投资。其中，116 笔 VC 投资分布在 8 个行业，首先最受青睐的是 IT 业（占比 38%）；其次是消费业（占比 31%）；再次是金融/保险业（占比 10%），如图 2-11 所示。20 笔 PE 投资分布在 7 个行业，首先最受青睐的是 IT 业（占比 35%）；其次是金融/保险业（占比 25%）；再次是工业（占比 15%），如图 2-12 所示。

游戏也是 PIF 关注的投资行业。据《华尔街日报》2022 年 5 月 18 日报道，PIF 持有日本游戏公司任天堂（Nintendo）5% 的股份，价值约 30 亿美元。此前还投资了卡普空（Capcom）、纳克森（Nexon）、艺电（Electronic Arts）、Take-Two 等全球知名游戏公司。

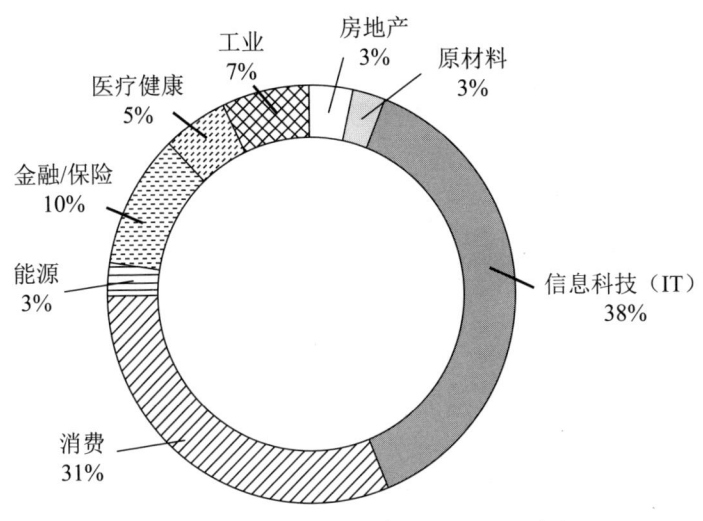

图 2-11　PIF 海外 VC 投资（2017—2021 年）

来源：SWFI

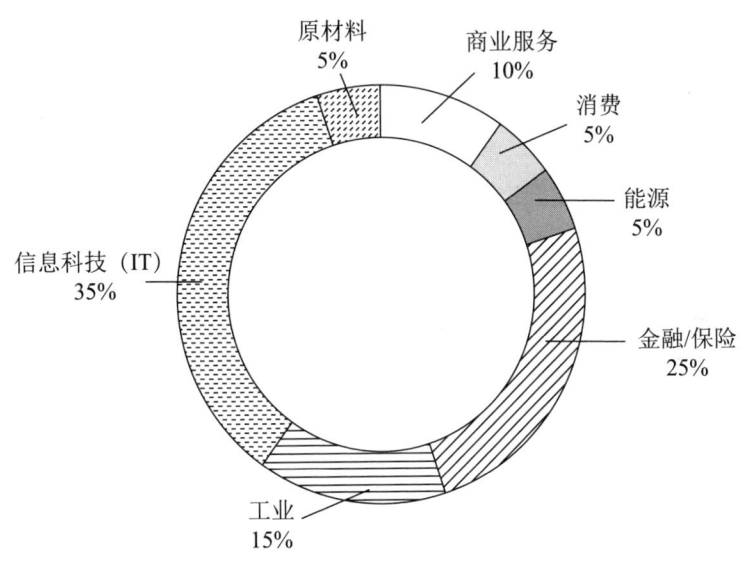

图 2-12　PIF 的海外 PE 投资（2017—2021 年）

来源：SWFI

四、"沙特模式"的投资逻辑

作为中东乃至世界举足轻重的机构投资者，PIF 既有全球化、市场化的经济性特征，也有本土化、政策化的战略性特征。沙特 2016 年发布"2030 愿景"，希望通过经济和社会改革"双轮驱动"逐步实现经济多元化，而 PIF 正是实现这一蓝图的重要推动者。同时，PIF 的投资策略也与沙特较为特殊的经济和政治格局息息相关，其投资逻辑可以总结为 5 个方面（见图 2-13）。

图 2-13 PIF 的投资逻辑

第一，稳健的长期投资者。通常，主权财富基金主要考虑管理资产的长期购买力，对短期波动并不过分紧张，但对资产配置、国别分布、行业领域等则有较为严格的要求。PIF 与世界规模最大主权财富基金——挪威政府全球养老基金（GPFG）类似，资金来源主要为石油收入，可在短期内承受较大的市场风险和波动。当国际金融市场受到流动性冲击、资产价格下跌之际，PIF 可通过再平衡操作"买低卖高"，寻求更高长期回报率。2020 年上半年 PIF "逆市抄底" 就是再平衡的典型范例。

第二，注重另类资产配置。耶鲁捐赠基金等机构投资者的实践表明，另类资产可用于构建分散化组合以降低风险，提升回报率。由于 PIF 无须应对短期业绩考核和资金流出压力，另类资产就显得极富吸引力，为整个组合带来超额回报，而传统资产（如股票、债券等）的主要功能则是调整投资组合的流动性。PIF 可通过配置流动性较差的资产（如房地产、PE 和基础设施等）来获取流动性溢价。

第三，协同国家发展战略。PIF 的国内投资目标以经济转型和增进就业为主，而国际投资目标则是获取长期财务回报和推进国家发展战略。例如，投资成为美国上市公司嘉年华游轮第二大股东，就包含推动本国旅游业发展的考量。再如，15 亿美元投资美国电动汽车公司 Lucid Motors 并为其打开沙特市场，提供政府补贴和汽车采购，同时推动在 NEOM 新城建造工厂。由于肩负国家经济转型的使命，PIF 深深打上了战略投资者的烙印，而并非仅追求风险调整后经济收益的财务投资者。

第四，注重发挥规模经济。正如鲁梅延所言，"我们不喜欢只投入5 000万美元或1亿美元。我们希望成为该基金的最大投资者或前两大投资者"。依靠庞大的资产规模，PIF对于外部管理人有强大的议价能力，能以更低的管理费进行委外投资，甚至可以参与被投企业的公司治理。与沙特王室的特殊关联也增强了PIF对全球最优秀机构及人才的吸引力。特别是对新兴市场管理人而言，与PIF建立合作关系往往意味着巨大的发展机遇。

第五，应对通缩而不是通胀。大宗商品在投资组合中通常是对冲通胀的有效手段，但PIF的投资组合并不包含大宗商品，这主要是因为PIF最重要的资金来源就是石油收入，具备抗通胀的内在特征，但应对通缩则是其投资目标之一。PIF通过投资金融资产，来应对通胀下行（乃至通缩）的不利影响。

五、投资愿景基金的"是"与"非"

作为世界最大的石油出口国，沙特政府70%的收入都来自原油。然而，沙特的石油经济面临世界能源格局结构性变化和国际油价周期性下降的双重挑战。大举投资科技产业是沙特摆脱石油依赖、实现经济转型的重要战略手段。

根据麦肯锡报告，如果沙特能够推行强有力的经济改革，到2030年时GDP将在2014年基础上翻一番，实现400亿美元财政盈余；否则将陷入经济困境，2030年财政赤字将达1 700亿美元。沙特决策者意识到依赖石油收入的经济结构和财政体系不具可持续性，因此，把产业结构多元化作为应对未来挑战的总纲领。

PIF是穆罕默德王储推进"2030愿景"的重要一环，而投资科技产业正是开启新"黄金十年"的重要路径。2016年，穆罕默德王储与鲁梅延确定了四大投资方向——物联网、人工智能、机器人和生命科技。彼时，软银集团董事长孙正义正在筹划成立史上规模最大的科技基金，规模高达1 000亿美元——这与PIF的战略投资方向不谋而合。

2016年9月，穆罕默德王储带队约500人，分乘13架公务机抵达东京。双方会谈45分钟后，穆罕默德王储同意向愿景基金投资450亿美元。平均1分钟10亿美元的大手笔投资让PIF在世界上声名鹊起。当然在会晤前，孙正义已与沙特王室最信任的顾问进行了多次深入沟通。除了列举以往卓越的投资业绩，孙正义还重点解释了愿景基金将如何促进沙特的经济转型。

2017年5月20日，愿景基金正式成立，主要投资科技领域的初创企业。在

1 000亿美元中，PIF承诺出资450亿美元（股权170亿美元、债权280亿美元），软银出资280亿美元，阿联酋主权财富基金穆巴达拉（Mubadala）出资150亿美元，苹果、高通、夏普、富士康及甲骨文创始人埃里森的家族办公室分别出资10亿~30亿美元。

这笔巨额投资实际上是PIF经过深思熟虑和多重博弈的结果。鲁梅延回忆，虽然PIF很快就决定投资软银，但在条款谈判上花费了长达10个月时间，还在监管和风控等方面设置了诸多投资者保护条款。例如，对于单笔投资30亿美元以上的项目保留一票否决权。由于愿景基金规模较大，管理费也从行业惯例的2%降至1%。PIF要求内部收益率（IRR）达到13%~18%。此外，谈判的每个步骤都要从多个层面上获得沙特政府的批准。

作为前无古人的PE基金，愿景基金拥有主权财富基金般的庞大资金规模、私募股权基金的投资逻辑和软银的科技背景。愿景基金在美国SEC中注册为条款D下的私募股权基金，得益于基金规模和SEC提供的灵活性，投资策略相对自由灵活。例如，可利用外部债务在交易中增加非短期债务，以进一步扩充资本，实现高度杠杆化。愿景基金还设置了"优先股"结构层，向优先股投资者提供7%的回报，每半年支付一次。

愿景基金成立后因"碾压式"投资风格，一度改变了股权投资行业的游戏规则。例如，每笔投资规模倾向于超过1亿美元，短短3年间累计投资700亿美元。从地区分布看，美国为第一大投资目的地（占比34%），其次为中国（23%）、中国以外的亚洲国家（25%）、欧盟（13%）和拉美（5%），如图2-14所示。

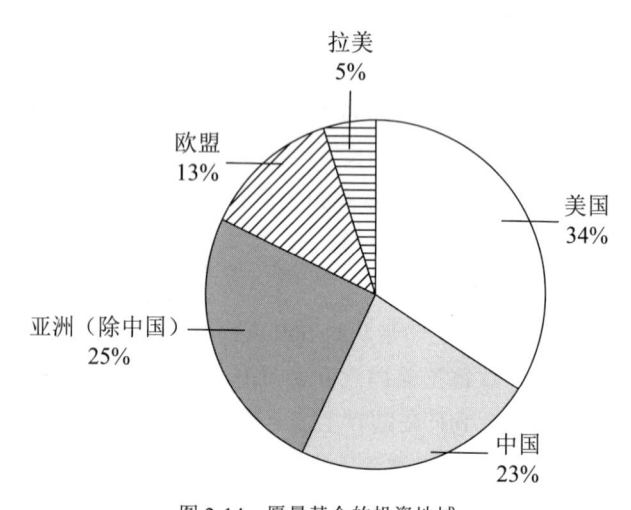

图2-14 愿景基金的投资地域

来源：软银2021年财报

从行业分布看，消费是第一大投资领域（28%），其次是智能出行（20%）、物流（17%）、前沿科技（10%）和金融科技（7%）。大手笔投资主要集中在 IT 公司，如 185 亿美元投资 WeWork、93 亿美元投资 Uber、82 亿美元投资 ARM、50 亿美元投资英伟达等，如图 2-15 所示。

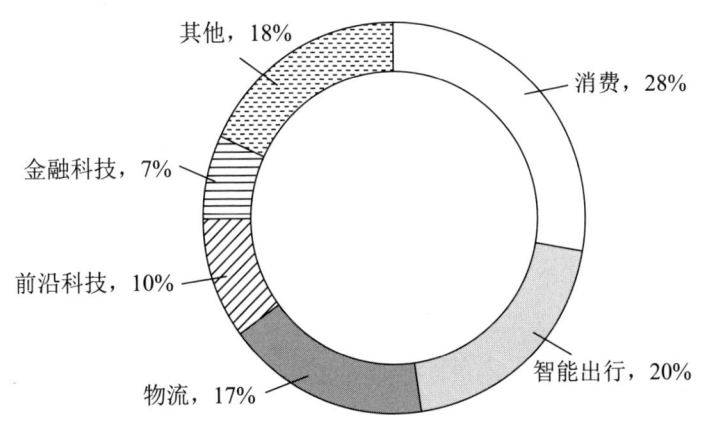

图 2-15　愿景基金的投资行业

来源：软银 2021 年财报

愿景一期基金曾在成立初期获得丰厚回报，前 5 个月就获得近 30 亿美元账面利润，然而后续对 WeWork、Uber 等重点项目的投资出现巨大亏损。软银 2019 年 7 月宣布推出愿景二期基金，目标筹集 1 080 亿美元，但首次关闭时仅筹得 20 亿美元。据悉，除非能够扭转业绩，否则一些重要投资者将拒绝出资，包括一期基金最大出资人 PIF。2020 年以来复杂的地缘政治使愿景基金面临更为严峻的形势。软银 2022 年年报披露，愿景基金 2021—2022 财年亏损高达 277 亿美元。

除了投资失利，愿景基金的颠覆性举动也饱受业界和学界的质疑。一方面，巨额投资可能助长初创公司傲慢怠惰和大手大脚，失去创业者本应有的锐意创新和精打细算；另一方面，"拔苗助长"的巨额投资也可能在后续想退出时"有价无市"，出现一、二级市场倒挂等现象。

鲁梅延认为，尽管愿景基金的有些投资并没有达到预期效果，但考虑到被投企业有相当大比例的"独角兽"，PIF 对此仍有一定的容忍度。此外，愿景基金通过对同一赛道的全覆盖投资，搭建起垂直细分科技领域的行业生态系统，有利于促进沙特实现经济转型——这也是 PIF 进行该笔巨额投资的初心。

六、PIF 的内部治理

沙特作为君主制国家，统治家族在 PIF 治理中发挥着重要作用。2015 年 3 月，PIF 主管部委从沙特财政部转为经济与发展事务委员会。穆罕默德王储身兼该委员会主席及 PIF 董事会主席，负责监督长期战略、投资政策和绩效。

在专业化与职业化程度较高的主权财富基金中，政府机构以外专业人士组成的非执行董事往往占到董事会成员半数以上。当前 PIF 的 9 名董事绝大多数为政府官员，包括王储和 6 位部长。PIF 总裁鲁梅延还兼任沙特阿美董事会主席。

在运营管理上，董事会通常不干预具体工作，而是通过下设专门委员会在审计、风控、薪酬、人事等方面发挥作用。各委员会成员由董事会任命，负责日常经营决策。PIF 下设 4 个委员会——执行委员会，投资委员会，审计、风险与合规委员会，薪酬委员会（见图 2-16）；同时配置国际化的职业经理人团队，承担投资、审计、风控、法务、人事等职能。

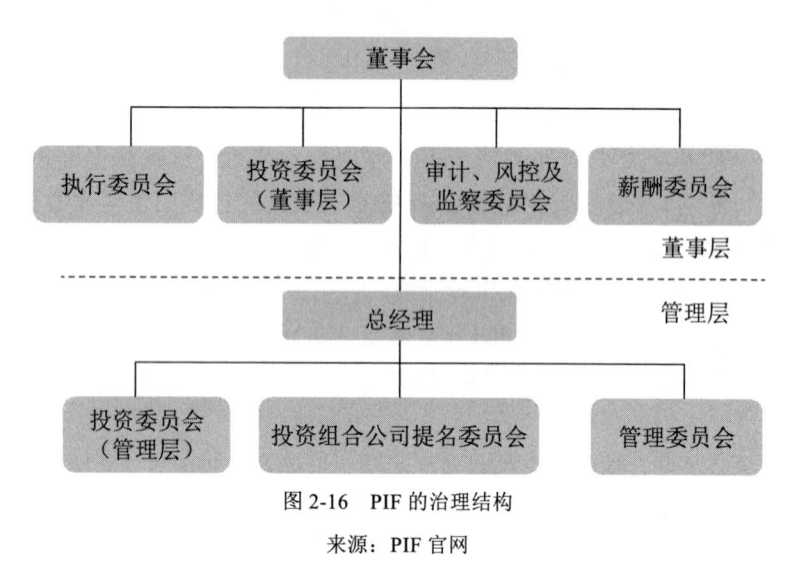

图 2-16　PIF 的治理结构
来源：PIF 官网

鲁梅延介绍，2015 年由穆罕默德王储担任主席后较短时间内，PIF 资产管理规模从 1 500 亿美元大幅增长至 4 800 亿美元，这既得益于沙特政府的强力政策支持，也与管理团队的投资业绩有关。

PIF 的管理团队较好地平衡了职业化、国际化、专业化等原则。高管大多毕业于欧美名校，拥有丰富的海外工作经验（见表 2-10）。

表 2-10 PIF 的管理团队成员及其主要履历

职位	高管姓名	主要履历
副总裁兼国际投资部负责人	诺韦瑟	曾在沙特工业发展基金、摩根士丹利和沙特法国资本等机构担任高级职务
副总裁兼中东北非投资部负责人	亚兹德·阿尔胡米德	兼任沙特国家银行、沙特证券交易所和沙特电信公司（STC）等重要公司董事
房地产投资部负责人	艾曼·阿尔穆戴夫	负责 PIF 投资的 57 个房地产项目，曾就职于沙特工业发展基金
CFO	亚西尔·阿尔萨尔曼	曾担任普华永道高级审计师，以及知名投资公司王国控股的财务部经理
COO	班德·莫格伦	负责 IT 系统和基础设施转型，曾任沙特国家商业银行人力资源和企业服务董事总裁
全球资本部负责人	法赫德·赛义夫	负责国内外投资，在沙特财政部、沙特英国银行（SABB）和汇丰银行拥有超过 20 年经验
合规治理部负责人	拉尼娅·纳沙尔	多次当选福布斯全球 100 位最具影响力的女性
总法律顾问兼秘书长	希哈娜·阿拉扎兹	曾在多家国际律师事务所担任执业律师，持有纽约最高法院和沙特司法部执业资格，曾当选福布斯中东最具影响力 100 位女性
办公室主任	萨阿德·阿尔克劳德	负责管理内部机构、投资组合项目及国际关系
企业事务部负责人	凯文·福斯特	曾担任加拿大皇家银行（RBC）董事总裁
国家发展部负责人	杰里·托德	曾担任沙特国家商业银行董事总裁和麦肯锡公司投资总监
内审主管	麦克·程	曾任巴克莱银行亚洲董事总裁、德意志银行伦敦高级审计职位
风控主管	费塔·扎贝利	曾担任摩根士丹利纽约董事总裁和首席风险官，在美国、中国香港、东京和伦敦有 36 年工作经验

来源：PIF 官网（2022 年 5 月）

主权财富基金关乎国家战略和国民财富，风险管理至关重要。PIF 既面临市场风险，也面临地缘政治风险。市场风险方面，PIF 的投资风格较为进取，风险敞口较高，而中东主权财富基金面对的地缘政治风险几乎是可比类别中最高的。PIF 在全球范围的高调投资曾引起西方国家侧目。因此，对于主权财富基金，建立一套减少过度行政干预的体制，保持适当的专业性和独立性至关重要。

主权财富基金对一国经济发展至关重要。PIF 致力于突破中东石油国家依赖不可再生资源的传统发展模式，助力沙特从资源依赖型经济体向产业多元型经济体转型。如何进一步建立市场化、专业化、职业化的管理方式，完善现代公司治理制度，在追求长期投资收益的同时推动经济转型和可持续发展，将是未来重要的探索方向。

（哥伦比亚大学访问学者邹昊轩参与本节撰写）

第四节
科威特投资局：世界首家主权财富基金

1953 年成立于伦敦的 KIB（科威特投资委员会）开创了历史，是世界首家主权财富基金。KIB 在 1982 年转型成为 KIA（科威特投资局），在伦敦、上海等地设有分支机构。作为全球最早成立的主权财富基金，KIA 最初以摆脱资源依赖、扩展投资途径和增加财政收入为主要目标。

在近 70 年的发展历程中，KIA 形成了较为成熟的组织结构和治理体系，具备较强的独立性和专业性，能够根据全球政经形势和本国经济需求积极开展投资，扩展资产大类光谱，以实现跨市场、跨周期、跨国别的资产配置。截至 2024 年 11 月，KIA 的资产管理规模高达 9 800 亿美元，位居全球主权财富基金第五。

一、初心：管理石油盈余，化"黑金"为财富

20 世纪 30 年代，科威特发现石油。1934 年，英美合资的科威特石油公司取得科威特 75 年的石油开采权。在其后十余年间，多家海外石油公司加入开发行列。科威特自 1946 年开始出口原油，1950 年石油产量达 1 240 万吨，成为中东第二大石油产地。1951 年科威特石油公司与政府签订合同，约定每年上缴石油利润的一半。至此，"黑色黄金"开始带来源源不断的财富，给科威特经济带来史无前例的增长。

伴随经常项目顺差的快速增加，科威特的外汇储备规模持续扩大。为实现外汇资产的保值升值，科威特政府希望实现全球配置，从而分散风险、提高收益。1953 年，科威特在伦敦设立科威特投资委员会，使用石油收入盈余进行国际投资，世界第一家主权财富基金由此成立（见图 2-17）。KIB 通过将有限的自然资源收益转变为多元化资产投资，致力于维持国家财政可持续性，保护当代和后代国民的金融财富。

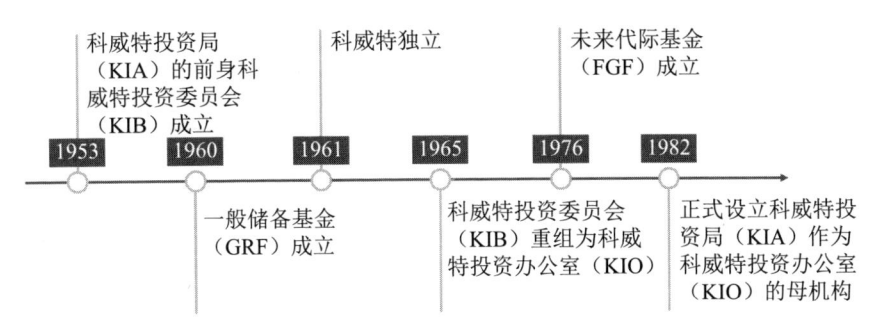

图 2-17 科威特投资局的历史沿革

1961 年科威特成为独立主权国家后,引入现代投资范式以推动可持续发展。1960 年成立的一般储备基金（General Reserve Fund,简称 GRF）负责管理石油收入和政府资产等。GRF 也是政府支出的主要资金来源,该基金资产及收益可在科威特议会批准的国家年度预算框架内使用。1965 年,科威特政府正式颁布资产和投资组合的多元化政策,将 KIB 重组为科威特投资办公室（KIO）,代表政府进行投资。

20 世纪 70 年代石油危机中,石油价格高涨带来了外汇收入的大增,海合会成员国陆续设立了主权财富基金。在此大背景下,未来代际基金（Future Generation Fund,简称 FGF）依照科威特 1976 年第 106 号行政法令成立,成为国家的代际储蓄平台。GRF 转移其自身 50% 的资产作为 FGF 的初始资金。自 1976—1977 财年开始,科威特政府每年将财政收入的 10% 转移至 FGF,这一比例自 2012—2013 财年开始上升到 25%（见图 2-18）。

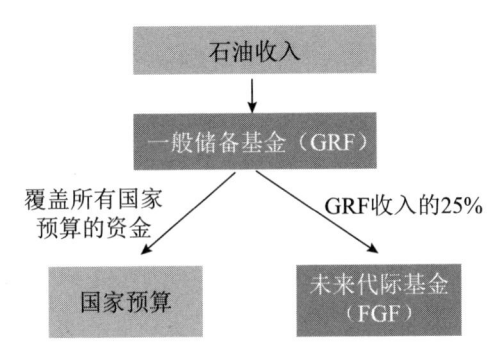

图 2-18 科威特石油收入在 GRF 与 FGF 之间的分配

资料来源：resourcegovernance.org

与能够定期支出的 GRF 不同,除非经过特别批准,FGF 不得随意转出资金,所有投资收益均用于再投资,体现了 FGF 纯粹的储蓄性质。除此之外,FGF 也被禁止在科威特境内进行投资（见表 2-11）。

表 2-11 GRF 与 FGF 的比较

基本情况	一般储备基金（GRF）	未来代际基金（FGF）
成立时间	1960 年	1976 年
资金来源	科威特总体财政收入（包括石油收入、政府其他收入）	GRF 转移其自身资产 50% 作为初始资金；目前 GRF 将每年收入的 25% 转入 FGF
基金定位	统筹国家的总体收入与支出	纯粹的储蓄性质
支出情况	每年依据国家预算支取资金	所有收益用于再投资，且不得在境内投资

据彭博数据，当前 FGF 一半以上的投资都集中于美国。2019 年以来全球主要股市大跌，FGF 组合增持了多个跌幅严重的美股。科威特财政大臣哈麦达 2021 年称："2017—2021 年 FGF 的资产增值超越了科威特同期的石油总收入（约合 2 210 亿美元）。"此外，FGF 还投资于世界各地的基础设施，包括港口、机场和电力系统。

1982 年，根据科威特政府第 47 号法令，其财政部正式设立科威特投资局（KIA）作为科威特投资办公室（KIO）的母机构，同时将 GRF、FGF 两支基金及其他政府资产统一交由 KIA 管理。这些资产包括科威特公共机构（如科威特阿拉伯经济发展基金、科威特石油公司）、科威特存放于多边金融机构和国际组织（如世界银行、国际货币基金组织等）中的资产。KIA 初始资金约为 2 000 亿美元。

二、三重复杂性：多面角色、多元目标、多样化资产组合

作为科威特政府主导的大型机构投资者，KIA 具有分散化投资、定期再平衡和注重另类资产等特征，于是在机构角色、投资目标、资产配置等不同维度呈现出三重复杂性。

（一）机构角色的复杂性

与其他类型的机构投资者不同，以 KIA 为代表的主权财富基金由一国政府拥有和管理，其资金来源主要是外汇储备和出口收入（如石油），并且独立于执行被动型外汇管理策略的货币管理当局，这些因素决定了主权财富基金同时扮演多重角色，见图 2-19。

首先，主权财富基金是平滑国家经济周期波动、实现国民财富保值增值的资

金管理者。对于 KIA 这种以石油收入为主、面临复杂地缘政治的主权财富基金，其平滑消费的角色不仅体现在对冲大宗商品价格波动对能源依赖型经济的冲击，更体现在当国家遭遇重大危机时及时提供纾困资金。例如，国际油价 2014—2015 年出现暴跌时，受到严重打击的科威特从主权财富基金中提取了一定额度的储备，以缓解政府财政危机，维持汇率稳定（见图 2-20）。1990—1991 年伊拉克发动的科威特战争结束后，KIA 为国家战后重建提供了超过 800 亿美元的关键资金，这也是唯一一次动用 KIA 的 FGF。当然，除了平滑消费，主权财富基金往往也会通过定期再平衡，维持组合的长期政策目标与合理的风险水平，实现平滑国家收入、外汇储备和财富代际传承的功能，因此，其常采取反周期的长期投资方式。

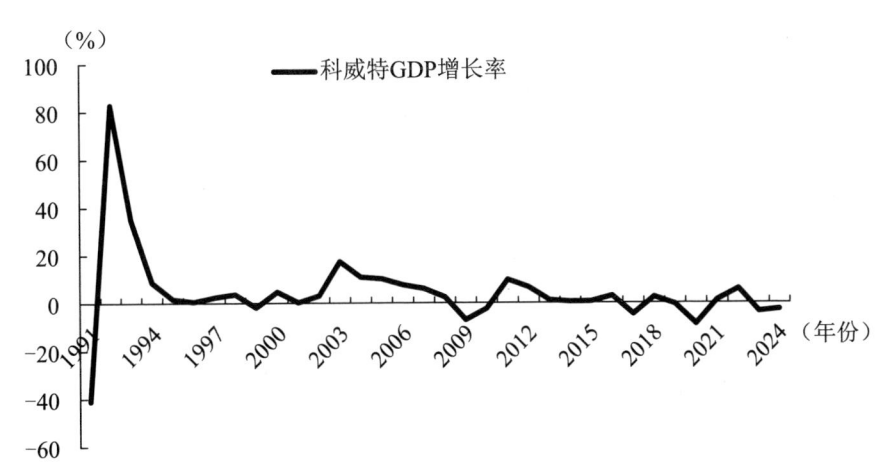

图 2-19 科威特 GDP 增长率（1991—2024 年）
来源：世界银行

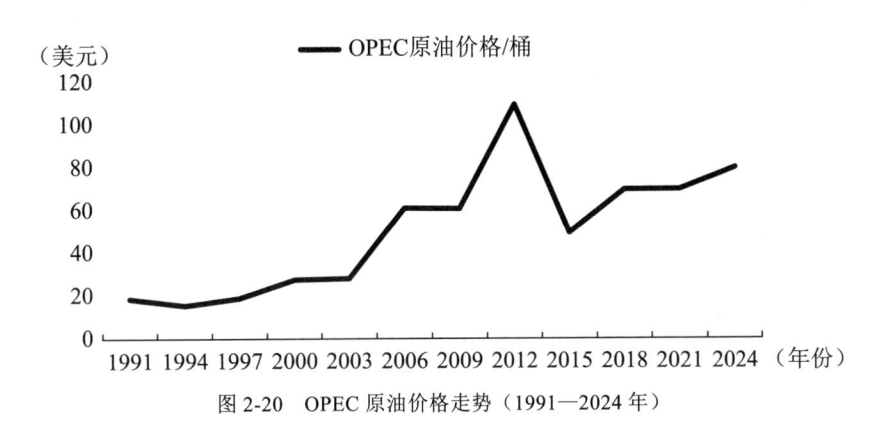

图 2-20 OPEC 原油价格走势（1991—2024 年）

其次，主权财富基金能够影响和调节金融部门与实体经济之间的资金流，体现出管理者（通常为政府）在短期消费支出和长期资产积累之间的权衡。对于产油国而言，一方面，政府要将石油留存收益在石油产业再投资和主权财富基金之间进行分配，这取决于石油产业的盈利能力和投资回报、资金转移对石油产业生产率的边际效用，以及对主权财富基金长期资产增长的边际效用；另一方面，政府要根据社会经济需要、政府支出效率和金融市场表现等因素决定，是将更多资金用于当期财政支出以提高国民福利，还是投入主权财富基金进行长期投资。从本质上而言，其决策是消费与投资、石油开采与保存资源、石油产业投资与金融资产投资等多重因素权衡的综合结果。

（二）投资目标的复杂性

主权财富基金的多重角色导致了其投资目标的多元化。根据投资目标的不同，主权财富基金可分为五类：稳定基金、储蓄基金、发展基金、养老基金和储备投资公司。不同类别的主权基金有不同的目标，包括稳定物价水平、平抑经济波动、实现代际储蓄、加强基础设施建设、推动经济社会发展、满足未来养老金支出、降低流动资产持有成本、寻求高额回报等。

就一国产业政策而言，主权财富基金也能成为产业升级和经济转型的助推器。KIA 通过将石油收入转化为国内产业资本和海外金融投资，助力国家实现经济转型。当然，对小国而言，主权财富基金庞大的资产规模也可能会影响国内资本市场，从而对国民经济造成影响，甚至增加货币政策调控难度、对总需求造成冲击。这就需要为主权财富基金设定严格的资金注入和退出规则，以确保其多元化投资目标与国家经济政策相匹配。

对于中东产油国而言，提高外汇储备收益率、降低收入波动对宏观经济的影响是共性目标。在此基础之上，部分主权财富基金在不同时期设置动态投资目标，如 1976 年随着 FGF 的设立和可观的定期资本注入，保持代际储蓄的购买力成为 KIA 的重要目标。此外，中东国家对粮食进口存在依赖，主权财富基金往往还肩负着投资农业与食品等行业以维护国家粮食安全的使命。

（三）资产配置的复杂性

面对多元化的投资目标，主权财富基金的资产配置往往体现出覆盖地域广泛、资产配置多样等特点。KIA 致力于将波动性较大的石油资产转换成分散化的金融资产组合以降低风险。

对于资源出口依赖型国家而言，财政收入与大宗商品价格的变动高度相关，因此，其主权财富基金要通过投资配置与资源价格波动负相关的资产以对冲对本国财政的潜在影响，从而平滑国家收入。根据经验统计，美元与石油价格具有较大的负相关性。从这个意义上讲，中东石油产油国主权财富基金的重要配置资产，应为与大宗商品价格波动呈负相关的美元类资产。此外，通过构建多币种的资产组合，主权财富基金可以避免单一外汇风险敞口，从而有效提升外汇储备的收益率。

主权财富基金往往具有较长的投资期限，因此能够持有期限多样的资产组合，从而承受较大的短期波动。KIA 在 20 世纪 60—80 年代对戴姆勒-奔驰公司的投资就体现出这一特征。1974 年 11 月，KIA 从德国匡特（Quandt）家族手中收购了戴姆勒-奔驰 14% 的股份，成为该公司最大单一股东。2014 年时任科威特财政部长兼 KIA 董事会主席的阿纳斯·K.阿尔萨利赫曾表示："过去 40 年间，KIA 一直是戴姆勒-奔驰的股东，即使在最艰难的日子里，我们也从未失去信心。"KIA 的长期坚持换来了丰厚回报，最初以 3.29 亿美元购入的股份，到 2022 年 3 月底时已增至近 60 亿美元。

最后，主权财富基金的资产配置决策还受到本国法律约束。根据科威特法律，KIA 不得使用金融杠杆、不得投资金融衍生品、不得投资酒业和博彩、不得通过放贷等方式获得收益等，显示出伊斯兰文化对其资产配置有较大影响。

三、资产配置：重视另类投资，增持新兴行业

主权财富基金的资产配置与其投资目标密切相关。KIA 根据动态资产配置策略管理其投资组合，寻求跨越经济周期和不同世代的卓越回报。

（一）资产规模稳定上升，收益率波动较大

KIA 的资产管理规模基本呈稳定上升态势，从 2008 年的 2 650 亿美元增至 2021 年的 6 930 亿美元（见图 2-21）。尤其是 2012—2014 年，随着全球油价达到历史高点，科威特这一时期的石油出口年均为 1 000 亿美元左右。KIA 的资产规模相应呈现出超千亿美元的增长，投资金额与交易笔数也快速提升。这一趋势直到 2014 年末世界油价下跌后才告一段落。

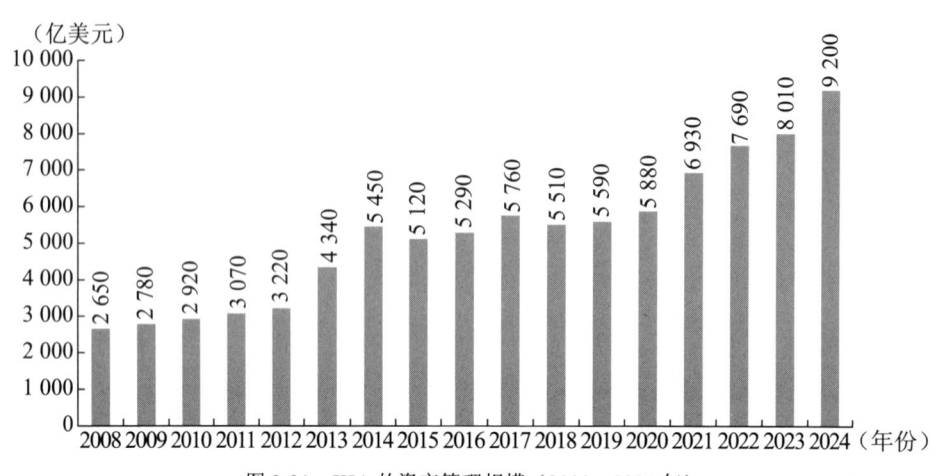

图 2-21　KIA 的资产管理规模（2008—2021 年）

资料来源：Global SWF

就收益率而言，KIA 在多数年份取得较好回报，但仍受全球金融市场动荡的影响。例如，2008 年全球金融危机时，KIA 的投资收益率录得最大跌幅，低至 -22.3%，但后续回升较为迅速。2011 年受阿拉伯社会动荡和欧洲债务危机影响，其投资收益率录得负值。2015 年伴随石油价格下跌和多国金融市场巨震，KIA 收益率出现震荡。2018 年受英国脱欧、中美贸易摩擦等地缘因素影响，多国股市迎来 2008 年金融危机以来表现最差的一年，KIA 也受到较大影响。2020 年以来，尽管短暂受到干扰，但由于各国大规模货币宽松政策带来的资产价格上涨，KIA 也获得丰厚回报（见图 2-22）。截至 2021 年 3 月底，KIA 管理的 FGF 最高年度回报率达 33%。

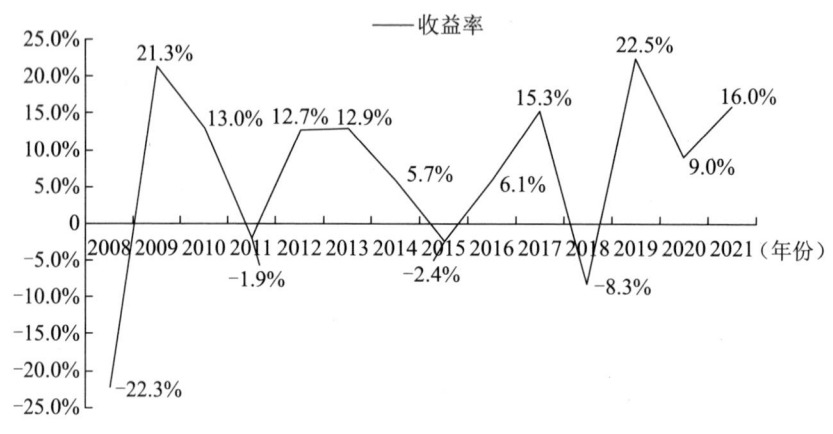

图 2-22　KIA 的年度投资收益率（2008—2021 年）

资料来源：Global SWF

(二）资产配置多元化，另类投资受重视

KIA 成立之初，仅投资于低风险、低收益的固定收益类资产，之后逐渐提高权益类资产占比，形成更加积极、多元的投资风格。

为了弥补内部资源的不足，KIA 还聘用国际投资咨询机构来提供决策支持。2004 年，KIA 聘请美世咨询（Mercer）优化资产配置战略，目标是实现 10 年内资产管理规模翻倍。美世提出以下建议：减少公开市场投资（如股票），增加另类资产投资（如私募股权和房地产）；分散配置不相关的大类资产，提高投资回报并降低风险和波动性；拓展美、欧、日等发达经济体之外的投资区域，如亚洲和非洲等新兴市场。

根据这些建议，KIA 董事会 2005 年通过了新的战略资产配置方案，设立了目标收益率和风险预测机制。修订后的方案增加对新兴市场股票、债券以及另类资产（私募股权、对冲基金和房地产）的投资，调整了现有资产的配置比例（见图 2-23）。

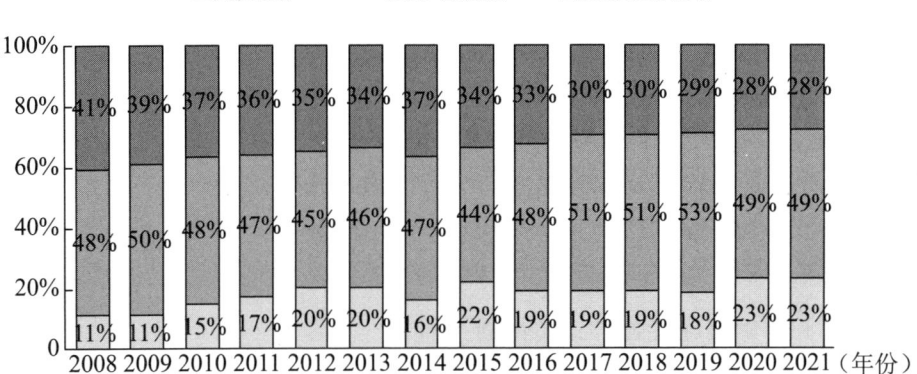

年份	另类资产	二级市场股票	固定收益类资产
2008	11%	48%	41%
2009	11%	50%	39%
2010	15%	48%	37%
2011	17%	47%	36%
2012	20%	45%	35%
2013	20%	46%	34%
2014	16%	47%	37%
2015	22%	44%	34%
2016	19%	48%	33%
2017	19%	51%	30%
2018	19%	51%	30%
2019	18%	53%	29%
2020	23%	49%	28%
2021	23%	49%	28%

图 2-23 KIA 战略资产配置比重

来源：Global SWF

此后十几年间，KIA 的股票投资占比基本在 50% 上下波动，但其固定收益类资产占比则持续下降，主要投资于多个国家的国债和公司债，从 2008 年的 41% 降低至 2021 年的 28%；而另类资产占比则不断增加，从 11% 增长到 23%（见图 2-24）。

KIA 的直投项目特征包括：单笔投资额度不低于 3 亿美元；投资东欧、中国、印度和越南等新兴市场；投资金融、房地产、基础设施和消费产品等行业。在房地产投资上，KIA 通过科威特中国投资公司（KCIC，持股 15%）对亚洲房地产

市场进行广泛投资，通过类似机构在美国、英国、澳大利亚、摩洛哥等地进行房地产投资。KIA 曾与卡塔尔投资局（QIA）和高盛共同投资 39.5 亿美元收购纽约通用汽车（GM）大楼。

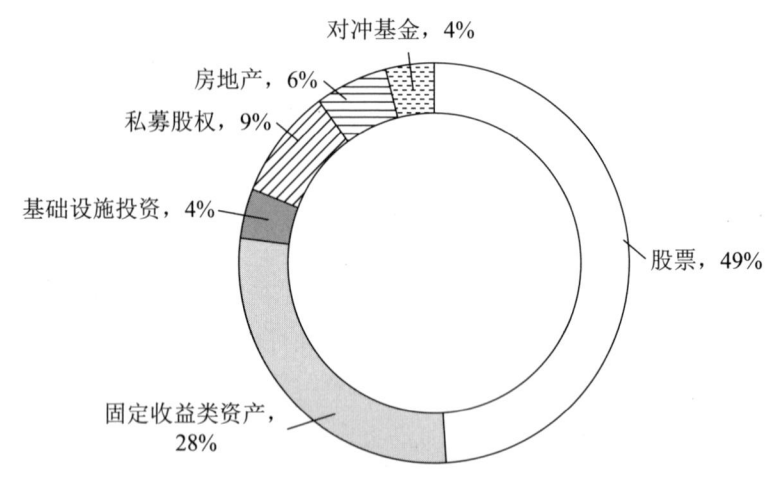

图 2-24　KIA 的大类资产配置（截至 2022 年 1 月）

来源：Global SWF

KIA 的直投规模在 2009 年、2017 年、2020 年三年显著降低，这与全球金融危机、复杂国际形势等风险因素关系紧密（见图 2-25）。2021 年，伴随量化宽松货币政策带来的充足流动性，全球主权财富基金的投资活动达到了 2020 年的 3 倍，创历史新高。KIA 也于 2021 年在 7 笔投资中投出 148 亿美元，投资数量达到 5 年来最高水平。

（三）投资领域覆盖广，增持新兴行业

就行业分布而言，KIA 超过 60% 的资产配置于金融服务业，17% 在房地产，11% 在基础设施建设，其他则分布于通信、能源、医疗健康等行业（见图 2-26）。这充分反映了科威特 2010 年提出的"2035 愿景"，致力于推动非石油经济部门的发展并鼓励民营企业发展，从而建立起可持续的多元化经济。在该愿景的大型项目中，油气、能源、交通物流等产业颇受重视，这些领域也是 KIA 的投资重点。例如，KIA 子公司 Wren House 曾在 2018 年以 17 亿美元收购石油天然气管道公司 North Sea Midstream Partners（NSMP）。

2020 年以来，数字科技和生命科学获得各大主权财富基金的重点关注，仅 2020—2021 年主权财富基金的投资笔数就分别达到 190 笔和 83 笔，两者之和超过总投资笔数的 50%。KIA 也不例外，2021 年将 9 000 万美元投资于美国可控核聚变公司 TAE，在尖端科技领域积极布局。

图 2-25　KIA 的直投额度与数量（2008—2021 年）

来源：GlobalSWF

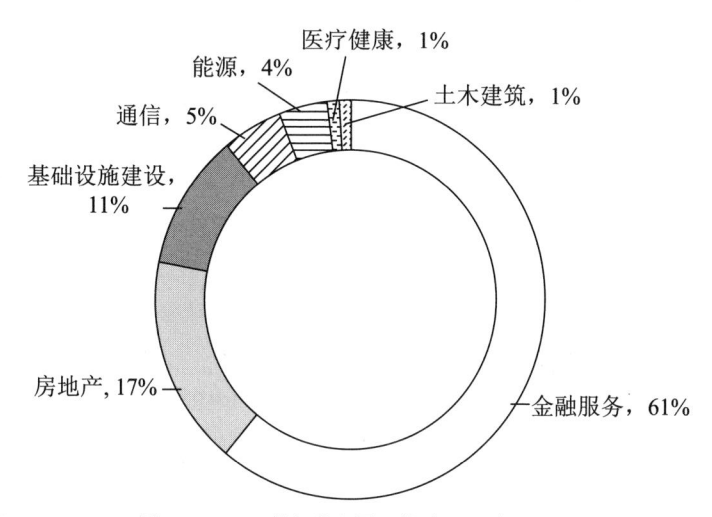

图 2-26　KIA 的行业配置（截至 2022 年 1 月）

来源：Global SWF

值得注意的是，科威特在低碳转型大背景下积极寻找优质的绿色投资机会。2017 年 12 月，KIA 联合另外五家主权财富基金在巴黎发起"One Planet 主权财富基金倡议"并成立工作组，致力于整合全球气候变化风险、投资低碳转型领域。2022 年 1 月，KIA 董事总经理 Ghanem Al-Ghunaiman 接受彭博社采访时表示，

KIA 正在推动其投资组合 100% 符合 ESG 理念，尤其是关注 ESG 中的"E"（环境因素）。

KIA 全资子公司 Entertech 在清洁能源、循环经济、垃圾处理等方面全球领先。随着能源结构调整，绿氢将在未来 3~5 年内实现里程碑式进展，KIA 已在欧洲、拉丁美洲和非洲进行循环经济等领域的投资。KIA 通过自研技术开发了充电和净水系统，从而实现可持续及节能环保，已经开始布局中国清洁能源领域，如与中国国家电网达成协议，投资太阳能发电公司。

（四）投资区域侧重欧美，积极开拓新兴市场

在投资区域方面，KIA 在中东的金融、房地产、科技、电信、媒体、自然资源和消费品等行业都持有大量资产。但由于本国和地区的经济规模有限，海合会国家的石油美元用于国内投资的比例相对较少，需要不断开拓国外投资。

目前，北美依然是 KIA 海外投资最多的区域。北美较为成熟的金融市场对追求稳健收益的 KIA 具有较大吸引力，北美投资占 KIA 投资总额的 38%。欧洲则占 27%（见图 2-27）。由于 KIA 前身在伦敦成立，因此在英国的投资历史最为悠久。1974 年，KIA 收购了房地产集团 St Martin's Property Group，通过该集团投资、开发和管理在英国的固定资产，开发了伦敦桥城（London Bridge City）等多个著名项目。2013 年，由 FGF 全资持有的 Wren House Infrastructure Management 成立。2016 年，Wren House 与阿尔伯塔投资管理公司和加拿大安大略省教师养老金组成财团，收购了英国极具吸引力的基础设施投资项目——伦敦城市机场 100% 的股份，该机场此前由全球基础设施合伙人（Global Infrastructure Partners）和橡树资本控股。

KIA 最著名的投资案例之一是英国石油公司（BP）。1987 年 10 月，BP 股票发行困难，KIA 果断出手购入 10% 股份，据估算成本仅为 9 亿美元。1988 年，KIA 一度持有 BP 公司 21.6% 股份。英国垄断和并购委员会表示，KIA 持有价值达 50.9 亿美元的 BP 股权会与英国国家利益产生潜在冲突，要求将持股比例降低至 9.9%。尽管该强制出售令使 KIA 承受一些未来潜在的损失，但据估算其至少获得 3~4 倍的投资收益。

KIA 非常重视快速崛起的新兴市场，如东南亚、印度、非洲，同时特别青睐"金砖国家"（巴西、俄罗斯、印度、中国、南非）。KIA 2010 年以来参与了对印度电商巨头 Flipkart、跨境 B2B 交易平台 IndiaMart 等的投资，未

来还计划重点投资埃及、摩洛哥等北非大国，包括金融、科技、电信和服务业等。

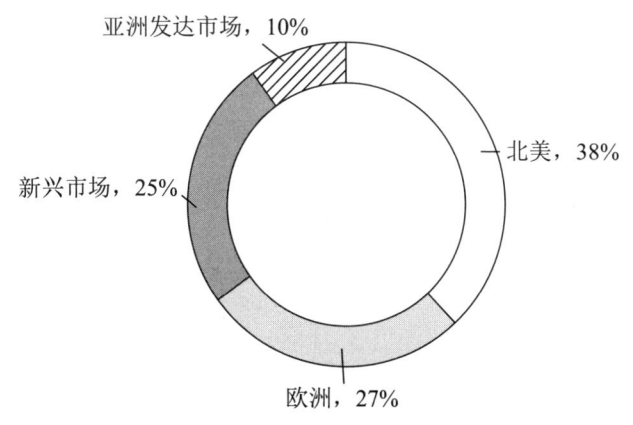

图 2-27　KIA 的投资区域（截至 2022 年 1 月）

来源：Global SWF

四、治理体系：立法保障运营，政府要员担任董事

主权财富基金的治理体系包含法律框架、组织模式、股权结构、信息透明度以及社会责任等。KIA 在立法基础、治理架构、审计与问责机制等方面具有较强的优势。

KIA 具有坚实的立法基础，这成为其治理体系的显著特征之一。《科威特 1982 年第 47 号法案——关于建立公共投资局（KIA）的法案》（Law No.47 of 1982, Establishing The Public Investment Authority）详细规定了 KIA 的定位、职能、治理结构、信息披露、保密等事项。KIA 管理的 FGF 则依照《科威特 1976 年第 106 号行政法令——关于建立后代储备基金的法令》（Law Decree No.106 for the Year 1976 Concerning the Reserves for Future Generations）设立，其中规定了 FGF 的初始与后续资金来源，明确 FGF 资金独立，自负盈亏。这两个规范性文件是中东国家中目前唯一可找到的相关法律规定。

在治理架构方面，KIA 设有董事会 / 执行委员会，以及行政管理部门、常务董事办公室、董事会主席办公室、内部审计办公室、法律与合规办公室和债务结算办公室等职能部门，下设两个投资办公室（伦敦、上海）和三个业务部门（有价证券部门、另类投资部门、一般储备部门），如图 2-28 所示。

图 2-28 KIA 的组织结构

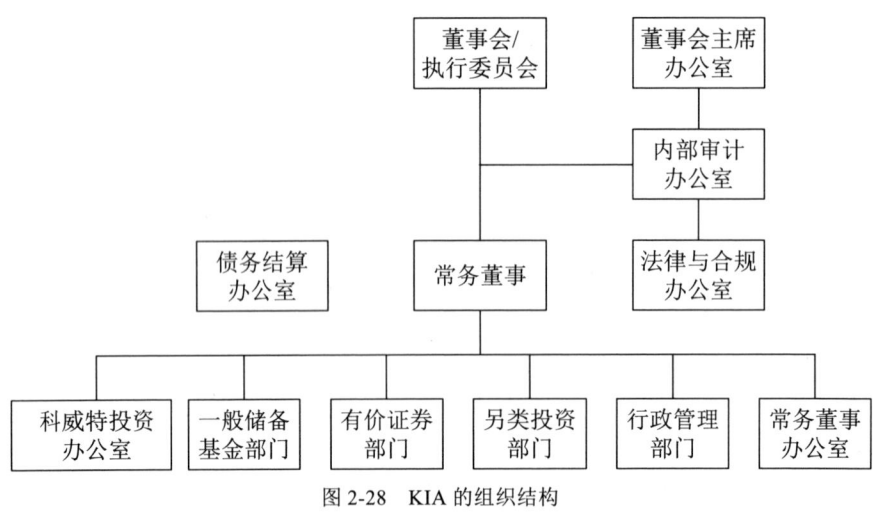

来源：KIA 官网

董事会对长期资产配置和总体业绩负责，高管层由董事会任命，负责制定和执行具体的投资战略。独立自治是 KIA 治理的鲜明特点，董事会由 4 名政府高官——财政部长（董事会主席）、石油部长、中央银行行长和财政部副部长，以及 5 名内阁委派的私营部门代表组成，任期均为 4 年，且董事会成员中至少有 3 人不得担任公职。除此之外，5 位董事组建构成执行委员会（至少 3 人来自民营机构），由常务董事主持，执行委员会协助董事会制定 KIA 的战略和发展目标（见表 2-12）。

表 2-12 KIA 董事会成员

职务	高管姓名	主要履历
董事会主席	阿卜杜勒瓦哈卜·穆罕默德·鲁沙伊德	科威特财政部长兼经济事务和投资国务部长，拥有超过 15 年资产管理经验
董事	穆罕默德·哈谢尔	科威特中央银行行长，科威特银行研究院主席
董事	哈立德·法德赫勒	曾任石油部长兼水电部长，以及科威特石油公司主席
董事	谢赫·贾比尔·艾哈迈德·萨巴赫	科威特直接投资促进局（KDIPA）总干事，在经济部门拥有超过 18 年经验
董事	法哈德·拉希德	曾任科威特社会安全公共机构副总经理，科威特大学商业、经济和政治科学学院院长，在公共和私营部门的金融和投资领域拥有超过 40 年经验
常务董事	加尼姆·苏莱曼·盖奈曼	曾任科威特阿拉伯经济发展基金（KFAED）代理总干事和投资副总干事，在投资及资产管理领域拥有超过 30 年经验

来源：KIA 官网

除了经验丰富的治理和管理团队，KIA 还拥有较为成熟的审计与问责机制（见图 2-29）。董事会下设审计委员会，配合内部审计办公室评估内控体系的有效性，并审查财务报告流程的完整性。此外，两家外部审计公司进行财务审计，并就审计结果将向董事会报告。科威特法律要求，KIA 应当每半年向国家审计局提交资产管理报告，每年向科威特部长理事会（内阁）和国民议会提交年度财务报表，KIA 管理层也要依法接受议员们对基金业绩等问题的质询。这一审计与问责机制体系使 KIA 能够受到持续的内外部监督。

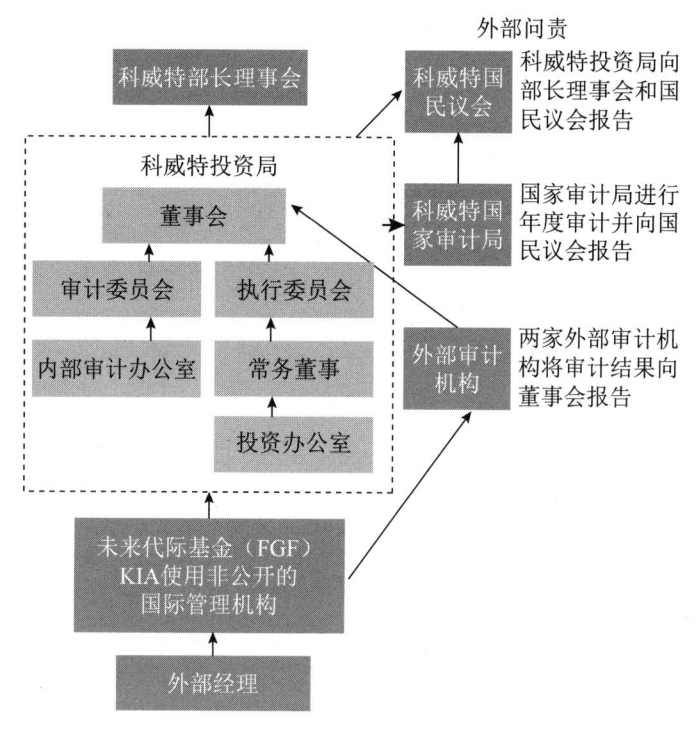

图 2-29　KIA 的审计与问责机制
来源：resourcegovernance.org

尽管拥有较为完善的治理架构，但 KIA 在对外信息披露方面的表现仍较为受限。根据《科威特 1982 年第 47 号法案》，除了定期向利益相关方如财政部、国家审计署、内阁和国民大会等提供报告，KIA 禁止对公众披露信息，审计报表、年度报告均不对外公开。除此之外，KIA 尚未设立与国际组织或机构开展监督交流的机制，因此在当前两种主流主权财富基金评价标准（其一是美国智库彼得森国际经济研究所设计的主权财富基金评分标准；其二是主权财富基金研究院开发的 L-M 透明度指数，即 Linaburg-Maduell Transparency Index）中的评分均偏低——

这也是中东国家主权财富基金面临的共性问题。

KIA 未来更应发挥资金优势并聚焦资产配置目标，建立以业绩评估为导向的现代主权财富基金管理制度，平衡战略决策与战术决策、短期思维与长期思维，在国际格局剧变时代审慎评估海外投资的风险与机遇，通过投资加强国际合作，适当提升透明度，继续探索机构投资者的创新。

第五节
卡塔尔投资局：以耐心资本超越"脆弱的富裕"

2022 年 11 月，卡塔尔投入超过 2 200 亿美元举办的史上"最贵世界杯"成为全球焦点。

这个位于波斯湾西南岸的"沙漠明珠"，总人口约 305 万人，总面积仅 1.15 万平方公里（小于北京市总面积 1.64 万平方公里），却跻身全球最富裕国家之列，同时是世界第一大液化天然气（LNG）生产和出口国、第二大氢气生产国。根据 IMF 数据，截至 2024 年 10 月，其人均 GDP 为 6.95 万美元，位居世界第八、亚洲第二。

卡塔尔积累大量石油财富后，并未止步于依赖化石能源的单一经济结构，而是以主权财富基金卡塔尔投资局（Qatar Investment Authority，简称"QIA"）为抓手，塑造新型经济发展模式。QIA 成为促进国家经济社会发展和国民财富代际传承的重要载体和关键支撑。

QIA 成立于 2005 年，相对其他中东主权财富基金而言较为"年轻"。截至 2024 年 11 月资产规模达到 5 260 亿美元，位居全球主权财富基金第 9 位，在多哈、纽约、新加坡开设办公室。

一、主权财富基金的新生代，可持续投资为新方向

1846 年，萨尼·本·穆罕默德创立卡塔尔国，1872 年并入奥斯曼帝国。1970 年颁布第一部临时宪法，规定卡塔尔为独立的君主制国家。1971 年 9 月 3 日，卡塔尔正式宣布独立，国家元首埃米尔由阿勒萨尼家族世袭统治。由于土地较为贫瘠，卡塔尔的传统产业原本为采珠业，但珍珠贸易仅能让王室和少数国民致富，

直到20世纪30年代发现石油后经济结构彻底改变，该国人均GDP开始在全球名列前茅（见图2-30）。

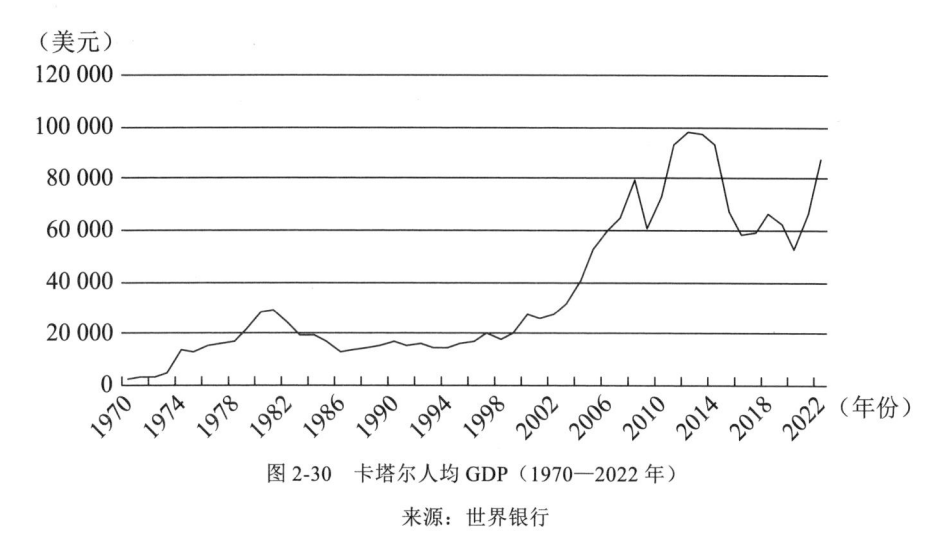

图2-30　卡塔尔人均GDP（1970—2022年）
来源：世界银行

20世纪90年代，卡塔尔已探明石油储量位居世界第13。1995年谢赫·哈马德·本·哈利法上任后，开展天然气项目成为国家的首要任务。随后，卡塔尔成为液化天然气（LNG）最大出口国，占据全球LNG总出口量近30%，贡献了该国超过1/3的GDP。

卡塔尔凭借油气资源积累了巨额财富，而2008年国际金融危机爆发和2014年以来油价持续下跌使其居安思危，政府相继出台中长期发展规划，加速推进经济多元化进程。2008年，卡塔尔第44号埃米尔令（Amiri Decision No.44 of 2008）批准了"2030国家愿景"，力求到2030年建设成为可持续发展、具有较强国际竞争力、国民生活水平高的现代化国家。

在国家大政方针之下，为实现国民财富的代际传承和宏观经济的稳定发展，卡塔尔颁布2005年第22号埃米尔令（Amiri Decision No.22 of 2005），决定设立卡塔尔投资局（QIA），其使命为"根据最高经济和投资事务委员会（SCEAI）批准的政策、计划和方案，开发、投资和管理国家储备资金和最高委员会分配的其他财产"。

QIA由卡塔尔政府全资拥有和监管，2006年开始运行。作为负责管理国家和国民财富的机构投资者，QIA具有三重目标：一是创造长期价值；二是适时提供流动性，稳定本国经济；三是投资于可填补本国市场空白的国际企业，以支持经济发展。

QIA批量引入国际人才，投资于全球主要资本市场以及新兴市场证券、房地产与私募股权等。面对 2008 年国际金融危机及其后的国际石油价格波动，QIA 积极调整投资战略，在发达国家进行抄底性投资，并加强新兴市场投资，收获了耀眼的投资业绩。2009 年至 2015 年间，QIA 迎来了扩张期，在全球范围内加大投资力度，广泛配置于不同的资产类别、行业和地区。

卡塔尔高度重视国内的基础设施建设，政府投资数百亿美元，短短几年便在沙漠上建成了高速公路、港口和机场等。2016 年，QIA 内设卡塔尔投资部门（Qatar Investments Department），负责管理国内公司持股，并与财政部等部委协调，以确保主权财富基金的投资方向与国家宏观经济政策相一致。

2020 年，QIA 再次战略升级，将可持续投资作为新方向，同时宣布不再对化石能源进行新的投资，并制订新的资产配置模型和长期投资计划，以适应未来的长远发展。

二、国内投资："世界文化名片"构建国家软实力

卡塔尔尽管跻身全球最富庶国家之列，但身处产业单一、人口稀少且冲突不断的波斯湾地区，地缘政治不确定性较大，国家安全较为脆弱。为创造安全稳定的外部环境，卡塔尔一方面借助丰厚的液化天然气资源，与其他国家进行互惠贸易，另一方面通过主权财富基金积极投资，确保经济稳定发展。

QIA 自成立之初便肩负起国家战略重任，包括支持中小企业发展、开发房地产项目、创建卡塔尔航空等国际品牌等。值得关注的是，卡塔尔找准自身定位，在文化体育领域取得了令世人瞩目的成就，国家软实力主要集中在艺术、媒体、体育和对外援助等方面。"2030 国家愿景"明确指出，文化产业是国家投资计划中最为重要的部分。

卡塔尔秉持"小国大外交"国家战略，通过发展文化产业和举办体育赛事等带动其他产业发展，着力提高国际影响力。卡塔尔是最早建立公共艺术项目的海湾国家之一，斥巨资邀请世界顶级设计师主持多个大型地标建筑建设，例如，斥资 450 亿美元建设卢塞尔项目、斥资 150 亿美元建设珍珠岛项目——这些摩天大楼和旗舰工程极大地改变了卡塔尔的天际线。

卡塔尔也立志建成世界一流的艺术藏品体系。卡塔尔伊斯兰艺术博物馆位于首都多哈海岸线之外的人工岛，是世界上最完整的伊斯兰文化和艺术博物馆，而该建筑本身就是世界级大师贝聿铭的"封笔之作"；法国当代著名建筑师让·努维尔设计的卡塔尔国家博物馆，以"沙漠玫瑰"造型成为独特风景线；日本后现代主义设计师矶崎新主持设计的卡塔尔国际会议中心，成为当代世界最复杂的会

展中心之一。沃克拉体育场、海湾球场、阿拉伯现代艺术博物馆……各种文化艺术展馆鳞次栉比，使卡塔尔成为世界级"公共艺术博物馆"，而这些地标背后离不开QIA的有力支持。

卡塔尔拥有世界知名的半岛电视台（Al-Jazeera），由王室给予财政支持。半岛电视台1995年成立，素有"中东CNN"之称。创办之初为增加收视率，经常播出海湾各国的争议性事件，还斥资重金从BBC等欧美主流媒体网罗"名嘴"。2011年后，卡塔尔对半岛电视台的资金支持增加到每年5亿美元以上。这使得卡塔尔从地少人稀的阿拉伯小国一跃成为备受瞩目的外交大国，而半岛电视台也成为中东最具话语权的重要媒体，因其具备与欧美主流媒体相抗衡的影响力而闻名于世。卡塔尔的传媒业布局大多由QIA操刀，例如，为给2022年世界杯造势，QIA大力支持拜因体育（BeIn Sports，前身为半岛电视台体育频道）竞买欧冠等比赛转播权，以撬动欧美和东南亚等国际市场。

卡塔尔王室多次创下世界艺术品成交价格纪录，曾以3亿美元购入法国画家高更的名作，2.5亿美元购入法国画家塞尚的名作。据报道，卡塔尔前埃米尔哈马德·本·哈利法·阿勒萨尼的妻子莫扎和公主玛雅莎酷爱艺术品收藏，每年购买全球艺术品的预算高达约10亿美元。

QIA也在珠宝和奢侈品等行业进行投资，例如，2011年购入世界知名珠宝品牌蒂芙尼（Tiffany）5.2%的股权，之后数年增持后逢高减持，最终2021年将持有的全部9.5%股权出售给世界最大奢侈品巨头LVMH集团，累计收益超过13亿美元。

根据"2030国家愿景"，卡塔尔制订的第一个"五年计划"（2011—2016年）包含了体育发展战略专章。时任卡塔尔经贸大臣艾哈迈德表示，体育产业是"2030国家愿景"的重要内容。卡塔尔举办2006年多哈亚运会和2022年世界杯，正是其体育战略的重要举措。2005年，QIA成立卡塔尔体育投资公司（Qatar Sports Investments），之后接连进行大手笔投资：收购巴黎圣日耳曼足球俱乐部100%股权；收购运动品牌BURRDA；子公司Qatar Diar联手英国地产公司Delancey以5.57亿美元购入伦敦奥运村所有权；成为巴塞罗那足球俱乐部主要赞助商；收购运营F1赛车的F1管理公司35.5%股权。

QIA对体育产业的投资逻辑包括：首先，足球等体育产业具有高知名度，为推广国家品牌和形象提供了绝佳机会；其次，筹备世界级赛事能够带动建筑、交通、公共服务等多个行业发展；最后，打造赛事也是实现经济多元化、发展小国外交和促进社会繁荣的有效手段。这些都成为举足轻重的国家战略支点。

三、国际投资：秉持"耐心资本"的财务投资者

为避免落入"资源诅咒"怪圈，学界曾提出多种办法，而建立主权财富基金投资海外无疑是代价最小的路径。

作为没有短期负债的长期投资者，QIA 专注于长期为国民后代创造价值。因具备"耐心资本"属性，QIA 能够投资规模较大、期限较长、流动性较差的资产类别。

主权财富基金需要在战略性目标与经济性目标之间取得平衡。在重要行业中寻求更高持股比例，以获得核心技术及竞争力，反哺本国产业发展。事实上，获取战略性资源往往是主权财富基金最重要的海外投资目标之一。

QIA 致力于培养与管理团队和共同投资者的伙伴关系，通过与全球顶级投资公司建立合作伙伴关系，创造联合投资机会，尤其是通过私募股权基金和房地产基金增加非核心资产敞口。据 Pitchbook 数据，QIA 目前至少设有 6 支合作投资基金，包括卡塔尔 - 中信亚洲并购基金（QIA & CITIC Asia Joint Venture Fund）、卡塔尔 - 雅诗阁并购基金（Qatar Ascott Private Equity Fund）、卡塔尔 - 阿布扎比投资公司（Qatar Abu Dhabi Investment Company）、卡塔尔 - 英国清洁能源科技基金（Qatar-UK Clean Energy Fund Nebras Power Fund）、内布拉斯能源基金（Nebras Power Fund）和未来法国基金（Future French Champions）。

中东主权财富基金往往致力于在自然资源枯竭前以多元化投资，实现国民财富的代际转移。QIA 战略基于以下五项核心原则：成为长期投资者、根据市场观点作出投资决策、灵活性是关键优势、建立外部战略伙伴关系、投资组合公司的财务投资者。

QIA 的资产配置较为多元化，包括固定收益、股票、房地产、基础设施、私募股权等。2017 年开始 QIA 不再披露年报，但 2016 年报显示，其资产配置比例约为权益类资产（50%～80%）、固定收益（10%～25%）、房地产（15%～25%）和另类资产（0～5%），见图 2-31。根据 2020 年路透社报道，QIA 首席执行官曼苏尔·马哈茂德（Mansoor Al-Mahmoud）表示，50%～55% 的资产配置集中于私募股权和股票等权益类资产。

QIA 在美国的资产配置传统上较为关注金融机构与房地产，2020 年以来亦在能源与医药等行业不断增加。在金融行业持有巴克莱银行、瑞信、黑石等股票；在能源行业，2022 年购入 Fluence 和瑞智达（VST）两家能源公司股票；在医药行业，持股美国临床生物制药公司 Pepgen（见表 2-13）。

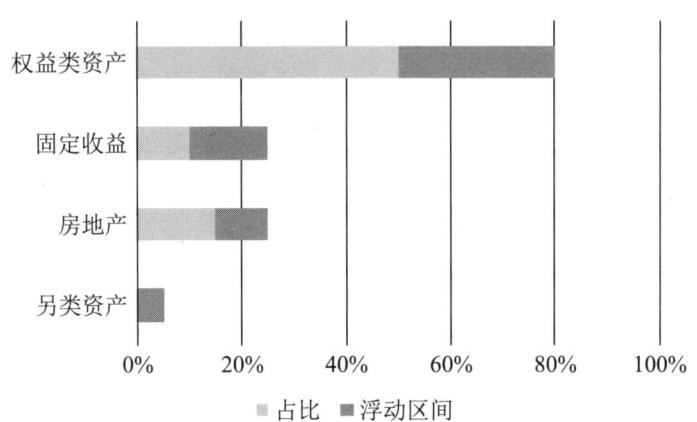

图 2-31 QIA 的大类资产配置

来源：QIA 年报（2021）

表 2-13　QIA 美股前七大持股公司

公 司 名 称	行　　业	持股数量	持股价值（亿美元）
巴克莱银行（BCS）	金融	847 620 704	54.25
瑞士信贷（CS）	金融	133 217 536	5.22
瑞致达能源（VST）	能源	22 890 159	4.81
黑石（BXSL）	金融	13 723 049	3.12
Fluence 能源（FLNC）	能源	18 493 289	2.69
阿波罗房产（ARI）	房地产	10 493 543	0.87
PepGen（PEPG）	医药	1 251 356	0.11

来源：SEC 官网（截至 2022 年 11 月）

（一）投资地域：欧美占八成，看好亚洲潜力

在投资区域分布上，QIA 重仓欧美，两者合计占其投资组合的八成以上（欧洲 63.74%，美国 22.04%），亚洲紧随其后（9.25%），其他区域则包括澳大利亚、中东等（见图 2-32）。

欧洲

欧洲是 QIA 的第一大重仓地区。全球主权基金数据平台 Global SWF 的统计表明，QIA 在英国的投资已超过 300 亿美元，包括伦敦地标建筑、伦敦证券交易所等，亦为英国第二大零售商 Sainsbury's 的最大股东。2014 年，QIA 以 11 亿英镑购入位于伦敦金融城的汇丰总部大厦，刷新了巴西 Safra 家族 7.26 亿英镑的收购纪录。在法国，QIA 持有媒体巨头拉加代尔、法国电信等多家公司股份。在德国，QIA 是大众汽车的大股东，拥有 13% 优先股和 17% 普通股。

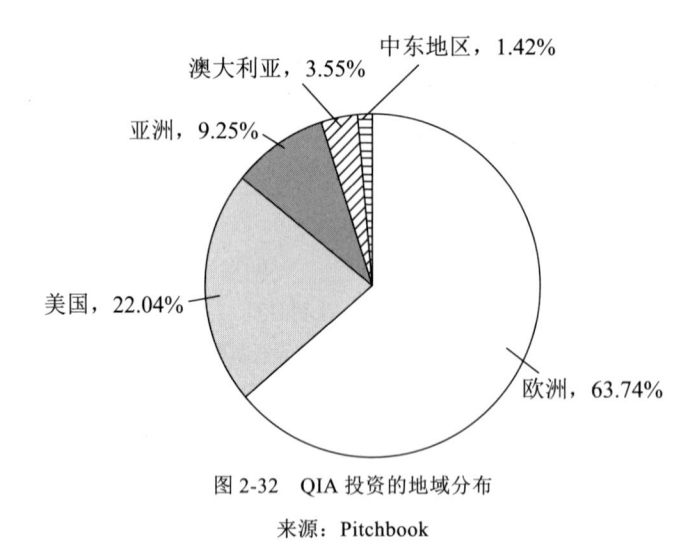

图 2-32　QIA 投资的地域分布

来源：Pitchbook

美国

2015 年以来，QIA 将目光投向美国。2015 年开设纽约办事处，并制定 2020 年投资 350 亿美元计划。2016 年，QIA 收购帝国房地产信托公司（Empire State Realty Trust）近 10% 的权益，同年购入加州数幢大楼；与美国房地产公司皇冠集团合作，收购沃那多房产信托 24% 的权益，投资组合包括纽约时代广场和第五大道等物业；2019 年，其以 3.1 亿美元从万豪国际手中收购纽约瑞吉酒店。

俄罗斯

2014 年，QIA 向俄罗斯直投基金投资 20 亿美元。2016 年与该基金联合购入俄罗斯第三大机场——圣彼得堡机场 24.9% 的股份，同年与嘉能可联合收购俄罗斯石油公司（Rosneft）19.5% 的股份，交易价格高达 102 亿美元，这成为俄罗斯史上最大规模海外投资之一。QIA 下属石油投资公司 QH Oil Investments 是俄罗斯石油公司（Rosneft PJSC）的第三大股东，2021 年其借助油价飙升实现创纪录收入。

亚洲

2014 年起，QIA 也在不断拓展亚洲等新兴市场。2015 年以 10 亿美元购入中国香港两大电力公司之一的香港电灯 16.5% 股份，一举成为第三大股东（李嘉诚 1985 年曾以 36 亿港元现金收购香港电灯而轰动亚洲）。2016 年以 24.5 亿美元从贝莱德手中购入新加坡亚洲广场 1 号（Asia Square Tower 1），就单幢大厦价格而言，这是彼时亚太最大、全球第二大交易。

（二）行业布局：重仓房地产和能源

QIA广泛投资房地产和基础设施、科技、生物医药、通信、金融、零售等行业。商业和住宅地产合计占比达到41.96%，能源领域占比29.03%，其他行业包括零售（11.66%）、医药（4.25%）、物流（3.56%）等。IMF发布的2022年中东及北非区域经济观察报告指出，卡塔尔非石油产业的GDP占比呈显著下降趋势，QIA作为主权财富基金发挥了重要作用。

QIA对房地产关注度较高，力求实现长期盈利，尤其偏好欧美头部城市，代表性投资包括伦敦的多个地标——萨沃伊酒店（Savoy Hotel）、碎片大厦（Shard）、汇丰总部大厦等。2014年以18亿美元投资北美布鲁克菲尔德地产公司（Brookfield）优先股，2016年在纽约西部合作开发86亿美元综合体项目。

能源也是QIA的投资重点。2016年12月，QIA和中投公司等联手以138亿英镑收购英国国家电网的天然气管道网络公司（现称Cadent）61%的股份。此外，还持有俄罗斯石油、嘉能可、莱茵集团等能源类公司股份。2015年以来，逐步增加新能源投资。

QIA还涉足金融、航空、消费、时尚、食品、电商等多个行业，虽然投资总额相对较小，但也是多元化战略的重要组成部分，代表性投资包括世界知名的英国百货公司哈罗德（2010年）、意大利华伦天奴（2012年）、印度最大电商公司Flipkart（2014年）等（见表2-14）。

表2-14 QIA主要代表性投资

国家或地区	企　业	行　业	持股比例	交易年份
德国	大众汽车	汽车	13%优先股，17%普通股	2006
英国	伦敦证券交易所	金融	20%	2007
英国	巴克莱银行	金融	6.3%	2008
德国	德意志银行	金融	6.1%	2008
瑞士	瑞士信贷	金融	6%	2009
英国	哈罗德百货公司	零售	未披露	2010
德国	豪赫蒂夫公司	建筑	17%	2010
法国	拉加代尔集团	综合	12%	2012
意大利	华伦天奴	时尚	未披露	2012
英国	伦敦希斯罗机场	航空	20%	2012
英国	Sainsbury's	零售	25.99%	2013

续表

国家或地区	企业	行业	持股比例	交易年份
英国	英国航空	航空	20.1%	2015
中国香港	香港电灯	能源	16.5%	2015
英国	金丝雀码头集团	房地产	50%（合投）	2015
俄罗斯	俄罗斯石油公司	能源	19%	2016
美国	帝国大厦	房地产	10%	2016
智利	南美航空	航运	10%	2016
美国	沃那多房产信托公司	房地产	24%	2019
乌克兰	奥尔维亚港口	航运	投资9 200万美元	2020
土耳其	阿克德尼兹港	航运	未披露	2021
德国	莱茵集团	能源	预计9.09%	2022
埃及	埃及电信	电信	20%	谈判中

QIA的海外投资逻辑紧扣国家战略，这是由于主权财富基金通常秉承"简单最优"投资原则，即在考虑转移支付政策、油气价格、资产配置、行业选择等因素时，力求实现国家"效用函数"的最大化。QIA的全球资产配置偏好正是综合考虑各方因素的结果，与自身产业结构、外交政策以及母国所缺少的资源技术等都有很大关系。

四、未来：逆势而动，加大科技与可再生能源领域投资

设立主权财富基金的目标之一，是建立能够平滑经济周期甚至"逆周期"的资本结构，以更好管理公共资产，实现国家资产负债表的稳健性。研究表明，主权财富基金在进行投资决策时将着重考虑国家"效用函数"的最大化，即单位投资能够为其带来的边际收入最大化；主权财富基金的高科技领域投资越多，其所能获得的未来潜在收益就越高。QIA正不断调整自身投资策略，呈现出以下趋势。

（一）转向直接投资和主动投资

根据主权财富基金国际论坛（IFSWF）2021年发布的主权财富基金投资报告，接近半数的主权财富基金以直投为首要投资方式，同时重视联合投资模式。2007年起，QIA重点转向直接投资，其直投团队专注于私募股权投资，主要覆盖TMT、生物医药、消费、房地产、工业与材料等行业。

Global SWF最新研究表明，2022年爆发的俄乌冲突使得油气价格波动较大，不确定性加大，从而使QIA等主权财富基金进一步增加直投比重，以最大限度

地平衡风险。

值得一提的是，2021年中东前四大主权财富基金积极投资风险投资基金（VC），合计产生25笔交易，其中约一半由QIA完成，超过了先前VC投资的总和。这些投资不仅覆盖英美等发达国家，也涉及印度、土耳其等新兴市场。2018年以来，QIA从低风险/低收益资产（如债券和指数基金）转向高风险/高收益资产，加大了股票、基础设施、私募股权、房地产、大宗商品和对冲基金的投资力度。

（二）加大科技投资

QIA 2020年以来在低碳核电、可再生能源、生物制药、医疗健康等科技行业加大投资力度。据《半岛报》不完全统计，QIA在2019—2023年投资的科技项目包括印度外卖平台Swiggy、在线餐饮公司Rebel Foods、土耳其电子商务平台Trendyol、航空航天技术公司AIT、土耳其人工智能公司Insider等。

QIA 2020年以来在新能源、物联网、云计算等行业也较为活跃，比如2014年与旗下投资主体Qatar Holding投资印度最大电商公司Flipkart、图像电子商务网站Spin Me、云服务SaaS管理公司KDS等科技类初创公司。QIA高层曾表示，未来将在新能源、AI智能技术、半导体芯片、低碳排放技术、电动车、沙漠绿化等方面同中国加强合作。

（三）重视可再生能源投资

各家主权财富基金2020年以来积极布局绿色可持续领域。根据Finbold和Global SWF数据，截至2021年底全球主权财富基金的ESG投资规模从2020年的72亿美元大幅增至227亿美元，可持续投资项目数量从2020年的19笔增加到37笔。

QIA积极参与绿色发展国际合作。2017年巴黎气候峰会上，QIA与阿布扎比投资局（ADIA）、科威特投资局（KIA）、挪威银行投资管理机构（NBIM）、沙特公共投资基金（PIF）、新西兰政府养老基金（NZSF）联合成立了"一个星球"主权财富基金工作组（One Planet Sovereign Wealth Fund Group），以引导金融机构在气候变化全球治理机制中发挥更为重要的作用。

首席执行官Mansoor Al-Mahmoud介绍，QIA在可再生能源领域非常活跃，关注储能技术、电动汽车等行业，2022年以来积极在亚洲寻找相关合作伙伴。2022年以来的投资包括可再生能源和储能公司Fluence、法国能源公司道达尔、英国劳斯莱斯公司小型核反应堆业务等，还与意大利国家电力公司（Enel）在撒哈拉以南非洲地区合作建设和运营可再生能源工厂。

（四）逆势抄底，危机寻金

2008年全球金融海啸爆发时，巴克莱银行曾向QIA等紧急筹款120亿英镑，由此QIA一跃成为巴克莱第一大股东。QIA还于彼时入股保时捷，2022年9月保时捷上市成为十年来欧洲最大规模IPO，QIA由此录得丰厚收益。

俄乌冲突引发欧洲能源危机以来，全球液化天然气需求飙升。卡塔尔2022上半年石油和天然气收入猛增2/3。受益于油气出口的强劲增长，卡塔尔2022年第三季度贸易顺差达到1 073亿里亚尔（约合2 103亿元人民币），同比增长85%。

这笔"意外之财"扩充了QIA的资产规模，QIA的财务优势更加明显，预计将以更低成本建仓。例如，2022年10月宣布向德国最大能源公司莱茵集团（RWE）投资24亿欧元，以推进其绿色能源的投资规划。

五、治理：董事会含多名统治家族成员，透明度有待提升

QIA由政府拥有并受其监督。卡塔尔不时将政府财政盈余提供给QIA，以优化资金管理，实现可持续的长期回报。政府若要从QIA提款，则必须经过QIA董事会及最高经济和投资事务委员会批准。

QIA通过各类章程、法规、决定和政策等，共同构建起全面治理框架。其治理层级可分为卡塔尔最高经济和投资事务委员会、董事会、CEO和高管层。其中，最高经济和投资事务委员会代表政府审批QIA的目标、总体战略、预算和规章制度；董事会负责批准具体治理政策、提供战略指导及监督高管工作；CEO和高管层负责内部控制、事务管理和政策实施。由此，QIA业务决策权由董事会掌控，CEO及管理团队负责日常工作。

QIA董事会成员包括多位卡塔尔统治家族成员，但笔者并未查证阿勒萨尼家族资产是否亦由QIA投资，或其是否为统治家族提供专业建议和协助（见表2-15）。同时，QIA部门、董事会与卡塔尔政府之间存在着清晰的问责框架。QIA有义务定期向政府汇报，但政府不会干预具体的投资、撤资和其他商业决策，其每月汇编综合管理账目和投资业绩的详细信息，上报最高经济和投资事务委员会和董事会，同时还接受国家审计局、独立外部审计员和内部审计部门的审查，以保证财务控制的有效性，预防可能出现的风险。

表 2-15 QIA 董事会成员

职　　务	姓　　名	履　　历
董事会主席	穆罕默德·本·阿卜杜勒拉赫曼·阿勒萨尼	卡塔尔副首相兼外交大臣、卡塔尔发展基金主席、最高经济和投资事务委员会成员
董事会副主席	穆罕默德·本·哈马德·本·哈利法·阿勒萨尼	卡塔尔投资事务埃米尔的秘书，曾领导卡塔尔成功申办 2022 年世界杯
董事	阿里·本·艾哈迈德·库瓦里	卡塔尔财政大臣，曾任贸易和工业大臣、卡塔尔国家银行 CEO
董事	萨阿德·谢里达·卡比	卡塔尔能源事务大臣、卡塔尔能源公司副主席兼 CEO、卡塔尔实业公司主席兼常务董事
董事	穆罕默德·本·哈马德·本·卡西姆·阿卜杜拉·阿勒萨尼	卡塔尔商业和工业大臣、最高经济和投资事务委员会成员，Al Rayan 银行、卡塔尔证券交易所董事会主席
董事	班达尔·本·穆罕默德·本·萨乌德·阿勒萨尼	曾任卡塔尔国家审计局局长、阿拉伯最高审计机构组织（ARABOSAI）主席兼执行委员会主席
董事	纳赛尔·本·加尼姆·哈利菲	贝因传媒集团（beIN Media Group）、卡塔尔体育投资公司、欧洲足球俱乐部协会主席，法国职业足球联盟董事会成员
董事	哈桑·本·阿卜杜拉·萨瓦迪	卡塔尔交付和遗产最高委员会秘书长，国际足联 2022 年卡塔尔世界杯有限责任公司主席

来源：QIA 官网

　　QIA 以自身章程、投资政策和投资战略为基础，建立了稳健的治理和控制框架。董事会负责审查和批准超过 CEO 权限的重大投资决定，审查投资政策、战略和计划，和评估投资业绩及风险；监察投资政策、限制和法规的落实情况；监督已批准目标和战略实施。CEO 负责具体执行投资战略；跟进日常投资业务的进展；在权限内审批部分投资决定。集团内审部（Group Internal Audit Department）负责内部审计和内控系统，确保政策和程序执行到位。

　　QIA 建立了详细的风控体系，包括投资风险控制与运营风险控制两方面。在评估选择哪些种类的资产时，主要评估市场、信用、流动性风险，兼顾人力风险、系统性风险、声誉风险等，重点选择中长期收益稳定且有助于塑造良好形象的投资标的。

2020年，QIA引入了更为正式的自上而下的资产配置流程，以指导其整个投资组合的中长期发展。参考投资组合（Reference Portfolio，长期投资机构进行投资管理的投资基准、投资策略）旨在满足长期回报目标，但受董事会设定的风险和流动性限制，为每个投资团队制订年度和中期投资计划。

尽管拥有分工明晰的内部治理架构，但QIA在SWFI的L-M透明度指数评价中仅获得5分（满分为10分），是全球透明度最低的主权财富基金之一，这或许因为除了2016年年报和官网上的有限介绍外，其审计报告、年度报告、资产分配、投资目标等信息均未对外公开。考虑到"2030国家愿景"进一步强调政府机构和公共服务的透明度对于经济发展和国家进步的重要意义，预计随着该愿景的逐步推进，QIA的透明度将逐渐提高。

作为时常因地缘政治争议而被邻国孤立的小国，卡塔尔倾向于采取各种非传统方式增加自身影响力，比如通过经济实力、能源资源和公共形象等方式。其通过在"脆弱的富裕"中找准国家定位，积极构建软实力，成为中东最开放国家之一，获得了远超其领土面积和人口规模的国际影响力。

油气资源滋养了卡塔尔的过去与现在，而QIA作为主权财富基金则致力于赋能卡塔尔的未来。从长远来看，QIA如何提升透明度，并在全球范围内寻找面向未来的投资标的，以助力国家的发展目标和未来愿景，值得我们长期关注。

第六节

穆巴达拉：化石油财富为长期繁荣

阿联酋较早创办主权财富基金，亦跻身资产管理规模最大的主权财富基金国家之列。穆巴达拉投资公司（Mubadala Investment Company，简称"穆巴达拉"或Mubadala）源于阿联酋七大酋长国之一阿布扎比的石油盈余，以顺应经济转型的整体战略而立。2023年穆巴达拉资产管理规模高达3 024亿美元，较2022年增长9.45%，实现归母总收入269.47亿美元。

相对于其他中东主权财富基金而言，穆巴达拉具有相当高的投资活跃度和交易频率，力求在可接受的风险敞口内创造长期财务回报。根据西班牙IE商学院变革治理中心2021年主权财富基金交易数量排名，阿联酋有三家主权财富基金排名均进入全球前十，其中穆巴达拉完成交易 82 笔，排名全球第三（占比 18.3%）。

穆巴达拉在全球广泛投资固定收益证券、股票、私募股权、房地产和基础设施等五类资产，通过四大投资平台进行布局，同时高度关注高成长性行业。投资策略重视融合国家发展的战略目标和市场化的财务回报目标。

一、历史沿革：石油盈余，四大投资平台

阿联酋 1958 年在波斯湾乌姆谢夫（Umm Shaif）发现大量可开采石油，1963 年出口了第一批原油。1971—1980 年期间该国石油收入增长了 25 倍。

伴随着石油收入的急剧增长，阿布扎比成立了第一家政府投资机构——阿布扎比金融投资局（Financial Investments Board of Abu Dhabi）来管理石油盈余。随着第四次中东战争和伊朗伊斯兰革命带来的国际油价增长，以及石油输出国组织欧佩克成立后取得石油定价权，以阿联酋为代表的石油输出国积累了巨额国际经常项目顺差，石油美元开始登上历史舞台。

石油收入为中东国家带来了大规模资本积累。阿联酋在摆脱西方殖民者后仅用 10 年时间，就实现了人均年收入 2.6 万美元，列全球之冠。彼时，多个海合会国家开始设立主权财富基金，希望将石油盈余转化为能够造福子孙后代的长期资产。

阿联酋 1976 年成立阿布扎比投资局（ADIA），1984 年成立国际石油投资公司（IPIC）。阿联酋颁布 1981 年 5 号法令（Law No.5 of 1981），赋予主权财富基金更高的独立性和自由度。在此之前，主权财富基金是阿联酋财政部的下设机构，政府在日常经营管理上介入较多。

1994 年墨西哥金融危机和 1998 年亚洲金融危机等重大经济危机冲击之后，阿联酋石油收入缩减、经济发展放缓，导致实现经济多元化的紧迫性不断上升。2008 年全球金融海啸中原油价格下跌 50%，阿联酋面临比前两次经济危机更为严峻的考验，开始积极寻求突破点。

2002 年，穆巴达拉发展公司（MDC）作为政府投资工具成立。2017 年，阿布扎比时任酋长谢赫·哈利法·本·扎耶德·阿勒纳哈扬设立了穆巴达拉投资公司（MIC），由阿布扎比政府全资持有，而后将 MDC 和国际石油投资公司（IPIC）并入。随后，阿布扎比投资委员会（ADIC）也并入 MIC，自此，阿布扎比的两家主权财富基金得以整合（见图 2-33）。

```
         1984          2002          2007          2017          2018
──────────●─────────────●─────────────●─────────────●─────────────●──────────→
```

1984 国际石油投资公司（IPIC）成立

2002 穆巴达拉发展公司（MDC）成立

2007 阿布扎比投资委员会（ADIC）成立

2017 国际石油投资公司（IPIC）与穆巴达拉发展公司（MDC）合并，穆巴达拉投资公司（MIC）成立

2018 阿布扎比投资委员会（ADIC）并入穆巴达拉投资公司（MIC）

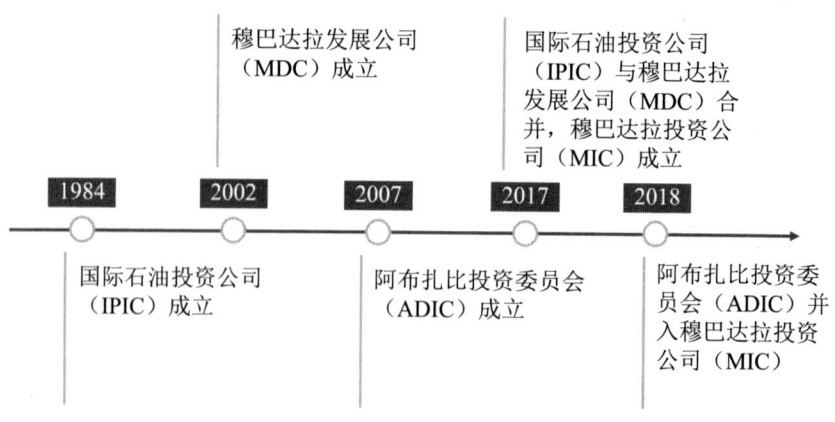

图 2-33　穆巴达拉的发展史

穆巴达拉总部设在阿布扎比，6 个全球办公室分别位于伦敦、纽约、旧金山、莫斯科、北京和里约热内卢，在 50 多个国家拥有多样化的投资组合，成为阿联酋经济发展的重要引擎。

穆巴达拉内部设有四大投资平台。

（1）阿联酋投资平台。支持国内具有核心竞争力的企业，同时加强全球合作，例如其投资的卫星通信服务商 Yahsat 于 2021 年 7 月在阿布扎比证券交易所（ADX）上市。

（2）直接投资平台。负责全球直投项目，重点关注北美和欧洲市场，专注于全球范围的高增长、高盈利行业，如生命科学、信息技术。2021 年向 15 家公司投资了 52 亿美元。

（3）颠覆性投资平台。对高成长性初创企业进行风险投资并提供关键资源，目前在欧美等发达市场和中国、俄罗斯等新兴市场都有广泛布局。

（4）房地产和基础设施投资平台。投资于实物资产和数字资产，追求在较长期限内的稳定回报，例如投资英国光纤运营商，以及澳大利亚、韩国和墨西哥等国的物流设施。

在资金来源方面，穆巴达拉前身 IPIC 和 MDC 的资金均源于石油。政府通过资金注入、出让股权、提供次级无息贷款以及土地赠予等多种形式，向穆巴达拉提供财务支持。未来，穆巴达拉的资金将更多来自内部项目的投资收益，将项目退出回收的资金投资于回报率更高的其他领域，而不会大量布局 2014—2023 年投资较多的能源类和传统工业类项目（见图 2-34）。

第二章 "国富论"：中东主权财富基金

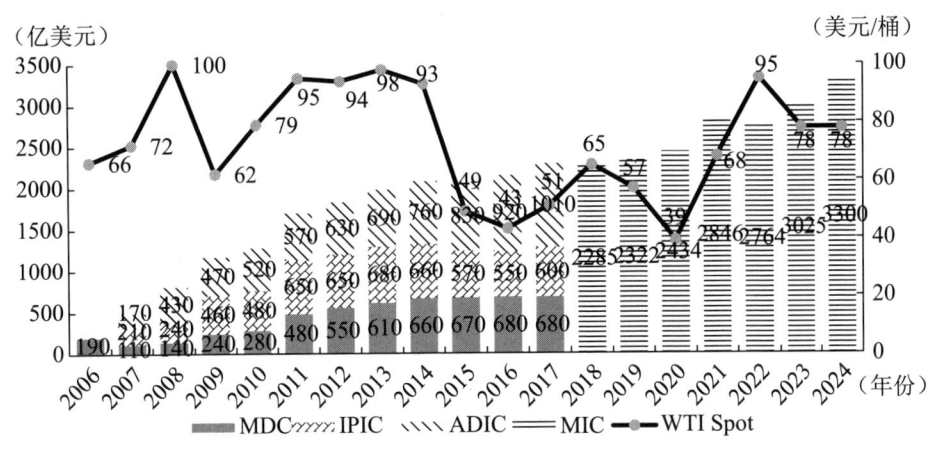

图 2-34 穆巴达拉资产管理规模与 WTI 原油价格
来源：穆巴达拉年报、EIA、Global SWF

二、资产配置：重仓欧美，聚焦新兴科技与 ESG 投资

相对于中东其他主权财富基金而言，穆巴达拉的投资风格更为市场化，资产配置也显著不同。大多数主权财富基金将半数以上资产投资于固定收益类资产，而穆巴达拉则配置更高比例投资于股权类资产（占比超六成）和另类资产，具体包括私募股权（34%）、股票（31%）、另类资产（24%）、房地产/基础设施（8%）、债券（3%）等五大类别（见图 2-35）。

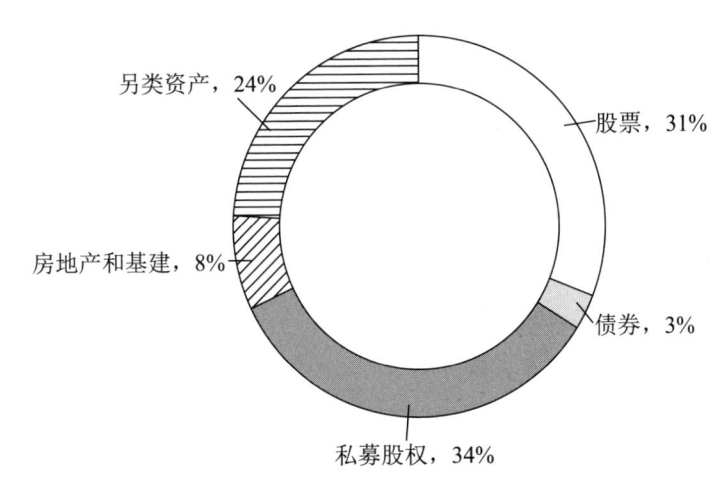

图 2-35 穆巴达拉的资产配置（截至 2022 年底）
来源：穆巴达拉官网

穆巴达拉为每个资产类别都设立了独立的投资基准，但并没有为整个投资组合设定一个自上而下的收益目标。例如，房地产和基础设施投资以市场上其他同类大型基金的收益率作为基准，而投资成长型项目的颠覆性投资平台则以全球成长型风险投资基金的投资回报率作为基准。

（一）投资区域：重仓欧美，布局亚洲

穆巴达拉的投资组合覆盖全球50多个国家和地区。阿联酋本土占25%；北美（占38%）和欧洲（占17%）作为海外投资的重点区域；亚太占12%，其他投资区域还包括南亚、拉美等（见图2-36）。

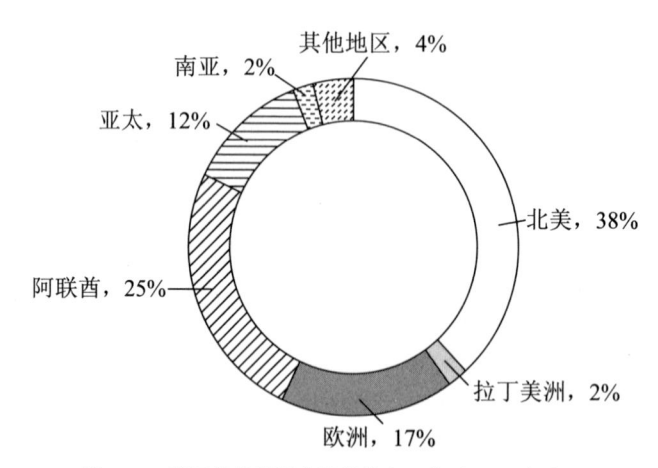

图2-36 穆巴达拉投资的地域分布（截至2022年底）
来源：穆巴达拉官网

欧美配置占比超过半壁江山，一方面是由于发达市场的投资进入和退出机制更为完善；另一方面则是由于其处于科技创新的前沿，拥有大量前景广阔的独角兽企业，这对于偏好科技投资的穆巴达拉无疑具有巨大的吸引力。其颠覆性投资平台以及生命科学、半导体等创新行业的直接投资大多投向美国。

作为更加偏好股权类投资的主权财富基金，穆巴达拉在新兴市场的表现同样活跃。例如其在巴西的资产规模约为50亿美元，作为南美市场最活跃的主权财富基金之一，未来其还计划追加投资30亿美元。

穆巴达拉CEO卡尔杜恩·穆巴拉克（Khaldoon Al Mubarak）表示，目前亚洲投资占比较低，未来将积极扩大亚洲投资组合的规模，这一比例已经从2020年的9%上升至2022年14%（其中12%布局在东亚），未来则计划提升至20%以上。

在投资地域选择上，穆巴达拉并没有制定总体方针，而是由各投资平台根据其所在的资产类别特征灵活决定。由于欧美标的投资规模往往更大，美国单个项目的直接投资规模轻易可达10亿美元，而新兴市场项目的投资额度往往较小，因此尽管从投资项目数量看，穆巴达拉在新兴市场表现活跃，但欧美市场则吸纳了更多投资资金。

（二）行业选择：坚持多元策略，聚焦新兴科技

与其他主权财富基金以二级市场股票债券为主、布局较为均衡的资产配置特征相比，穆巴达拉更像是一家股权投资基金，其投资期限一般为5~10年。

四大投资平台都有各自的中长期目标，例如，直接投资平台力求资产规模在2030年达到300亿美元。每个平台有很强的自主权来确定各自的投资领域和项目。2020年以来，直投平台对生命科学领域进行了更多的投资。

在阿联酋本土，穆巴达拉重点投资有利于国家实现产业升级、完善产业链的领域，尤其关注半导体、航空航天等高新技术产业。例如，2013年12月，穆巴达拉与美国氰特工业（Cytec Industries）共同研发了用于航空航天的高性能碳纤维复合材料。此外，穆巴达拉通过设立先进技术投资公司（ATIC）进入了半导体行业；推动建设世界级金属和矿业企业，完善阿联酋金属铝的产业链；关注民众的切身利益，整合国内六个医疗保健机构，布局医疗健康领域。穆巴达拉还宣布将投资80亿美元在阿布扎比建设半导体工厂，并大力支持国内的哈利法大学、阿联酋大学、沙迦大学等高校进行科学研究。

在海外市场，穆巴达拉广泛投资于先进制造、信息通信、数字科技等科技行业，例如，持有全球第三大芯片制造商格芯（Global Foundries）89%普通股，后者主要为苹果和亚马逊等公司制造芯片；2021年底，联合美国软件领域的领先PE基金Thoma Bravo以64亿美元收购美国SaaS公司Medallia；2022年2月，向亚太领先数据中心普平数据（PDG）投资3.5亿美元。

（三）ESG投资：关注气候变化与可持续发展

穆巴达拉将"负责任投资"（Principles in Responsible Investing，简称PRI）作为其核心使命的一部分。自成立以来，一直将环境、社会和治理（ESG）原则纳入投资决策和公司运营之中。ESG投资的核心理念包括长期回报、可持续发展等，这与穆巴达拉秉持的投资理念（重视社会效益和长期价值）较为契合。

2021年，穆巴达拉成立负责任投资部门，将ESG投资制度化与机构化。该部门参与投资项目的尽职调查，在投资决策之前先考察该项目的可持续性，并将

ESG 作为其尽职调查过程中的重要环节，其更青睐新能源、可持续农业类项目，而不会考虑博彩类、高污染类项目。

穆巴达拉这一考量与国家战略相契合。阿联酋致力于成为绿氢行业的全球领导者，而穆巴达拉非常重视氢能开发。阿联酋投资平台 CEO 穆萨贝·卡比（Musabbeh Al Kaabi）表示，穆巴达拉已将绿氢和蓝氢确定为最有前景的可再生能源之一，而阿联酋在生产绿氢所需的太阳能方面具有成本优势。阿联酋建设了中东第一座绿氢工厂，计划占领全球氢市场 1/4 份额。2006 年，成立的全资子公司马斯达尔（Masdar）致力于实现这一愿景，在全球 40 多个国家投资风能和太阳能，推动可再生能源的商业化，投资金额已超过 200 亿美元。

三、投资策略：追求长期回报，紧跟科技前沿

穆巴达拉（Mubadala）在阿拉伯语中意为"交换"，这体现了其作为主权财富基金的使命——用石油财富"交换"经济转型和长期繁荣，而穆巴达拉正是实现跨周期平滑国家财富波动、助力国家经济转型的重要载体。

（一）积极投资管理，融入国家发展战略

尽管主权财富基金的主要目标是获取投资收益，但与单纯追求财务目标的其他机构投资者不同，其通常还在实现国家战略、支持货币稳定等方面发挥重要作用。根据主权财富基金国际工作组（IWG-SWF）2008 年向国际货币与金融委员会（IMFC）提交的主权财富基金自愿性指导原则《圣地亚哥原则》第 18 条，主权财富基金的投资策略应与其所有者或管理机构定义的目标、风险容忍度和投资战略保持一致，而且应基于稳健的投资组合管理原则。

穆巴达拉作为更为侧重战略性目标的主权财富基金，在选择投资方向、项目和国别时，体现出更强的国家意志和战略布局。对于阿布扎比政府而言，改变当前石油产业占 GDP 比例超过 50% 的现状、推动经济结构多元化是实现经济社会可持续发展的重要任务。由此，穆巴达拉具有"双向投资重点"（见图 2-37）：在国内，推动创造价值的多元化经济增长战略；在国外，将资本部署到全球最具积极趋势的行业之中。

在地缘政治方面，由于阿联酋奉行"多元平衡"，在中东冲突方之间实施"对冲战略"，穆巴达拉基本不会因为政治因素而进行战略性调整。阿联酋现任总统阿勒纳哈扬也是穆巴达拉的最高决策者，所以穆巴达拉的投资风向也会被视作国家政策的一部分。

将积极投资管理策略融入国家发展战略	另类资产类别部署全球"顺风"行业
■ 国内投资目标：将资金导向国家战略关注的关键产业，推动阿布扎比乃至阿联酋能源和经济结构多元化 ■ 国外投资目标：将资本部署到全球具有积极经济趋势的行业当中	■ 重点布局生命科学、金融科技、可再生能源等发展空间广阔、拥有强劲的增长预期的行业，行业选择配合阿联酋国家战略 ■ 积极推动相关行业的数字化进程
投资目标 ←→ **行业选择**	
资产类别 ↕ **投资方式**	
更加注重长期回报	发展主权财富基金伙伴关系
■ 完善治理体系确保投资理念一贯性和投资纪律一致性 ■ 资金规模庞大，对短期波动承受能力强 ■ 将资金投入到风险较高、回收期较长的资产品类中以获得超额回报 ■ 私募股权在其投资组合中占比最高	■ 在市场进入、信息获取、投资标的选择等方面带来优势，避免不同国家政治敏感问题带来的投资风险 ■ 联合投资：分担风险，优势互补 ■ 管理第三方资金：业绩良好，深受信任 ■ 战略合作：构建长期投资伙伴

图 2-37　穆巴达拉的投资策略

尽管穆巴达拉作为主权财富基金需要考量国家战略性目标，但一切决策的前提是必须建立在合理财务回报的经济性目标之上。与沙特 PIF 等位于战略性 - 经济性光谱一端的主权财富基金不同，穆巴达拉试图寻求经济性和战略性的平衡，在长期目标上会融入国家战略，正如官网所言"虽然我们的股东阿布扎比政府的一贯支持提供了基础，以资助和发展我们的投资，但我们继续专注于执行最佳实践商业原则和追求稳固的财务回报"。穆巴达拉成立 20 年来实现了高速发展，受益于资金注入和投资回报，2007—2023 年资产管理规模从 300 多亿美元增长到近 3 000 亿美元（见图 2-38）。

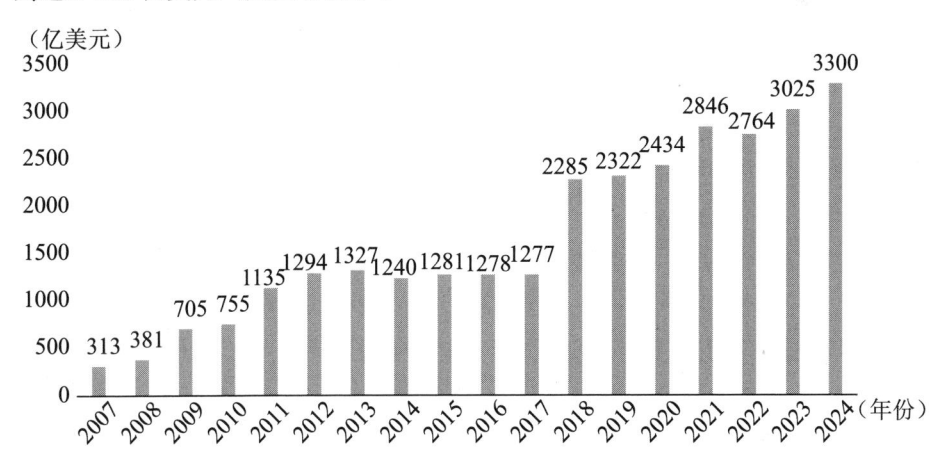

（亿美元）

年份	2007	2008	2009	2010	2011	2012	2013	2014	2015	2016	2017	2018	2019	2020	2021	2022	2023	2024
规模	313	381	705	755	1135	1294	1327	1240	1281	1278	1277	2285	2322	2434	2846	2764	3025	3300

图 2-38　穆巴达拉资产管理规模（2007—2024 年）

来源：穆巴达拉官网

据其投资团队介绍，穆巴达拉更类似于一家股权投资基金，而不是综合性资产管理公司。尽管资产类别非常多元化，但穆巴达拉的投资风格更接近于黑石、KKR 等。目前股权投资在全球的年化投资回报率为 15%～20%，穆巴达拉通常会使用这一基准去衡量某个项目是否值得投资。

例如，为解决阿联酋高端医疗资源稀缺的问题，穆巴达拉与世界知名医院克利夫兰诊所（Cleveland Clinic）合作建立了阿布扎比克利夫兰诊所（Cleveland Clinic Abu Dhabi），运用先进的数字化技术。此前在克利夫兰美国总部的国际患者构成里，中东患者最多（占 40%）。在前期评估中，穆巴达拉充分考虑了财务回报并达成目标。此外，穆巴达拉对被投企业有很高的尽职调查标准，要求穿透企业面纱，对其主要股东展开尽调，谨慎判断投资风险。

（二）投入高风险、长期限资产，获得超额回报

主权财富基金追求跨周期平滑国家收入、服务国家发展的战略目标，决定其通常是长期投资的坚定实践者。投资目标是机构投资者评估各种投资与支出的最终标尺。对于考虑长期回报的主权财富基金来说，私募股权、地产、基础设施等资产类别显然更具吸引力。

穆巴达拉庞大的资金规模和短期波动承受能力，使其更多投入风险较高、期限较长的资产类别，以获得超额回报。因此，其投资组合中占比最大的前三项分别为私募股权（34%）、股票（31%）和另类资产（24%）。由于大量持有另类资产，穆巴达拉也较为重视资产的流动性配比，通过合理配置现金、短期流动资产和信贷额度，确保自身始终拥有充足的流动性。

穆巴达拉的运作模式也决定了目标的长期性。穆巴达拉不会每年大幅调整资产配置，每期基金的投资周期为 5～10 年，资产配置目标也按相应投资期限制定。在收益目标的设定上，穆巴达拉区别于有些主权财富基金的"CPI+ 收益率"，而是根据可比资产类别的收益率来分别制定对标基准。

（三）另类资产部署全球"顺风"行业

另类资产可作为强大的配置类别，通过建立分散化的组合，充分降低风险，同时采取获利更高的主动操作，增加收益水平。2019 年前，穆巴达拉通过另类资产与基础设施平台（目前调整为房地产与基础设施投资平台）进行私募股权投资，之后则主要通过直投平台进行。

穆巴达拉重点投资于国内外的高增长行业，如数字科技、生物医药、可再生

能源等。这些行业不仅自身发展空间广阔、拥有强劲的增长预期，也是阿联酋"第四次工业革命计划"和"先进产业政策"等国家战略的重点领域，被视为打造经济增长引擎的核心发力点。

在阿联酋境内，穆巴达拉重点布局航空航天、医疗保健、绿氢能源等行业，致力推动各行业的数字化转型。2019年10月，穆巴达拉资本推出了首个专注于中东和北非的科技投资基金，规模高达250亿美元，致力于支持该地区创业实践和科技人才，推动阿布扎比向区域科技中心转变。2020年，穆巴达拉将其孵化的Khazna和Injazat公司整合为总部位于阿布扎比的人工智能和云计算公司G42。

在境外，穆巴达拉持续寻找具有良好增长前景的"顺风"行业，与多家海外另类投资机构达成合作，广泛投资于外部机构的基金。外部合资、合作模式也成为穆巴达拉的一大特征。

（四）借力多种合作模式，发展长期伙伴关系

穆巴达拉秉持"主权投资伙伴关系"价值观，广泛发展战略伙伴关系，共同投资高增长行业。通过遍布全球的合作网络，穆巴达拉能够更接近投资市场的真实环境，从全球各地发掘和培养人才。穆巴达拉2014年与法国国家投资银行（Bpifrance）启动法国-阿联酋基金，2015年与中国成立中阿基金，2018年与希腊开发银行（HDBI）建立投资伙伴关系，2021年与英国投资办公室（OfI）启动了阿联酋-英国主权投资伙伴关系——这些都体现出构建主权投资伙伴关系的价值观。

与单独投资相比，与其他机构投资者合作进行联合投资往往能够带来市场进入、信息获取、标的选择等多种优势，尤其是避免不同国家政治敏感问题带来的投资风险，这对追求长期稳定回报的主权财富基金来说至关重要。

除了主权投资伙伴关系，穆巴达拉也通过战略合作、联合投资、管理外部资金等方式与世界知名投资机构合作，2008年全球金融危机之后更是如此。例如，穆巴达拉通过法国—阿联酋基金，借助法国国家投资银行在非洲20多年的投资经验，布局非洲高增长的初创企业和中小型企业。此外，穆巴达拉还作为GP管理着约100亿美元来自不同机构投资者的资本，投资能力受到多家投资机构的认可。

穆巴达拉在科技领域与国际知名投资机构推动共同投资。除愿景基金外，穆巴达拉2020年宣布向银湖资本（Silver Lake）牵头的25年战略计划投资20亿美元。

2021年法国总统马克龙访问阿联酋期间，穆巴达拉签署了两项协议，包括8亿欧元投资于快速增长的法国科技公司，14亿欧元投资于能源、半导体和太空等关键战略产业。

四、治理结构：君主制下的市场化运作，透明度高

阿联酋作为联邦君主制政体，由7个具有高度自治权的酋长国组成。在联邦宪法下，每个酋长国对于联邦政府指定立法范围外的所有事项拥有自治权，包括管理该酋长国自身财富的权力。对于阿联酋这样的海合会国家来说，主权财富基金虽然是独立运作的商业机构，但往往与酋长家族有千丝万缕的联系，穆巴达拉的发展也受益于其唯一股东阿布扎比政府的长期支持。

穆巴达拉具备比较规范的治理结构，拥有董事会、投资委员会、高管团队和业务部门。但归根到底，穆巴达拉的治理是由阿布扎比酋长家族所主导的，多位董事会成员都来自核心政府机构，从而使其与政府之间形成高层次的协作机制（见表2-16）。

董事会负责穆巴达拉的战略制定、公司治理和监督，代表阿布扎比政府审查和批准公司的年度战略和业务计划，并将管理执行权力委托给CEO卡尔杜恩及投资委员会。董事会作为总体决策的核心，成员包括阿联酋多位高级官员，其中2名是阿布扎比行政委员会现任成员，该委员会是酋长国的最高行政当局。

投资委员会则负责制定穆巴达拉的投资战略，监督业绩；高管团队负责管理穆巴达拉的运营和业务发展活动；中层包括一定数量的外籍高级职业经理，负责处理日常投资和管理的具体问题。此外，还有外部独立董事。因此，政府在顶层战略上的部署，具体是由投委会进行投资决策，拥有相对市场化的治理结构（见表2-17）。

表2-16　穆巴达拉董事会成员

职　　务	姓　　名	主　要　履　历
董事会主席	穆罕默德·本·扎耶德·阿勒纳哈扬	阿联酋总统、阿布扎比执行委员会主席
董事会副主席	曼苏尔·本·扎耶德·阿勒纳哈扬	阿联酋副总理兼总统事务部长、部长级发展理事会主席、阿联酋投资局和阿布扎比发展基金主席、阿布扎比最高石油委员会委员

续表

职　　务	姓　　名	主　要　履　历
董事	穆罕默德·艾哈迈德·巴瓦尔迪	阿联酋国防部部长、海豚能源（Dolphin Energy）副主席、Tawazun Holding董事会成员、阿布扎比环境局副主席
董事	苏海尔·穆罕默德·马兹鲁伊	阿联酋能源和基础设施部部长、阿提哈德水电公司董事会主席、阿联酋通用石油公司董事会主席、阿布扎比国家石油公司董事会成员
董事	阿卜杜勒哈米德·赛义德	穆巴达拉审计、风险与合规委员会和薪酬委员会委员、阿布扎比发展控股公司（ADQ）董事会成员、Reem Investments董事总经理，曾任阿联酋央行行长、第一阿布扎比银行CEO
董事	马哈茂德·易卜拉欣·艾尔·马哈茂德	阿布扎比ADS控股公司CEO、外汇和大宗商品交易平台ADS Securities执行董事长、阿提哈德信贷局董事，曾在阿布扎比投资局等多家机构担任高级职务
董事总经理兼CEO	卡尔杜恩·哈里发·阿尔·穆巴拉克	2006年起担任阿布扎比执行委员会成员，阿布扎比金融和经济事务最高委员会创始成员，2018年起担任总统中国事务特使，阿布扎比行政事务管理局创始主席，阿布扎比国家石油公司董事会成员，阿联酋核能公司、阿布扎比商业银行董事会主席

来源：穆巴达拉官网（截至2022年底）

表2-17　穆巴达拉投资委员会成员

职　　位	高管姓名	主　要　履　历
董事总经理兼CEO	卡尔杜恩	见表2-16
副CEO	瓦利德·莫卡拉布·阿穆哈利	阿布扎比克利夫兰诊所（Cleveland Clinic）、全球消除疾病研究所（GLIDE）主席，曾任阿联酋补偿计划局（UAE Offsets Program Bureau）高级项目经理、麦肯锡公司顾问
副CEO兼首席企业和人力资本官	霍迈德·施玛力	Maximus空运公司主席和阿布扎比航空公司董事，曾任穆巴达拉航空和工程服务平台CEO

续表

职　　位	高管姓名	主要履历
首席战略和风险官	艾哈迈德·赛义德·卡利	阿布扎比未来能源公司（Masdar）和阿布扎比商业银行董事，曾任穆巴达拉能源部 CEO
直接投资平台 CEO	艾哈迈德·叶海亚·伊德利斯	格芯公司、NOVA 化学品公司、西班牙石油公司主席和多家公司董事，曾任麦肯锡公司合伙人、宝洁公司营销经理
阿联酋投资平台 CEO	穆萨贝·卡比	穆巴达拉石油公司和 Yahsat 卫星通信公司主席，曾任石油和石化平台 CEO、穆巴达拉石油公司 CEO
房地产和基础设施投资 CEO	哈利德·阿卜杜拉·库拜西	阿布扎比全球市场（ADGM）、阿布扎比未来能源公司（Masdar）董事，曾任阿布扎比国家银行财务和业务发展主管
颠覆性投资平台 CEO	哈尼·艾哈迈德·巴胡什	穆巴达拉资本和穆巴达拉石油董事，曾任美林证券投资银行家
首席法务官	萨默·哈拉瓦	曾任迪拜 Habib Al Mulla & Co 公司法务负责人，从事各种国际和当地公司法和商业法业务
首席财务官	卡洛斯·欧柏德	穆巴达拉基础设施有限公司董事会主席，曾在阿联酋抵消计划局工作
直接投资平台副 CEO	赛义德·马兹鲁伊	阿布扎比商业银行（ADCB）、阿布扎比退休养老金和福利基金董事，曾任穆巴达拉副 CFO

来源：穆巴达拉官网（截至 2022 年底）

公司治理透明度建设已成为当前世界主权财富基金治理改革的核心问题，主权财富基金的信息公开取决于其定位目标、投资领域和投资风格。相对于多数透明度较低的中东主权财富基金，穆巴达拉是海合会国家在林纳堡—迈达艾尔透明指数（Linaburg-Maduell Transparency Index）中得分最高者，达到满分 10 分——这使得穆巴达拉获得了独特的商业优势，有助于提高主权财富基金的声誉，获得利益相关者的信任。

在实务层面，穆巴达拉坚持"适度透明"和"有限披露"原则。一方面，其官方网站披露了组织愿景、治理结构、投资组合等信息，每年发布年报、经独立审计的财务报告、外部管理者信息等文件。公众还可以通过官网检索其子公司及被投公司的官网，以及企业伦理道德准则、企业信用评价、发行债券信息等。另一方面，身为主权财富基金，穆巴达拉也恪守国家安全性原则。

穆巴达拉还是世界上少数接受过信用评级机构评级的主权财富基金之一。2008年开始与国际信用评级机构接触并参与评级，目的是提高透明度、降低融资成本，并为发行债券做准备。目前，其短期信用评级为P-1/A-1+/F1+（穆迪/标普/惠誉），长期信用评级为Aa2/AA/AA（穆迪/标普/惠誉），整体信用等级较高。

地缘政治和国际格局的变化，往往会对主权财富基金投资带来重要影响。当前国际局势复杂多变，叠加市场不确定性的增加，主权财富基金投资的风险加大。就治理视角而言，境外投资回报率下降、母国财政收入缩水，使其两大基础目标——财务回报和财政稳定难以平衡，有限资金与达成目标之间的矛盾加大。从长远来看，穆巴达拉如何通过积极的投资行为，在实现稳健财务收益的同时推动国家的发展目标，仍是需要长期探索的关键问题。

第七节

ADQ：阿联酋最"年轻"的主权财富基金

阿布扎比发展控股公司（Abu Dhabi Developmental Holding Company，简称"ADQ"）成立于2018年，是阿联酋最年轻但快速发展的主权财富基金。截至2024年底，资产管理规模达2 510亿美元，位居全球第12位。ADQ快速发展的原因包括：坐拥国家核心资产，实施重大收购战略；在国内投资上关注能源和基础设施，在国际投资上青睐新兴市场等。

阿联酋各家主权财富基金的资产总和已超越1.4万亿美元，雄踞海湾阿拉伯国家榜首。过去20年间，该国主权财富基金的数量与规模持续增长的重要原因是，阿联酋宪法第23条赋予各酋长国管理自身主权财富的权利，明确各酋长国的财富与自然资源归属其公共财产，从而使阿联酋成为世界上唯一赋予地方政府进行主权财富管理的国家。其中，阿布扎比酋长国的主权财富基金更是以超过1.02万亿美元的总规模占据全国总量的约七成，彰显了其在推动国家财富增长中的核心作用。

ADQ 尽管成立仅六年，但自 2020 年以来连续上榜全球最活跃主权财富基金前十名。ADQ 在北美、欧洲、亚洲和非洲设有办事处，投资涵盖能源及公用事业、交通物流、生命科学、农业食品等多个行业，旗下企业拥有超过 8 万名员工和 25 家子公司。

ADQ 的战略愿景聚焦于构建阿布扎比多元化的经济体系，以增强国家经济韧性并促进其向知识型经济转型。作为阿联酋投资领军力量之一，它与另两大知名主权财富基金——阿布扎比投资局（ADIA）和穆巴达拉（Mubadala）一道，共同构成阿布扎比主权财富领域的"三驾马车"。

ADQ 2023 年度新增投资额 58 亿美元，在全球前十大主权财富基金中排名第八。值得一提的是，2019 年至 2022 年间，ADQ 对阿布扎比非石油经济 GDP 的贡献率高达 22%，成为推动该酋长国产业多元化与经济增长的核心力量之一。

一、坐拥国家核心资产，实施重大收购战略

阿联酋七大酋长国财政状况的差异，根源在于其产业结构的单一性，尤其受到两大核心因素的影响：一是石油资源禀赋及其对产业结构的决定性影响，二是各酋长国内主权财富基金在经济发展中的运作效率和功能定位。具体而言，家底最为殷实的阿布扎比酋长国，财政高度依赖于石油收入，占据政府预算收入的半壁江山（52%），而主权财富基金等其他来源约占四成（40%）。阿联酋 1976 年设立首支主权财富基金——阿布扎比投资局（ADIA）以来，这一模式便成了推动经济多元化与可持续发展的重要途径。随后，穆巴达拉、迪拜投资公司（ICD）等相继成立，旨在通过战略投资，降低经济对石油的过度依赖。

阿联酋几大主权财富基金承载着不同的使命：ADIA 专注于长期的海外投资布局，寻求稳定的资本增值；穆巴达拉在深耕本土同时，积极拓展海外市场，实现国内外双重资源的优化配置；ADQ 聚焦于本土企业的孵化与成长，重点投资于能源与公用事业、食品农业、医疗保健等关键领域，完善并升级本土产业链，创造就业机会。

阿布扎比三十年前便确立了"零赤字政策"——该政策得以实施的核心原因在于，ADIA 作为财政稳定器，负责填补任何因石油收入波动而产生的财政缺口，以确保财政的稳健运行，减少对外部融资的依赖。为进一步优化资产配置、分散风险并提升整体收益。阿联酋 2017 年起对主权财富基金体系进行了重组：一方面，

第二章 "国富论"：中东主权财富基金

2017年时任阿联酋总统哈利法将穆巴达拉发展公司（MDC）与国际石油投资公司（IPIC）合并，创设了穆巴达拉投资公司，并将阿布扎比投资委员会（ADIC）并入。另一方面，为更聚焦于阿联酋本土尤其是阿布扎比的经济发展，2018年成立了新的主权财富基金ADQ，将投资重心放在阿联酋国内企业上，通过战略投资助力本土企业的成长。

根据阿联酋2018年第2号法律，ADQ的前身为阿布扎比发展控股公司（ADDH）。2019年7月，阿布扎比健康保险、阿布扎比港口、阿提哈德铁路等12家公司相继并入ADDH。2020年，ADDH整合5家企业并重塑战略方向，合并阿布扎比国家能源公司（TAQA）与阿布扎比电力公司（AD Power），实现国内深耕与海外拓展的双重飞跃，随后更名为ADQ。ADQ大事年表见图2-39。

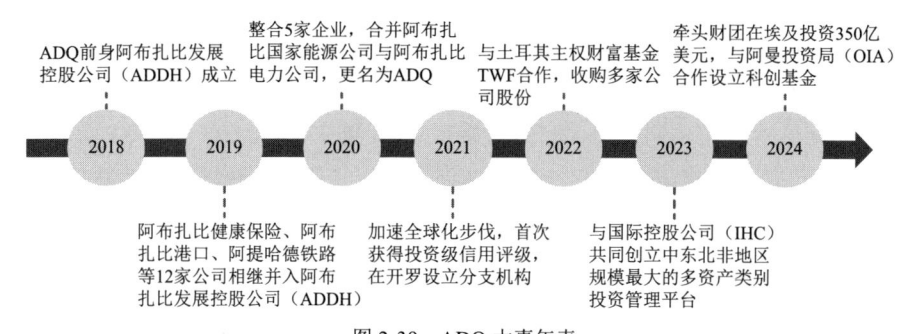

图2-39 ADQ大事年表

- 2018：ADQ前身阿布扎比发展控股公司（ADDH）成立
- 2019：阿布扎比健康保险、阿布扎比港口、阿提哈德铁路等12家公司相继并入阿布扎比发展控股公司（ADDH）
- 2020：整合5家企业，合并阿布扎比国家能源公司与阿布扎比电力公司，更名为ADQ
- 2021：加速全球化步伐，首次获得投资级信用评级，在开罗设立分支机构
- 2022：与土耳其主权财富基金TWF合作，收购多家公司股份
- 2023：与国际控股公司（IHC）共同创立中东北非地区规模最大的多资产类别投资管理平台
- 2024：牵头财团在埃及投资350亿美元，与阿曼投资局（OIA）合作设立科创基金

2021年，ADQ加速全球化步伐，收购阿联酋露露国际集团（Lulu International Holdings）与安迈世国际物流公司（Aramex）等资产，并在开罗设立分支机构。2023年3月，ADQ携手阿联酋领先的国际控股公司（IHC）——海湾地区市值第二大上市公司（截至2024年8月市值约2 404亿美元），共同创立中东北非区域规模最大的多资产类别投资管理平台。

ADQ创立之初，资产组合中约四成源自阿联酋能源与公用事业巨头——阿布扎比国家能源公司（TAQA），该公司在电力、水资源及油气领域占据主导地位。ADQ其余资产从2018年成立时的360亿美元增至2023年的1 150亿美元（见图2-40）。值得注意的是，2022年ADQ战略性出售了TAQA约8.6%股份，获得约36亿美元现金对价，有效增强了ADQ财务灵活性。尽管如此，ADQ对TAQA的持股比例仍保持在90%，确保其对这家能源巨头的绝对控制权。

（亿美元）

年份	TAQA	剩余资产构成	合计
2018			360
2019			470
2020	430	670	
2021	400	680	
2022	550	1 020	
2023	840	1 150	

图 2-40　ADQ 的资产构成

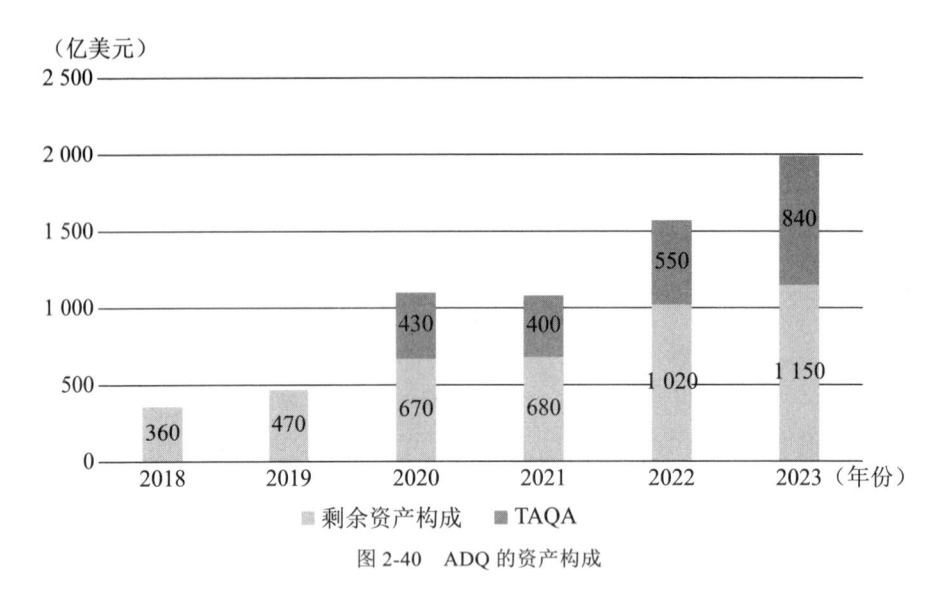

2023 年，TAQA 实现了 140 亿美元收入，截至 2024 年 8 月市值约 804 亿美元，稳居阿联酋上市公司市值前三位。截至 2024 年 3 月，ADQ 完成 21 笔投资，其中有 10 笔是领投，4 笔是收购。ADQ 对于具有高成长性的新兴产业持开放态度，对创新和技术驱动型企业具有较强偏好。

二、国内投资：关注能源和基础设施，控股多家国企

ADQ 是典型的"战略型"主权财富基金（见图 2-41），聚焦于能源与公用事业（42%），旨在稳固国家能源产业与公共事业；交通与物流（15%）及金融服务（15%）亦是关键投资方向，以强化国家经济命脉与金融体系的稳健性。此外，还广泛布局于食品与农业、医疗保健与生命科学、旅游/娱乐/房地产以及可持续制造等涉及国计民生的多元化领域（合计占比 28%）。

（一）能源和公用事业

主权财富基金由于自身特性，往往扎根于大型基础设施与公用事业领域。除阿布扎比国家能源公司（TAQA）外，ADQ 的资产版图还涵盖阿联酋钢铁公司、阿联酋核能公司、阿联酋水电公司等国家核心实体企业。作为石油资源丰富国家的主权基金，ADQ 不仅确保了国家对核心产业的控制，还依托这些企业的稳健盈利，持续增强自身资本基础，为多元化投资提供了坚实的财务支撑。

第二章 "国富论"：中东主权财富基金

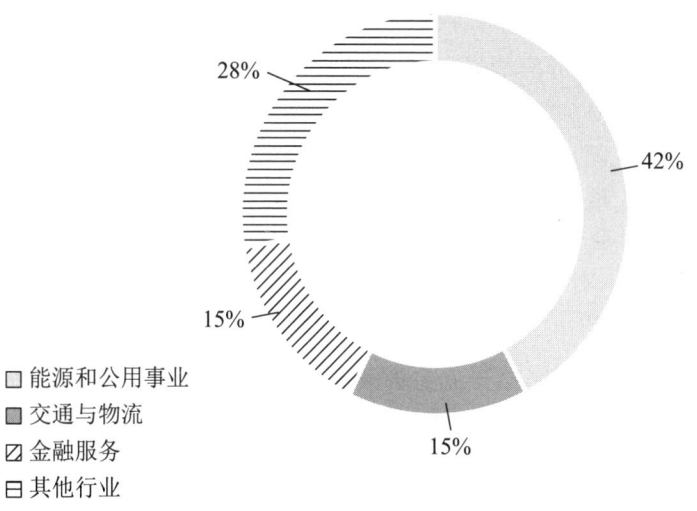

图 2-41 ADQ 投资行业占比

来源：ADQ 官网

为响应阿联酋 2023 年氢能战略，ADQ 携手阿布扎比国家石油公司（ADNOC）及穆巴达拉，联合创立了阿布扎比氢能联盟。该联盟旨在加速阿联酋的氢能蓝图，聚焦于能源、交通及工业等关键领域，将阿布扎比打造为世界氢能供应中心。同时，ADQ 紧扣阿联酋清洁能源政策及 COP28[①] 等发展目标，投资 Tadweer 公司全面覆盖废物管理价值链，年处理废物量达千万吨级，积极促进循环经济。另一重要持股公司——阿联酋水电公司（EWEC）则拥有阿联酋最大脱碳项目，响应"2050 年净零排放"愿景。目前，EWEC 正与 Tadweer 共建阿布扎比最大垃圾焚烧发电厂，预计年减碳 150 万吨。此外，还通过太阳能、核能等可再生能源优化电力供应成本，提供清洁能源解决方案。

（二）交通与物流

阿联酋地处欧亚非三大洲交汇的地理要冲，交通物流是重要战略性行业。ADQ 通过投资港口、航空等实物资产，有效加深了阿布扎比与全球的互联互通。ADQ 的资产组合包括阿提哈德航空与阿布扎比机场等关键交通设施。

2022 年 2 月，ADQ 持股的阿布扎比港口集团在阿布扎比证券交易所（ADX）主板上市，市值约 59 亿美元。全球四大航运公司中有三家以阿布扎比港口为枢纽。同时，ADQ 投资的阿提哈德铁路公司开创了阿联酋首个综合货运客运铁路网络，

---

① COP28 是《联合国气候变化框架公约》第 28 次缔约方大会（Conference of the Parties，COP）的简称，于 2023 年 11 月 30 日至 12 月 13 日在阿联酋迪拜举办。

增强了交通与物流基础设施。

ADQ 在航空领域亦有战略布局。2022 年 10 月，阿联酋最高财政和经济事务委员会将阿提哈德航空 59% 的已发行股份转予 ADQ，旨在强化垂直整合，提升整体盈利能力。随后，ADQ 宣布收购阿布扎比航空，并计划整合阿提哈德工程公司、全球航空航天物流公司等，共同构建总资产约 94 亿迪拉姆（约合 25.6 亿美元）的全球性航空集团，以增强国际市场竞争力。

（三）金融服务

ADQ 管理着超过 300 亿美元金融资产，控股中东市值第二大交易所——阿布扎比证券交易所（ADX），后者为全球发展最快的证券交易所之一，已有 100 多家上市公司。ADQ 还持股了数字银行平台——韦奥（Wio），主要服务中小企业与零售客户，总部设在阿布扎比。ADQ 投入初始资本为 5.45 亿美元，与国际控股公司（IHC）控股的阿联酋大型综合企业集团——阿尔法阿布扎比控股公司（Alpha Dhabi）共同持有韦奥 65% 的股份。

（四）食品与农业

阿联酋的粮食 90% 依赖进口，为响应 2051 年国家粮食安全战略（2051 年为阿联酋建国 80 周年），ADQ 构建了涵盖食品与农业的多元化投资组合，以确保国家粮食安全。

2022 年，ADQ 收购全球四大粮商之一的路易达孚公司（LDC）45% 股权，巩固其在全球粮食市场的影响力。同时，ADQ 持股的阿尔达赫拉（Al Dahra）农业综合集团作为全球知名饲草料供应商，业务横跨 20 余个国家。其农业投资组合还包括尤尼弗鲁蒂集团（Unifrutti Group），在高品质水果生产、研发与营销等方面具有全球领导地位，业务覆盖四大洲 50 多国。ADQ 还与露露国际控股（LIHL）携手，共同开发了零售网络，总计达 30 家大卖场与 100 家小型超市，进一步强化了其食品供应链的终端覆盖。

（五）医疗保健与生命科学

在医疗保健与生命科学领域，ADQ 致力于推动数字化转型和区域医疗发展，提升医疗服务的质量和可及性，支持阿布扎比医疗保健战略计划。该计划旨在提升医疗服务质量、患者安全和体验，吸引、培训和留住合格的医疗专业人员。ADQ 的医疗投资组合包括阿联酋最大医疗保健企业 Pure Health，ADQ 投资 10 亿美元使其得以建立覆盖阿联酋各地的医疗网络，包括 160 多个实验室。

（六）旅游、娱乐和房地产

阿联酋 2021 年宣布"国家旅游战略 2031"，作为促进经济及吸引外资的五十大项目之一。该战略通过四个关键方向提升旅游业的贡献和竞争力：强化国家旅游形象、多样化旅游产品、培养旅游人才，以及增加投资，目标是到 2031 年将旅游业 GDP 贡献值提高至 1 225 亿美元，吸引 272 亿美元投资，接待 4 000 万名酒店客人。为此，ADQ 积极推动旅游业的发展，在娱乐和房地产领域进行战略投资，包括阿布扎比的多家知名酒店和旅游设施，如沙漠度假村——塞拉布宫殿（Qasr Al Sarab）、别墅度假村——阿南塔拉阿亚姆（Anantara Al Yamm）、旅游投资公司——园区酒店投资公司（Park Hospitality Investment）等。

（七）制造业

产油国工业化战略的重点，是利用石油收入建立能够独立发展的工业体系。ADQ 制造业布局涵盖阿布扎比西部管道公司（Al Gharbia Pipe Company）、E7 集团（E7 Group）等。通过整合酋长国钢铁公司（Emirates Steel）与建筑建材公司阿坎（Arkan），ADQ 缔造了阿联酋最大的上市钢铁与建材集团，占据本土市场 60% 份额，并在全球钢铁企业中保持一氧化碳排放最低的纪录。

三、国际投资：青睐新兴市场，建立广泛合作关系

中东主权财富基金的投资策略具有高度的灵活性和前瞻性，其调整通常基于国内经济结构的转型、国际金融市场的动态变化以及经济社会发展面临的新挑战。随着全球创新科技浪潮的兴起，中东主权财富基金纷纷调整其投资策略，将焦点转向创新与科技领域。为捕捉具有高增长潜力的前沿科技和独角兽企业，ADQ 已经将投资版图扩展至全球新兴创业公司。

阿联酋高度重视数字化转型，国家创新战略强调数字技术的重要性，确定为国家七大关键产业之一。依据世界经济论坛发布的信息与通信技术（ICT）指数，阿联酋在数字化领域位列全球前 15 强。这一国家战略为 ADQ 提供了明确的投资导向。

（一）ADQ 设立多支新基金，关注新技术和新领域

Alpha Wave Incubation（AWI）基金设立于 2020 年，规模 3 亿美元，主要关注印度和东南亚的早期投资，不仅投资于有潜力的初创企业，也为其投资的企业提供进入阿联酋乃至中东、北非的机会。

ADQ 风险投资基金（ADQ Venture Capital Fund）设立于 2022 年，由 ADQ 与约旦数字经济和创业部合作，规模 1 亿美元，主要投资于电信、金融服务、医疗保健、清洁能源等领域的科技初创公司，投资区域主要集中在约旦。

成长实验室（ADQ Growth Lab）启动于 2022 年，规模 2 720 万美元。通过与顶级学术机构建立紧密的合作关系并开展联合项目，致力于员工技能的专业化培养，吸纳当地大学的优秀人才。与欧洲工商管理学院（INSEAD）深入合作，为 ADQ 国际人才发展提供有力支持。

（二）发达市场与新兴市场并举，关注投资组合多元化与高效益

在中东主权财富基金的投资决策过程中，投资目标国的对外贸易开放程度、两国间地理距离、文化距离和权力距离等均为影响因素。然而，经过统计分析，收益率和风险对中东主权财富基金在外国投资活动中的影响并不显著。ADQ 的投资策略聚焦于为阿布扎比的经济增长和未来发展部署资本。根据 Global SWF 统计，2023 年 ADQ 海外投资配置占比为 20%，已在 130 个国家开展业务。

尽管 ADQ 在投资策略中着重于国有企业，但其行动策略却显示出了对投资组合的灵活调整。实际上，ADQ 一直在有序剥离其大型国企持股，积极增加私募股权和风险投资。除了进行前瞻性战略投资外，ADQ 还通过持续设立专项投资基金，以实现投资组合的多元化与高效益。

（三）发达市场

相较于阿联酋最大主权财富基金 ADIA 设置的 32% 发达市场股票投资下限，ADQ 对海外发达市场投资较为审慎，但仍有所布局。2022 年，ADQ 全资收购瑞士制药巨头 Acino，并与荷兰智能农业企业合作。次年，ADQ 与希腊缔结 40 亿欧元双边投资伙伴关系并执行首项投资。

2024 年携手蒙特利尔银行（BMO），共同投资加拿大另类资产管理公司萨加德控股（Sagard Holdings），收购 1 亿美元少数股权，该公司资产管理规模高达 145 亿美元。

2024 年 8 月，ADQ 宣布对全球头部拍卖行苏富比进行战略投资，联合其控股股东合计斥资 10 亿美元，这是其在文化艺术领域深入布局的重要举措，旨在提升阿布扎比在全球高端艺术品市场的竞争力。

（四）新兴市场

主权财富基金不仅有助于推动发展中国家的经济增长，还进一步促进了这些

国家之间的区域合作。主权财富基金的积极参与能够实现与投资地之间的互惠共赢，共同创造经济利益，进而推动母国和东道国经济的共同繁荣。

在西亚，2021年ADQ与土耳其主权财富基金TVF签署协议，提供100亿美元的一揽子计划。2023年土耳其大地震后，ADQ为高达85亿美元的救济债券和30亿美元的出口信贷提供资金。2022年，ADQ与阿曼主权财富基金OIA签署了总额27亿美元的投资协议，共同投资氢气、太阳能和风能、绿色铝材和钢铁以及水和电力传输线等阿曼战略产业，总价值超过80亿美元。

在东亚及中亚，2021年ADQ通过设立的创新投资平台Disrupt AD，参与了中国食芯资本1亿美元的二期美元基金募资。2021年ADQ与阿布扎比国家能源公司（TAQA）和哈萨克斯坦的萨姆鲁克-卡泽纳国家基金（Samruk-Kazyna）签署有关中亚能源行业的长期战略协议，计划向哈萨克斯坦能源项目投资60亿美元，已在太阳能光伏发电、风力发电和燃气发电方面展开探索。

在南亚，2021年ADQ领投印度教育科技企业Byju's的3.4亿美元融资，Byju's以165亿美元估值成为该国估值最高初创公司之一。

在北非，ADQ聚焦于埃及与苏丹。ADQ与埃及主权基金（TSFE）深度合作，自2021年起在石化、基础设施及金融服务等多个领域广泛布局。2022年斥资约18.5亿美元增持埃及企业股份，其中包括对三家石油与石化行业公司进行8亿美元的少数股权收购。2024年进一步深化在埃及的投资，不仅收购房地产开发公司Talaat Moustafa集团40.5%股权，还宣布一项总额高达350亿美元的宏大计划，其中240亿美元用于获取埃及北海岸著名的旅游和度假区Ras El-Hekma的开发权，旨在打造埃及规模最大的城市开发项目，另外110亿美元则投向埃及房地产市场及其他高端项目。在苏丹，ADQ展现出强劲的投资动能，作为60亿美元综合投资计划的一环，2022年助力苏丹建设新红海港口，涵盖自由贸易区、大型农业项目等多个关键领域。

四、清晰治理、稳健信用与低透明度

阿布扎比政府设立了多个主权财富基金，每个基金在各自王室成员领导下运作，覆盖广泛领域，职责和投资重点各不相同。此外，每个基金都有独特的问责制度和报告体系，确保效能和效率。

在组织架构方面，ADQ设有董事会（见表2-18）、执行委员会和管理团队（见表2-19），领导层包括多位王室成员和高级政府官员。ADQ由阿联酋总统的胞弟谢赫·塔努·本·扎耶德·阿勒纳哈扬担任主席。除了担任ADQ主席，他还同时担任 ADIA 主席和阿布扎比第一银行（FAB）董事长等关键职位。

阿联酋各酋长国的统治家族在主权财富基金管理中的直接参与可能有助于缩小代理人和委托人之间的信息不对称和利益冲突。例如，ADQ 董事会成员包括阿布扎比政府高层，他们不仅在 ADQ 中扮演关键角色，也在政府机构和国有企业担任重要职位。ADQ 的战略决策须经阿布扎比金融和经济事务最高委员会（SCFEA）批准，再由阿布扎比财政部（DoF）批准。

表 2-18　ADQ 董事会成员

职务	姓名	履历
主席	谢赫·塔努·本·扎耶德·阿勒纳哈扬	阿联酋国家安全顾问，ADIA 主席、G42 公司董事长、阿布扎比第一银行和皇家集团董事长，阿联酋开国总统扎耶德之子、现任总统 MBZ 的胞弟
副主席	贾西姆·穆罕默德·布·阿塔巴·阿尔扎比	阿布扎比金融集团董事长、阿布扎比行政委员会秘书长、阿布扎比国民银行董事长、阿布扎比石油公司董事
董事	谢赫·扎耶德·本·哈姆丹·本·扎耶德·阿勒纳哈扬	阿联酋国家媒体办公室主席、阿联酋开国总统扎耶德之子
董事	谢赫·阿卜杜拉·本·穆罕默德·哈米德	阿布扎比卫生部部长、阿布扎比大学校董
董事	阿卜杜勒哈米德·穆罕默德·赛义德	穆巴达拉董事、阿联酋红新月会董事、Reem Investments 董事总经理
董事	穆罕默德·穆巴拉克·法德尔·马兹鲁伊	阿联酋内阁成员、防务事务国务大臣、阿布扎比媒体公司董事长、阿布扎比航空公司董事、阿布扎比港口公司董事
董事	法德尔·阿卜杜勒巴奇·阿里	迪拜金融服务局董事长、阿布扎比第一银行副首席执行官兼集团首席运营官
董事	卡伊-埃里克·雷兰德	Acino International AG 副主席、SES S.A. 独立董事、Antenna Volantis Inc. 等多家公司董事
董事总经理兼 CEO	穆罕默德·哈桑·阿苏瓦迪	阿联酋投资部长、阿布扎比国家能源公司、Pure Health 董事长、阿布扎比未来能源公司（Masdar）副董事长

来源：ADQ 官网、作者整理（截至 2024 年 8 月）

ADQ 执行委员会为董事会提供战略决策支持，成员大多毕业于欧美名校，加入 ADQ 前通常在投资银行、咨询公司或其他主权财富基金等机构积累了丰富经验。

阿联酋"面向未来 50 年的发展战略"视人力资本为国家竞争力与经济增长的源泉。ADQ 聚焦人才吸引与培养，携手瑞士洛桑国际管理学院（IMD）为自身及投资企业超百名高管定制培训计划。同时，与伦敦商学院共创 ADQ Game Changers 项目，旨在培育并赋能阿联酋未来商业领袖，驱动国家持续发展。

表 2-19 ADQ 管理团队

职　　务	姓　　名	履　　历
董事总经理兼 CEO	穆罕默德·哈桑·阿苏瓦迪	阿联酋投资部长、阿布扎比国家能源公司（TAQA）董事长、阿布扎比未来能源公司（Masdar）副董事长
副总经理	哈马德·哈马迪	阿联酋钢铁公司（ESA）、阿联酋水电公司（EWEC）和 Pure Health 董事长、阿布扎比国家能源公司、Q Holding 董事
副总经理	曼苏尔·阿尔穆拉	阿布扎比国家能源公司、阿布扎比港口集团、阿布扎比全球市场（ADGM）和阿提哈德航空董事
首席法律与合规官	巴沙尔·阿尔罗桑	ADQ 首席法律和合规官、ADQ 董事会及执行委员会秘书
首席运营官	阿纳斯·乔达特·阿尔巴古蒂	阿布扎比国家展览中心集团（ADNEC）、阿布扎比造船公司副董事长、哈利法大学校董
首席投资官	亚普·卡尔克曼	阿提哈德航空集团董事
首席投资官	吉尔·阿多特维	Unifrutti 董事长，Agthia、路易达孚公司、Al Dahra 控股、Lulu 集团董事
首席战略官	卢艾·阿布·查纳布	Acino 公司董事
首席财务官	马科斯·德·夸德罗斯	Al Dahra 控股公司、路易达孚董事

来源：ADQ 官网、作者整理（截至 2024 年 8 月）

高信用评级表明了主权财富基金的财务健康、政策支持强度和经济稳定性。惠誉评级维持 ADQ 的长期发行人违约评级（IDR）为"AA"，短期评级为"F1+"，彰显其高信用等级。政府总体支持评分达到 50 分（满分 60 分），进一步强化其财务稳健性。作为阿布扎比政府指导下的关键战略投资平台，ADQ 坐拥国家核心资产，惠誉评估认为阿布扎比政府对 ADQ 的持股结构稳固，长期变动风险极低。鉴于政府对 ADQ 拥有高度控制权，在极端清算情境下，ADQ 的资产与负债可能由阿布扎比政府承接，进一步保障了其财务安全与稳定性。

高效的资产负债管理是获取高信用评级的核心要素，涵盖优化资产配置策略、严控财务杠杆水平及确保充裕的流动性。自 2018 年创立以来，ADQ 控股阿布扎比 13 家核心国有企业，显著扩增总资产。通过购入高 EBITDA 贡献的企业，有效强化盈利能力与现金流稳定性，为长远发展奠定了坚实的财务基石。ADQ 在财务稳健性上秉持审慎原则，实施适度杠杆的债务管理策略，确保财务结构稳固且风险可控。流动性管理上，其控股公司层面保有充足的循环信贷额度，足以覆盖年度利息及债务偿付，尤在全球经济不确定性加剧之际，此举对抵御外部冲击、保障业务连续运营至关重要。

尽管 ADQ 内部治理架构分工明确、信用水平较高，但与大多数中东主权基金相似，中东地区的政治制度和社会环境对主权财富基金的透明度提出了挑战。ADQ 在 2022 年 Linaburg-Maduell 透明度指数中仅获 5 分（满分 10 分），这主要归因于其审计报告、年报及资产配置信息的非公开性。在 Global SWF 的 GSR 记分卡评估中，ADQ 2023 年得分为 56%，略低于全球平均的 63%，但较 2022 年显著提升 24%，这主要归功于其首份可持续发展报告的发布，彰显其在可持续发展领域的强劲实力与提升透明度的决心。

作为阿联酋最年轻的主权财富基金，ADQ 在数年间迅速崛起为全球主权财富基金的新锐，成为阿联酋尤其是阿布扎比经济多元化战略的主要执行者。ADQ 深耕国内核心产业，显著促进了非石油 GDP 的快速增长。作为阿布扎比的关键财政工具，ADQ 不仅致力于增强国际竞争力，更遵循 ESG 原则专注于实现长远、可持续的价值创造与增长。未来，ADQ 有望依托雄厚资源储备与前瞻性投资布局，在持续驱动创新、促进经济多元化中发挥更为积极和创新的作用。

第三章

"民富论"：中东家族企业

中东社会财富高度集中，据估算中东经济体量的75%由约5 000个家族控制（包括王室家族和商业家族）。家族企业在中东经济中扮演举足轻重的重要作用。据统计，中东家族企业占全部企业数量的90%，雇用了80%的劳动人口，贡献了60%的GDP。海湾国家的非石油行业及民营经济主要依赖于数千家规模较大的家族企业。

从历史上看，阿拉伯人更倾向于在家族企业中工作。相比于欧美，中东家族企业拥有更牢固的家庭纽带。中东家族企业深植于独特的文化传统和社会制度之中，其发展历程和经营模式为全球企业提供了独特的案例样本。本章将深入探讨中东六家具有代表性的家族企业，揭示它们成功背后的故事和经营之道，以及在当今经济环境中所展现出的活力和韧性。

奥拉扬家族依沙特阿拉伯国家石油公司（简称"沙特阿美"）而兴，以其独到的投资洞察力和广泛的国际影响力享誉世界。作为当今沙特经济社会转型的代表性企业，奥拉扬集团成为助推"2030愿景"的重要力量。

阿拉巴尔家族是阿联酋白手起家企业家的典型代表，标志性杰作包括全球最高建筑——哈利法塔。通过多元化产业生态的建立，阿拉巴尔家族展示了阿拉伯世界在全球化时代的活力和开放性。

埃及首富萨维里斯家族成功突破了"富不过三代"魔咒，传承已过百年。第二代继承了家族企业精神，并设立了各自的家族办公室或投资公司，活跃于金融服务、房地产开发、科技创新等多个行业领域。

巴林首富卡诺家族成功化解了"二战"、海湾战争和石油危机等重大挑战，凭借着敏锐的商业洞察力和全球化视野，在危机时期多次取得了重要突破。

沙特阿吉兰兄弟集团已成为沙特在华规模最大的民营企业，起初主要从事服装业务，后来成功找到了企业"第二增长曲线"和独特市场定位。

沙特达兰卡地产是六位创始人合作成立的房地产上市公司，如今已成为沙特市值最高的地产集团，涵盖地产、金融、科技等多个领域，五大家族长期合作的秘诀在于创立联合家族办公室，统一处理家族事务。

第一节
中东家族企业概览

尽管各国王室家族掌控大量石油财富，但中东的家族企业依旧不断发展壮大。中东家族企业往往历史悠久，与政治、经济、文化等多个层面紧密相连。这些商业领域的领军人物，往往也具有重要的政治影响力。

由于中东国家石油之外的产业基础较为薄弱，大多数家族企业往往是从大型跨国公司的经销商、代理商起步，首先专注于传统行业，随后逐渐拓展服务行业发展起来的。近年来，随着全球化趋势的不断加强，中东家族企业积极关注新经济和可持续发展等领域。然而，中东家族企业发展面临多重挑战：既要维护传统文化，又要适应全球化市场经济；需在阿拉伯传统价值观与现代世界商业文化之间求平衡；还需应对更严格的ESG挑战，推动技术转型升级。同时，人才受限、技术变革及管理现代化等问题也阻碍了进一步发展。

2018年以来，海湾国家出台了多项政策措施，旨在推动家族企业的发展。例如，阿联酋发布的Thabat倡议，旨在促进家族企业的可持续发展，鼓励企业尝试先进的知识驱动型产业，如人工智能、生物技术等，并支持家族企业转化为大公司。根据普华永道（PWC）发布的《2019—2022年中东家族企业调查报告》，93%的家族企业参与社会责任活动，预计74%的企业将在未来两年内实现大幅度增长。家族企业进一步为中东多元化转型和可持续发展做出贡献。

一、榜单上的中东家族企业

中东大多数领军家族企业起初是作为国际公司的经销商、代理商或分销商起步，最成功的企业通常通过扩张更多的服务和行业来发展。然而，2018年以来越来越多的家族企业似乎更希望通过上市实现增长。根据福布斯2023年"阿拉伯家族企业百强榜单"，超过60%公司的大股东是在该地区证券交易所上市的。上市不仅带来了新的资金来源，还使家族成员得以实现价值释放，同时提高了公司的透明度和治理水平（见表3-1）。

从家族企业领导层的性别构成来看，根据福布斯2023年"阿拉伯家族企业百强"榜单，尽管大多数中东家族企业现在都有女性董事会成员，但几乎所有的掌门人仍然是男性。榜单中只有4家企业的领导层中有女性，6家企业的历史可追溯到19世纪。受文化和宗教的影响，女性在中东地区长期被排斥在劳动力市场之外。尽管近年来情况有所改善，但与世界其他地区相比，中东女性在争取赋权方面仍然面临漫长而艰巨的考验。

表 3-1　福布斯 2023 年"阿拉伯家族企业百强"前 10 名

排名	企业名称	国别	实际控制人	成立时间	简介
1	曼苏尔集团（Mansour Group）	埃及	穆罕默德·曼苏尔	1952年	历经三代人不懈努力，已由一家棉花出口商成长为综合性企业集团，横跨汽车、投资及食品等多个行业
2	福泰姆集团（Al-Futtaim Group）	阿联酋	阿卜杜拉·阿尔·富泰姆	1930年	横跨汽车、金融、房地产、零售及医疗保健等多个行业，覆盖20个国家，拥有200多个知名品牌，3.3万名员工。持股东方保险100%，阿联酋投资银行83.3%以及迪拜商业银行26.3%
3	奥拉扬金融公司（Olayan Financing Company）	沙特	卢布纳·奥拉扬	1947年	凭借丰富的工业、商业及投资资源，成功构筑多元化企业。在瓦杜兹、伦敦、纽约、雅典、卢森堡、新加坡和利雅得等地设立有办事处
4	古埃尔投资（Al Ghurair Investment）	阿联酋	阿卜杜勒·阿齐兹·阿卜杜拉·古赖尔	1960年	以贸易起家，崛起成为阿联酋工业支柱之一。在50个国家有多元化投资组合，横跨食品与资源、建筑、能源及风险投资等多个行业，约2.8万名员工
5	马吉德·福泰姆集团（Majid Al Futtaim Holding）	阿联酋	艾哈迈德·加拉尔·伊斯梅尔	1992年	涵盖中东、非洲和中亚，横跨零售、娱乐、房地产、餐饮及生活方式等行业，将家乐福引入中东，独家拥有家乐福30个国家的经营权，在5个国家运营458家家乐福超市、29家购物中心及13家酒店

续表

排名	企业名称	国别	实际控制人	成立时间	简介
6	阿卜杜勒·拉蒂夫·贾米尔集团（Abdul Latif Jameel Group）	沙特	穆罕默德·阿卜杜勒·拉蒂夫·贾米尔	1945年	横跨交通、能源、金融与健康等多个行业，在六大洲34个国家开展业务，超过1.1万名员工
7	阿尔玛海迪集团（Al Muhaidib Group）	沙特	苏莱曼·阿尔·穆海迪布	1943年	起源于一家食品店，持有萨沃拉集团股份，拓展至25个国家，横跨餐饮、工业与基础设施、房地产以及金融投资等多个行业
8	SEDCO集团（SEDCO Holding）	沙特	萨利赫·萨利姆·本·马哈福兹	1976年	横跨资产管理、教育、医疗、酒店、房地产等行业，在全球拥有超过3 500名员工
9	古埃尔集团（Al Ghurair Group）	阿联酋	阿卜杜勒·阿齐兹·阿卜拉·古莱尔	1960年	横跨房地产、制造业和金融行业。Al Ghurair钢铁公司是中东和北非地区热镀锌钢的主要生产商之一，持有Mashreq银行、阿联酋国家水泥公司等股份
10	费萨尔控股公司（Al Faisal Holding）	卡塔尔	费萨尔·本·卡西姆·阿勒萨尼	1964年	从汽车零配件贸易小公司起步，发展为50多家公司、横跨8个行业的庞大集团，在中东、非洲、欧洲和北美管理35家酒店和项目

从国别上来看，这些百强家族企业主要集中在沙特（33家）、阿联酋（29家）、埃及（9家）和卡塔尔（8家）。榜单上超过60%是在中东地区证券交易所上市公司的大股东。中东规模最大的家族企业中有40%是由沙特人创立的。根据沙特家族治理论坛数据，沙特总计约有63.8万个家族企业，占该国企业总数的六成以上。

随着企业掌门人进入第二代或第三代，许多中东家族企业开始引入了公司治理机制，建立了较为清晰的组织结构，并聘请了职业经理人。一些公司设立了彼此独立的双层董事会——家族董事会和公司董事会。不但公司董事会中有非家族成员，大多数高管团队中也包括非家族成员。尽管许多企业仍专注于传统业务，但正在向包括科技领域在内的新业务转型。

除了上述商业家族的财富分布，中东各国财富也大量掌握在王室家族手中，但王室家族的财富状况历来较为低调，通常不在公众视野之内，《福布斯》等传统富豪榜亦排除了王室家族。不过，近年来由于王室家族对外投资较为活跃，日益受到国际财经领域广泛的关注。据彭博2023年度全球家族财富排行榜，前10名中有3家中东王室：阿联酋阿布扎比酋长阿勒纳哈扬（Al Nahyan）家族以3 050亿美元登顶全球首富家族；卡塔尔王室阿勒萨尼（Al Thani）家族以1 330亿美元位列第五；沙特王室苏欧德（Al Saud）家族以1 120亿美元位列第七。

阿布扎比酋长阿勒纳哈扬家族凭借敏锐的商业洞察力，积极进军非石油产业，成立投资公司International Holding Co.（IHC），其业务版图横跨多个行业，包括房地产、餐饮、旅游、制造业和农业等，近年来还大举投资前沿科技领域。阿布扎比拥有庞大的石油储量，在全球范围内排名第五，部分王室家族财富与国家资产交织。皇家集团（Royal Group）是阿勒纳哈扬家族的投资旗舰，控股市值高达2 400亿美元的IHC。阿勒纳哈扬家族在中东拥有悠久的领导历史，可以回溯至18世纪。

巴尼亚斯部落酋长迪亚布·本·伊萨是当今阿勒纳哈扬家族的祖先，带领本部落从阿哈弗拉迁移至这个新岛定居。此后200多年间，在阿勒纳哈扬家族历任酋长的统治下，阿布扎比逐渐强大起来，但这个海湾地区小小的酋长国，并未引起外界太多的关注。1966年在英国的大力支持下，谢赫·扎耶德·本·苏丹·阿勒纳哈扬（简称"扎耶德"）发动一场和平政变，随后担任阿布扎比酋长一职，开启了新的政治篇章。

扎耶德不仅是阿联酋的开国总统，其家族成员亦在政府和私营部门中担任着举足轻重的职务。在第二代家族成员中，谢赫·哈利法·本·扎耶德·阿勒纳哈扬（简称"哈利法"）担任了阿布扎比第二任酋长和阿联酋总统。2022年他离世后，弟弟谢赫·穆罕默德·本·扎耶德·阿勒纳哈扬（MBZ）接过了总统的重任，继续引领国家前行。此外，其他同父异母的兄弟也分别担任副总理、外交部部长、内政部部长、法院院长等国家要职，共同构成了阿布扎比政治力量的核心（见图3-1）。

阿勒萨尼家族作为卡塔尔王室，其成员广泛活跃在卡塔尔的经济、文化和社会生活等各领域。阿勒萨尼家族通过其旗下的卡塔尔王室私人投资集团的投资基金——Mayhoola for Investments SPC进行大规模收购与投资活动，收购了大量知名国际品牌的股份。

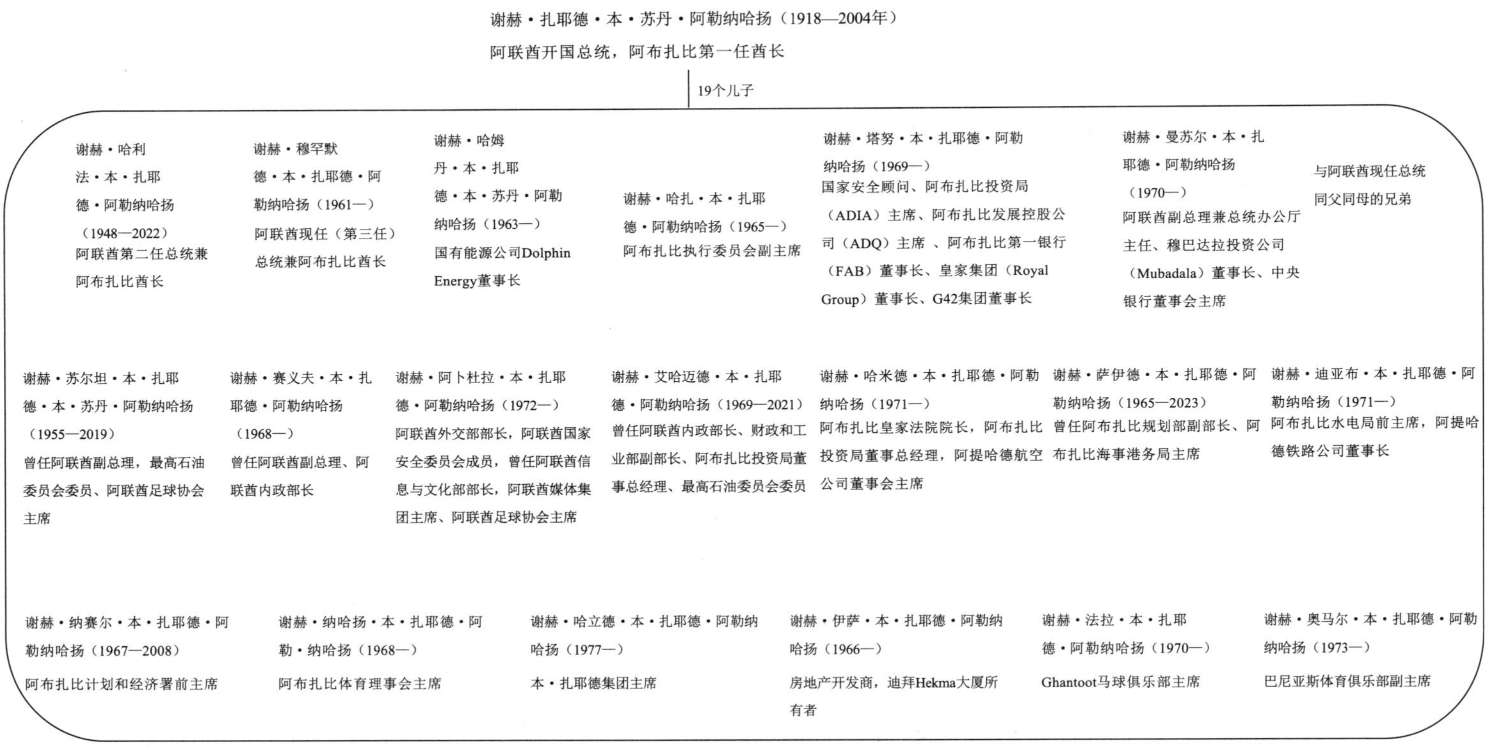

第三章 "民富论"：中东家族企业

谢赫·扎耶德·本·苏丹·阿勒纳哈扬（1918—2004年）
阿联酋开国总统，阿布扎比第一任酋长

19个儿子

谢赫·哈利法·本·扎耶德·阿勒纳哈扬（1948—2022）
阿联酋第二任总统兼阿布扎比第二任酋长

谢赫·穆罕默德·本·扎耶德·阿勒纳哈扬（1961—）
阿联酋现任（第三任）总统兼阿布扎比第三任酋长

谢赫·丹·本·扎耶德·本·苏丹·阿勒纳哈扬（1963—）
国有能源公司Dolphin Energy董事长

谢赫·哈姆丹·本·扎耶德·阿勒纳哈扬（1965—）
阿布扎比执行委员会副主席

谢赫·哈扎·本·扎耶德·阿勒纳哈扬（1965—）
阿布扎比执行委员会副主席

谢赫·塔努·本·扎耶德·阿勒纳哈扬（1969—）
国家安全顾问，阿布扎比投资局（ADIA）主席，阿布扎比发展控股公司（ADQ）主席，阿布扎比第一银行（FAB）董事长，皇家集团（Royal Group）董事长，G42集团董事会主席

谢赫·曼苏尔·本·扎耶德·阿勒纳哈扬（1970—）
阿联酋副总理兼总统办公厅主任，穆巴达拉投资公司（Mubadala）董事长，中央银行董事会主席

与阿联酋现任总统同父同母的兄弟

谢赫·苏尔坦·本·扎耶德·本·苏丹·阿勒纳哈扬（1955—2019）
曾任阿联酋副总理，阿联酋安全委员会成员，阿联酋内政部长，最高石油委员会委员，阿联酋足球协会主席

谢赫·赛义夫·本·扎耶德·阿勒纳哈扬（1968—）
曾任阿联酋副总理，阿联酋安全委员会成员，阿联酋内政部长，阿联酋信息与文化部部长，阿联酋媒体集团主席

谢赫·阿卜杜拉·本·扎耶德·阿勒纳哈扬（1972—）
阿联酋外交部部长

谢赫·艾哈迈德·本·扎耶德·阿勒纳哈扬（1969—2021）
曾任阿联酋内政部长，阿布扎比投资局副总经理、最高石油事务委员会委员

谢赫·哈米德·本·扎耶德·阿勒纳哈扬（1971—）
阿布扎比皇家法院院长，阿布扎比投资局局长，曾任阿提哈德航空公司董事会主席

谢赫·阿勒德·萨伊德·阿勒纳哈扬（1965—2023）
阿布扎比规划部部长，阿布扎比海事务局局长

谢赫·迪亚布·本·扎耶德·阿勒纳哈扬（1971—）
阿布扎比水电局局长，阿提哈德铁路公司董事长

谢赫·纳赛尔·本·扎耶德·阿勒纳哈扬（1967—2008）
阿布扎比计划和经济署前主席

谢赫·纳哈扬·本·扎耶德·阿勒纳哈扬（1968—）
阿布扎比体育理事会主席

谢赫·哈立德·本·扎耶德·阿勒纳哈扬（1977—）
本·扎耶德集团主席

谢赫·伊萨·本·扎耶德·阿勒纳哈扬（1966—）
房地产开发商，迪拜Hekma大厦所有者

谢赫·法拉·本·扎耶德·阿勒纳哈扬（1970—）
Ghantoot马球俱乐部副主席

谢赫·奥马尔·本·扎耶德·阿勒纳哈扬（1973—）
巴基亚斯体育俱乐部主席

图3-1 阿勒纳哈扬家族

· 109 ·

早在1848年至1868年，阿勒萨尼家族便带领卡塔尔人民抵抗奥斯曼帝国等国家的外部入侵。家族首领穆罕默德·本·阿勒萨尼与英国上校佩利进行了深入协商，就阿勒萨尼家族在卡塔尔半岛内的特殊地位达成了共识，这一历史事件为后来卡塔尔的独立奠定了基础。20世纪40年代，卡塔尔石油资源的发现和随后的大型海上气田开采带来了丰厚的财富。1971年，卡塔尔从巴林独立出来，而阿勒萨尼家族的世袭继承权也在这一过程中得到了巩固。20世纪40年代，石油资源的发现以及随后的大型海上气田开采带来了丰厚财富。

1995年，哈马德·本·哈利法·阿勒萨尼通过政变成为卡塔尔埃米尔后，采取了扩大基础设施建设、加速液化天然气（LNG）生产、改革医疗和教育系统等前瞻性的政策，显著提高了卡塔尔的现代化水平和人民生活质量，使卡塔尔逐渐转变为一个主要依靠石油和天然气收入的富裕国家。现任卡塔尔领导人谢赫·塔米姆·本·哈马德·阿勒萨尼领导卡塔尔成功举办了2022年世界杯，斥资3 000亿美元兴建公共交通、餐厅酒店、公共艺术项目等，展示了繁荣的国家经济和开放包容的文化氛围，提升了卡塔尔的国际形象，也在赛后成为本国文旅、贸易、金融等行业快速发展的坚固基石。

沙特家族企业在中东颇具代表性。沙特依靠"食利经济"构建起高福利社会[1]，通过掌握在国家手中的石油财富，与民众形成了一种以公共服务福利体系换取政治稳定的契约。长期以来，沙特社会保障支出占国家财政支出的40%。沙特知名商业家族的历史最早可以追溯至17世纪，常与王室、政府等密切相关，财富创造大致可分为几类模式：

（1）沙特自伊本·苏欧德时代起便依赖一些最古老商业家族提供财力支持，如吉达的Zahids、Alirezas、Al-Rajhis、Al-Rashids家族，中部省份的Umrans家族，以及东部省份的Algosaibis、Al-Turkis和Tamimis家族，这些老牌商业家族受益于与王室的良好关系，获得了特定商品的特许经营权。

（2）20世纪四五十年代以来，与阿卜杜勒阿齐兹国王和王室关系密切的商业家族获取了关键行业的代理资格和大宗建筑合同，如Abunayyans、Al-Esayis、Bin Laden、Bin Mahfouzs家族等，主要集中在贸易、银行、建筑等行业。

（3）沙特东部油田所在地的家族，通过与沙特阿美的紧密关系，为其提供

---

[1] "食利国家"最早由侯赛因·马赫达维（Hossein Mahdavy）提出，指国家通过租金赚取收入；贝卜拉维和卢西亚尼在《食利国家》一书中进一步将食利经济定义为"一种实质上由国家支出支撑的经济，而国家本身则由从国外积累的租金支撑"。有学者认为，食利国家两个最主要的特征是：收入主要源自于石油或其他外部资源（超过40%），GDP的大部分用于支出。

上下游服务，如奥拉扬（Olayans）家族。

（4）作为王室私人顾问的商业家族，如 Al-Sulaimans、Khashoggis 和 Ons 家族等。

在通过实业企业创造财富后，部分中东家族通过成立家族办公室（简称"家办"）来管理财富。据统计，中东 75% 的家办 CEO 为家族成员，其家办运营方式仍较为传统，与经营企业的方式大致相同；而全球大多数家办 CEO 为外部聘用。2017 年以来，中东家办的职业化程度有所提高，部分家办 CIO 等关键岗位为曾就职于国际一线投资机构的外籍雇员。据统计，67% 的中东家办计划在国际市场加大投资。有人估计沙特目前约有 20 个家办，大多数为第一代创办的单一家办（SFO）。

二、贝都因文化与中东家族企业

阿拉伯半岛传统上以游牧经济为主，而贝都因人是该地区的重要族群。中东家族企业与贝都因文化紧密相连。贝都因人以血缘为纽带、氏族部落为基本组织单位，低下的生产力和游牧经济的特点使得贝都因人对部落怀有强烈的族亲意识，对建立在血缘上的氏族、部落有着强烈的认同感和归属感。每个贝都因人不能脱离以血缘关系为基础的部落而独立存在，氏族部落既是他们维持生计的依靠，又能在部落混战中给他们提供保障。这种认同感已经深植于贝都因人的社会意识形态里，对中东商业和经济活动产生了深远影响，塑造了家族企业的形成和发展。这些企业通常由同一家族的几代人传承，家族成员共同经营。部落为家族企业提供了支持和资源，使其能够借助部落社会的互助和合作传统，在市场竞争中获得优势。

家族企业与贝都因文化之间的联系不仅体现在企业组织形式和经营方式上，也体现在与家族、部落社会的关系和互动中。根据普华永道（PWC）调查，大多数中东家族企业认为，客户、员工和家族成员的信任对于其成功至关重要。中东 80% 的家族企业受访者表示，他们拥有明确的价值观。

中东家族企业凭借家族传统和社群关系，构建了稳固的商业基础，从传统产业向制造业、服务业等多元化领域拓展，注重家族价值观传承，灵活应对市场变化，展现出强大的适应力和创新力。家族企业在政治领域也发挥重要作用，积极投身社会事务，通过政商互动促进地区发展。面向未来，中东家族企业需引进现代管理制度和技术手段，提升管理水平和创新能力，以应对挑战、把握机遇。

第二节

奥拉扬家族：起家于沙特阿美的商业传奇

在阿拉伯半岛的广袤土地上，奥拉扬（Olayan）家族以白手兴家的励志传奇和女性接班人传承而闻名，连续多年在福布斯阿拉伯最富有家族排行前五。奥拉扬集团创始人苏莱曼·萨利赫·奥拉扬（简称"G1苏莱曼"，见图3-2）出身寒门，作为小镇孤儿通过不懈努力成为商业巨擘。G1苏莱曼曾是沙特国家石油公司（简称"沙特阿美"）第40号员工，凭借非凡的商业胆识，毅然抵押新购房产创立公司。

经过两代人的励精图治，奥拉扬已跻身中东最大多元化企业集团之列。这一创业故事之所以引人入胜，恰因其植根于财富与王权交织的国度——沙特阿拉伯，但自身并无丝毫王室背景，正如G1苏莱曼曾经对《金融时报》所言："我靠自己和作为一个平民成功了。"

图3-2 G1苏莱曼

一、"第一桶金"：沙特阿美石油管道项目

G1苏莱曼是沙特石油繁荣时期的代表性人物，1918年出生在沙特卡西姆省阿尼扎镇，父亲萨利赫在圣城麦地那从事香料贸易。他的成长之路充满坎坷，出生几个月后母亲便离世，4岁时父亲不幸去世，作为孤儿由祖母抚养长大。

G1 苏莱曼出生这年，奥斯曼帝国在土耳其签订了《蒙德罗斯停战协定》，标志着其在阿拉伯半岛统治的结束，而彼时沙特处于奥斯曼统治瓦解后的真空期，阿拉伯半岛的经济依赖区域内贸易，现代化进程尚未开始。

20 世纪 30 年代巴林发现石油后，多个海湾国家相继发现石油，使其从传统的农业型和贸易型经济迅速转型为石油型经济，对中东和世界格局产生了深远影响。

1925 年，G1 苏莱曼的哥哥哈马德结婚后移居巴林，带上了年幼的弟弟。G1 苏莱曼进入当地一所美国学校就读，并学会了英语。迫于家庭经济压力，17 岁的他不得不辍学，早早踏入社会。1936 年，他 18 岁时在巴林石油公司（BAPCO）担任石油测量监督员。

当时正值波斯湾沿岸石油时代的曙光初现。1932 年第一口商业油井在阿瓦利油田成功钻探，巴林开始享受石油红利，石油占出口收入 60% 以上。然而，巴林只能算作小规模石油产区，与其隔海相望的大国沙特也在这一时期成为石油生产国。达曼第七号井首次成功出油标志着沙特石油工业的开始。1933 年，沙特与美国加州标准石油公司签订石油开采协议，成立沙特阿美——后成为世界最大石油公司。

G1 苏莱曼在巴林工作一年后移居沙特，加入沙特阿美成为第 40 号员工。他后来常说，沙特阿美就是他的"大学"。20 世纪 40 年代初，G1 苏莱曼结婚。不久后，长子 G2 哈立德出生。G1 苏莱曼其后十年间育有三个女儿：G2 胡萨姆、G2 海雅特和 G2 卢布娜。最小的女儿，出生于 1955 年。

G1 苏莱曼从沙特阿美的运输调度员起步，接下来九年间负责管理仓库。沙特阿美的发展与扩张，尤其是技术和管理等方面高度依赖于欧美，很早就与美国埃克森美孚、荷兰壳牌和法国道达尔等石油巨头开展合作。G1 苏莱曼精通英语，这一优势使他经常参与翻译工作，协助这些国际企业与沙特政府进行沟通。自身的勤奋努力和在社会网络中所占据的"结构洞"位置使他获得快速晋升，1947 年进入沙特阿美政府关系部。同年，沙特开国国王阿卜杜勒·阿齐兹历史性地访问达曼并考察石油设施（见图 3-3），G1 苏莱曼担任国王的翻译，从而迅速提升了知名度，为后来的商业版图提供了关键的行业经验和社会资源。

沙特经济面貌因石油发生了根本性转变。石油迅速成为经济的主要支柱，极大地推动了国家的现代化进程。1945 年，阿齐兹国王与时任美国总统罗斯福在埃及"昆西"号军舰上进行了历史性会晤，建立了美沙"石油换安全"的战略关系。与此同时，"二战"结束后全球经济逐步复苏，石油需求日益增加。沙特政府利用石油收入开始进行现代化尝试，主要集中在基础设施的大规模建设。

图 3-3　阿卜杜勒·阿齐兹国王访问达曼

1947 年，沙特阿美提出了规模宏大的"跨阿拉伯输油管道（Tapline）"项目。这条管道穿越沙特、伊拉克和叙利亚，旨在将沙特东部省份的油井与黎巴嫩地中海港口相连，从而运输至欧洲和全球。作为当时世界最长的石油管道系统（1 648 公里），管道建设工程的后勤保障工作极其庞大和复杂，超过 30 万吨钢管全部依赖轮船运输，不但要进行相应的道路建设，还要修建 6 座泵站。

G1 苏莱曼敏锐捕捉到这一前所未有的商业机遇，1947 年假期结束后当机立断，毅然决定抵押新购房产申请贷款，创立通用承包公司（General Contracting Company）并购入数辆卡车，与沙特阿美签订合同并承揽部分项目，为这一世纪工程提供了关键的卡车运输和物资供应服务。

1950 年，G1 苏莱曼的车队已经拥有 150 辆卡车。1951 年是"跨阿拉伯输油管道"全面投入运营的第一年，沙特阿美原油产量提高到 2.78 亿桶，其中超过 1/3 的原油通过这一管道输送（见图 3-4）。这一超大工程带来了大量合同，他与沙特阿美保持着长期商业合作。这一时期的沙特处在一个"遍地是黄金"的时期，王国的统一、阿美的出现和石油出口的快速发展为沙特年轻人提供了大量新机会，创造了属于那一代沙特人的奇迹。正如 G1 苏莱曼所说："我是个乐观主义者，骨子里就是个企业家，我相信每一次挑战都蕴含着机遇。"

图 3-4 "跨阿拉伯输油管道"项目

二、代理国际品牌，将可口可乐、汉堡王引入中东

"跨阿拉伯输油管道"为 G1 苏莱曼的商业帝国构筑了坚实基础。他以此为契机，在 20 世纪 50 年代不断扩张企业的边界，全面参与国家基础设施建设，包括首家公用事业公司——国家天然气公司（见图 3-5）、首家发电公司——沙特电力公司、沙特最早的电力设施以及首家液化石油气营销公司的创建，将业务扩展到科威特、阿曼等其他海湾国家，在石油装备、运输、贸易等领域发挥重要影响力。

图 3-5 沙特国家天然气公司

阿拉伯的社会结构历史上以家族和部落为单位，商业活动深受人脉关系和社会网络的影响。在这种文化背景下，信任成为商业交易和合作的基石。在阿拉伯，"wasta"指的是通过广泛的人际网络来获取帮助、资源和机会，这一概念类似于中国文化中的"关系"，在社会经济生活中发挥着举足轻重的作用。"wasta"作为一种独特的社会现象，一方面促进了家族成员与外部世界之间构建起错综复杂且根深蒂固的关系网络，获得资源分配与机会；另一方面，"wasta"能够有效弥补正式治理结构的不足，作为一种非正式机制能够促进信息流通、资源配置以及决策灵活性。

G1 苏莱曼早年在沙特阿美的政府关系部工作时便与欧美有着广泛交集。此外，他的第二任妻子是美国籍，尽管其身份在文献中鲜有记载。毫无疑问，G1 苏莱曼与欧美之间的紧密联系成为其国际化的重要因素。20 世纪 60 年代，奥拉扬涉足国际代理业务，获得诸多海外知名品牌在沙特的独家经销权，包括可口可乐、汉堡王、高露洁、金佰利等，并于 1977 年将旗下多家企业整合为奥拉扬集团（见表 3-2）。

表 3-2　奥拉扬代理的国际知名品牌（部分）

公司（品牌）	行　业	所属国家	代理起始时间
金佰利（Kimberly-Clark）	卫生护理	美国	1955 年
康明斯（Cummins Engine）	工业	美国	1956 年
肯沃斯（Kenworth）	工业	美国	1956 年
阿特拉斯·科普柯（Atlas Copco）	工业	瑞典	1956 年
皮尔斯伯里（Pillsbury）	食品饮料	美国	20 世纪 60 年代
亨特韦森（Hunt Wesson）	食品饮料	美国	20 世纪 60 年代
施乐（Xerox）	数字印刷	美国	1986 年
可口可乐（Coca-Cola）	食品饮料	美国	1988 年
汉堡王（Burger King）	食品饮料	美国	20 世纪 90 年代
高露洁棕榄（Colgate-Palmolive）	消费品	美国	20 世纪 90 年代
卡夫食品（Kraft Foods）	食品饮料	美国	2002 年
百特（Baxter）	医疗保健	美国	2009 年

奥拉扬 1955 年即与美国知名品牌金佰利（Kimberly-Clark）合作，将传统代理业务拓展至合资办厂模式。20 世纪 60 年代在沙特创办首家纸巾工厂，之后 30 多年间出口至整个海湾阿拉伯地区，占有该地区 30% 的市场份额。

奥拉扬代理品牌早期以食品居多：如作为汉堡王中东北非最大的特许经营商，开设 400 多家分店；再如获得可口可乐在沙特的特许经营权，开设多家瓶装厂，使其在海合会国家实现市场扩张。这得益于奥拉扬覆盖沙特的 30 个分销渠道和 1 400 名员工，还通过体育赛事、青年活动、社区服务等，将可口可乐的"青年计划"成功引入沙特。1999 年，可口可乐在沙特碳酸饮料的市场份额高达近 40%。

从某种意义上看，奥拉扬的发家史离不开 G1 苏莱曼作为"wasta"的角色以及与沙特阿美的深厚关系。当地有影响力的家族往往利用社会网络为国际企业进行代理贸易。根据福布斯 2020 年统计，中东前 100 大家族企业中有高达 80% 是国际品牌的经销商或代理商。

三、沙特投资者：持有大量欧美资产

奥拉扬集团自 20 世纪 60 年代起就开始积极布局全球化，持有大量海外股票、私募股权和房地产投资组合。自 1959 年在黎巴嫩首都贝鲁特设立首个海外办事处开始，逐步将办公室扩展至纽约、伦敦、雅典、瓦杜兹、维也纳和新加坡。

G1 苏莱曼 1998 年在接受《金融时报》采访时坦言，从实业家到金融家之路源自"融资需求驱动"：因承包公司依赖美国进口，而沙特银行不提供此类信贷，加之美国银行不接纳沙特资产为抵押，因此他转而投资美国蓝筹股作为国际融资的优质抵押品——此举不仅解决了融资难题，更引领奥拉扬集团跻身国际资本市场。

伴随 20 世纪 70 年代石油价格的飞涨，沙特经济迎来快速增长的黄金时期。根据世界银行数据，七八十年代沙特 GDP 从 53.77 亿美元增长到 1 645.42 亿美元。金融服务需求不断增加，沙特银行业迎来大发展。1952 年，沙特货币局（SAMA）的成立标志着沙特中央银行体系的建立，专责货币发行、银行监管和汇率管理。20 世纪 70 年代后，沙特货币局的职能得到强化，成为强大的中央银行，领导沙特建立起一个规范的金融市场。

在费萨尔国王的全力支持下，沙特国内成立了一系列大型机构，包括沙特工业发展基金（SIDF）、房地产开发基金（REDF）、农业发展基金（ADF）和社会发展银行（SDB）等。那时不仅本土银行如雨后春笋般涌现，外国银行也纷纷在沙特开设分行，沙特金融业迎来了快速发展的繁荣期，在海合会国家拥有最大的资产规模和最强的盈利能力。

在这一时代背景下，奥拉扬集团也开启了其在金融行业的布局。此时，G1 苏莱曼创业已逾 30 年，子女均已完成学业。1983 年，最小的女儿 G2 卢布娜从美国学成归来后旋即加入家族企业。她先后获得康奈尔大学学士和印第安纳大学硕士学位，并在康奈尔大学结识了丈夫——后来成为一家律所合伙人的约翰·E.谢弗斯（美籍）。她在纽约摩根大通银行担任分析师，积累了金融业经验。此时G1苏莱曼还担任沙特工商联合总会主席（1984—1987年）。G2卢布娜则凭借金融知识和国际视野，采取多种策略带领家族企业涉足金融业，三年后被任命为奥拉扬金融公司CEO。

在G2卢布娜的带领下，集团先后购入多家国际知名银行股份，包括大通曼哈顿银行、瑞士信贷、沙特英国银行、芝加哥第一国民银行、第一波士顿银行等（见表3-3），这些投资使奥拉扬集团不仅加强了全球资本市场布局，还获得了先进的欧美管理经验和广泛的人脉网络。G2卢布娜自2014年起担任阿拉瓦尔银行董事会副主席，不久后成为沙特英国银行（汇丰集团1978年在沙特设立）董事长。2019年，在沙特政府和奥拉扬集团的共同推动下，沙特英国银行和阿拉瓦尔银行合并；2023年，更名为沙特阿拉瓦尔银行（沙特第四大银行），G2卢布娜担任董事会主席。

表3-3　奥拉扬家族的部分银行持股

国　家	公 司 名 称	持 股 比 例	前述持股时点
美国	芝加哥第一国民银行	6.8%	1987年
美国	第一波士顿银行	18.25%	1989年
美国	大通曼哈顿银行	5.3%	1991年
沙特	沙特法国银行	4.9%	2019年
沙特	沙特英国银行	16.95%	2022年
瑞士	瑞士信贷	4.93%	2023年
沙特	沙特阿拉瓦尔银行	20.38%	2023年

20世纪八九十年代，奥拉扬集团进一步加大全球投资布局，收购了西方石油公司、泛美集团、英国国家电网等股份，这些后来被视为"战略核心投资"，使集团在全球实业界也占据一席之地（见表3-4）。

表3-4　奥拉扬家族持股的部分企业

国　家	公 司 名 称	行　业	持股比例或投资金额（美元）	前述持股时点
美国	帝杰（DLJ）	金融	5%	1975年
新加坡	全美世界（Best World International）	零售	5.3%	1987年

续表

国　家	公司名称	行　业	持股比例或投资金额（美元）	前述持股时点
美国	泛美集团（Transamerica）	金融	5.3%	1987年
美国	西方石油公司（Occidental Petroleum）	能源	5%	1987年
美国	热电公司（Thermo Electron Corporation）	能源	5%	1987年
美国	摩根大通（JP Morgan）	金融	≥1%	1987年
英国	英国国家电网（National Grid）	能源	12%	1996年
美国	大都会人寿（MetLife）	保险	12.4%	2000年
美国	奥波佩（Obopay）	移动支付	2 000万美元	2008年
美国	VISA	移动支付	2.8%	2008年
美国	调度健康（Dispatch Health）	医疗	3.3亿美元	2022年
阿联酋	Pure Harvest 智能农场（Pure Harvest Smart Farms）	农业	1.8亿美元	2022年
英国	云支付（CloudPay）	金融科技	5 000万美元	2022年
阿联酋	莱夫物流（Lyve Logistics）	物流	5 000万美元	2022年
阿联酋	The Cloud	信息技术	1 000万美元	2022年
美国	Purpose Built Brands	制造业	48%（联合投资）	2022年
澳大利亚	诺为泰（Novotech）	医疗	48%（联合投资）	2022年

2010年，奥拉扬首次涉足房地产投资，之后大肆扩张。先是收购了伦敦骑士桥庄园，这个位于伦敦市中心的3.5英亩地产综合体，定位为高端和奢侈品零售。随后，在巴黎第八区收购了价值7亿美元的房地产投资组合，购买并翻新了纽约麦迪逊大道550号，投资3.15亿新元收购新加坡雪佛龙大厦。2015年，收购了西班牙马德里丽兹酒店50%股权；2023年，以2.61亿美元收购巴塞罗那文华东方酒店。进入美国市场后，奥拉扬与摩根地产合作，投资1.4万套多户住宅组合，收购了纽约市曾经的索尼美国公司总部大楼，成为该大厦的唯一业主。2024年，

收购了迪拜 ICD 开发的布鲁克菲尔德广场 24.5% 股份（见图 3-6）。

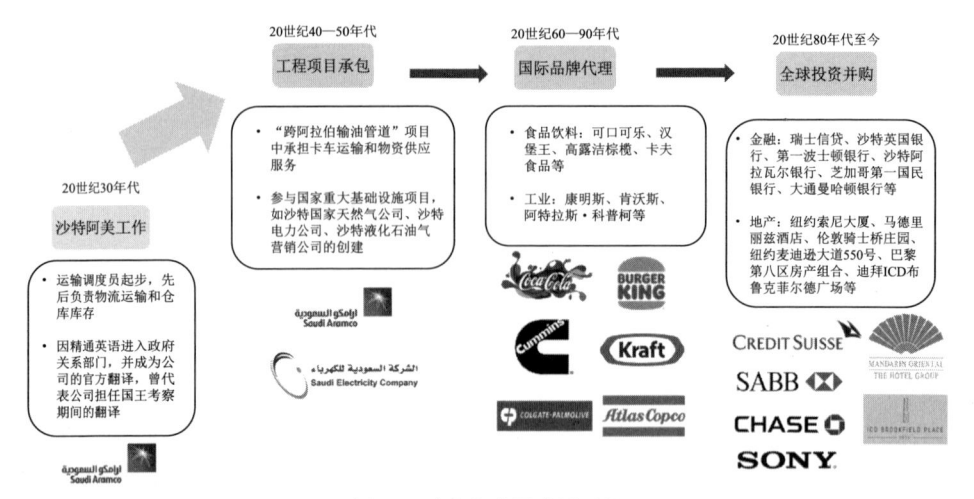

图 3-6 奥拉扬集团发展历程

四、阿拉伯家族企业：集体主义和家族角色

随着第二代在企业中发挥越来越重要的作用，奥拉扬家族的接班备受关注。中东尤其是海湾国家的集体主义和父权主义等文化传统对家族角色、继承过程、企业战略、人力资源和治理结构产生深远影响。这些因素塑造了当地家族企业较为独特的管理模式。

在传统的阿拉伯社会中，由于父权制在家族企业的文化嵌入，虽然家族的社会价值观、信仰和规范可以使更多的女性家族成员担任管理职位，但 CEO 仍然为男性所专属。女性在管理团队中的角色取决于她们的能力，还取决于男性家族成员的明确许可。在家族企业中，族长和子女之间的互动在家族和商业领域中同时发挥作用。

2002 年，G1 苏莱曼逝世。G1 苏莱曼的儿子哈立德接任集团董事长，他的职业生涯起步于沙特财政部，担任过多个重要职位。G1 苏莱曼通过生前遗嘱将财产平分给四个孩子。

奥拉扬当前代表人物 G2 卢布娜（见图 3-7）尤为出名，她多次被《福布斯》《时代》等评选为全球最具影响力的商界人物之一，多年入选《财富》杂志最具影响力女性榜单，担任世界经济论坛、WPP 集团的董事，以及花旗集团、罗尔斯·罗伊斯和香港交易所的顾问委员会成员。

第三章 "民富论"：中东家族企业

图 3-7 G2 卢布娜

G2 卢布娜的姐姐 G2 胡萨姆担任奥拉扬美国分公司 CEO，兼任 IBM、摩根士丹利董事，乔治城大学校董、斯坦福大学国际顾问委员会成员。在加入家族企业之前曾在黑石和摩根士丹利工作。

在沙特女性工作备受限制的社会背景下，奥拉扬姐妹以卓越的商业才能打破性别壁垒，取得了令人瞩目的成就。2001 年，G2 卢布娜首次尝试雇佣大量女性员工加入公司时，曾面临无前例可循的挑战。在沙特雇佣女性员工存在着诸多障碍，传统要求她们避免与非亲属男性接触。此外，由于当时女性不允许开车，只能雇佣司机或家人送去上班，高昂的交通成本成为在沙特工作女性的限制因素之一。G2 卢布娜在审慎尊重沙特根深蒂固的文化传统的同时，致力于引领沙特妇女进入她们此前从未担任过的岗位。2015 年，奥拉扬集团聘用了大约 400 名沙特女性——仅占奥拉扬集团在沙特的 12 000 名员工的 3%，但这在一个极度保守的、长久以来几乎把女性排斥在劳动人口之外的国家已经算是不小的进步。

在中东，通常家族系统和商业系统之间资源边界不明显，关系纽带是好是坏，取决于具体情况。如果家族员工能够胜任，那么这一纽带就会产生强大的影响力。可信赖的家庭成员组成的网络，使他们能够扮演好"商业管家"的角色。然而，当这一纽带纯粹基于家族血缘关系时，则会降低生产率。由于沙特家族企业主要集中在服务和零售等领域，这些领域往往与客户有很强的关联，从而增加了家族股东（或族长）的重要性，当股东不再积极参与企业管理时，间接构成了新的潜在挑战。

从奥拉扬家族二代的经历来看，他们都受过西方高等教育，也都在继承家族企业之前获得了良好的职业培训,这对家族在代际交接之后进一步保持家族财富增长起到了关键的作用。二代接班以来,奥拉扬集团拥有 3.5 万名员工和庞大的全球业务,奥拉扬家族被《福布斯》多次评为中东最富有的家族(见表 3-5)。

表 3-5 奥拉扬家族成员履历

成员	企业任职	企业外任职	涉入企业前履历
G1 苏莱曼（1918—2002）	创始人	美国美孚石油公司和瑞士信贷董事会成员	曾就职于巴林石油公司、沙特阿美石油公司
G2 哈立德（1945—）	董事会主席	Zamil 工业投资公司独立董事,沙特研究与媒体集团董事,沙特水泥公司董事,可口可乐装瓶公司董事长	曾就职于沙特财政部,毕业于门罗学院（学士）、美利坚大学（硕士）
G2 卢布娜（1955—）	奥拉扬投资公司 CEO 兼副董事长	斯伦贝谢独立董事、沙特英国银行（SABB）董事长,世界经济论坛、沙特荷兰银行、WPP 集团董事,罗尔斯罗伊斯、花旗集团和香港交易所顾问委员会成员,麻省理工学院、康奈尔大学、欧洲工商管理学院、阿卜杜拉国王科技大学校董,Alfanar 基金会主席。多次被《福布斯》《时代》评选为全球最具影响力人物之一,入选《财富》最具影响力女性榜单	曾就职于摩根大通,毕业于康奈尔大学（学士）和印第安纳大学（硕士）
G2 胡萨姆（1954—）	奥拉扬美国分公司 CEO	IBM、摩根士丹利、外交关系委员会董事,乔治城大学校董,斯坦福大学国际顾问委员会成员,被《福布斯》中东版"最具影响力的阿拉伯女企业家"之一	曾就职于黑石集团、摩根士丹利,毕业于贝鲁特美国大学并担任名誉董事
G2 海雅特（1953—）	奥拉扬投资公司副总裁	公开信息不详	公开信息不详

基于有限公开信息估算,截至 2023 年奥拉扬家族财富总额约 129 亿美元。另据 2015 年统计,G2 卢布娜管理 40 家控股公司和合资企业,以及价值超过 44 亿美元的沙特股票。鉴于沙特家族的普遍不透明性及未公开性,这些数值仅为参考。

互相信任的紧密纽带,形成拥有经济实力、人脉网络和共享文化的新精英群体。他们往往比政治精英更为现代和务实,力促与全球发达国家之间的交往。新精英群体往往受到统治阶层的重用,但也会在某些方面与统治者存在利益冲突。他们的发展和壮大,在阿联酋的现代化进程中发挥了重要作用。

以阿拉巴尔为代表的群体,更新了外界对中东富豪的刻板印象。在社会角色方面,新精英是注重社会资本的创业家。他们并非通过控制国家石油财富来实现盈利,而往往是具有全球视野、凭借个人努力实现成功的创一代企业家,或在既有家族事业基础上进一步创新开拓的二代接班人。

以阿拉巴尔为代表的创一代已到传承之年,他们尤为注重对二代的培养。二代在海外接受良好的高等教育后,往往更加注重创新与投资,从而使家族事业更开放、更多元。

在产业布局方面,新精英是多元产业的开拓者。他们的起家结合阿联酋的国家发展战略,以多元化产业(房地产、旅游、贸易、金融等)布局来实现的——这些产业构成了当今阿联酋经济的核心支柱。

二、时势造英雄

"当你在他的任何一座豪华庭院中见到他——车库中停放着法拉利,价值6 000万美元的庞巴迪环球6 000飞机随叫随到,手腕上戴着新款玫瑰金劳力士,很容易把他当作又一位拥有王室血统的后代,利用'镀金关系'在快速增长的阿联酋攫取新机遇。"这是英国媒体对阿拉巴尔的一段描述。

阿拉巴尔的出身并不显赫。他出生于1956年,作为家中长子和11个兄弟姐妹在古老的珍珠贸易中心——迪拜河附近一栋棕榈叶屋顶的房子里长大,家里常常停电。他的父亲是船长,母亲是家庭主妇。

阿拉巴尔靠自身努力改变了命运。他高中毕业后获得政府奖学金,在西雅图大学获得经济学和管理学学位,1981年获伦敦政治经济学院经济学和管理学学位,2007年获颁西雅图大学人文学科荣誉博士。大学毕业后的阿拉巴尔回到阿联酋,在阿联酋央行开启事业生涯,走上了一条"仕而优则商"的道路。

1987年,迪拜政府将阿拉巴尔派驻新加坡5年。那时,阿拉巴尔离开阿联酋央行,加入了迪拜政府控股机构——海湾投资(Al Khaleej Investment PJSC)。"这是一个全新的环境,我渴望向新加坡政府和商业机构学习。最重要的是,在新加坡我学会了凡事要积极主动,不要犹豫。"阿拉巴尔谈及这段经历时说。

海湾投资成立于1982年，2009年在阿布扎比证券交易所上市，是一家房地产投资机构，在新加坡拥有众多房地产投资，阿拉巴尔作为公司董事常驻新加坡，积累了房地产行业的经验和人脉资源。

1992年，阿拉巴尔从新加坡回到迪拜，创办了迪拜经济发展局（Department of Economic Development）并担任总干事，为迪拜制定了第一个"十年战略规划"，当时迪拜正开始向运输、房地产、物流和旅游业多元化发展。

阿拉巴尔结识了时任迪拜王储兼国防部长的谢赫·穆罕默德，两位年轻人拥有同样的雄心和抱负。2006年，穆罕默德接任迪拜酋长，同年当选阿联酋副总统兼总理，负责组建新一届政府。在阿联酋成立前，迪拜一直是独立的酋长国，由马克图姆家族统治，并采用了由开明集权者领导的经济发展模式。

1996年，阿拉巴尔发起了首届迪拜购物节，成功吸引200多万游客。同年，《广告时代》将阿拉巴尔评选为"国际营销超级明星"。

1997年6月，39岁的阿拉巴尔离开政府机构，在迪拜政府的支持下成立了伊玛尔地产。迪拜政府将大片优质土地注入伊玛尔地产，并通过主权财富基金——迪拜投资公司（ICD）持有伊玛尔29.22%的股份。ICD前身为迪拜财政局投资处，董事会主席正是谢赫·穆罕默德。

20世纪90年代初，海湾战争结束后，阿拉伯国家恢复了稳定。沙特等国将海外资金转回国内，并对房地产和大型项目进行大量投资，中东房地产业开始蓬勃发展。阿联酋房地产到1994年时已成为增长最快的行业，年增长率达9.8%，伊玛尔地产也获得了高速成长。

伊玛尔地产推动了阿联酋房地产业的制度创新。20世纪90年代，迪拜还不存在房地产市场，城市周边大部分土地被统治家族赠送给其他家族，建造住宅出租给侨民居住或建设商业楼盘。在新加坡的工作经历使阿拉巴尔懂得，活跃的房地产市场在自由港具有巨大潜力，他推动谢赫·穆罕默德发起变革，使非阿联酋国民也能在迪拜合法拥有房地产。

2002年，迪拜政府颁布法令，伊玛尔地产的第一个项目——酋长国山峰（Emirates Hills）成为迪拜首批对外国人开放销售、享有自由保有权的房产。这一举措拉开了中东有史以来最大规模房地产繁荣的帷幕。

作为世界十大开发商和中东市值最高的上市公司之一，伊玛尔地产在全球成立了60家公司，业务涵盖房地产、零售、酒店、娱乐和电子商务等，也是迪拜2020世博会的重要建设者。根据财报，2023年伊玛尔地产的收入达267亿迪拉姆（约合525.7亿元人民币），净利润增长70%，达到116亿迪拉姆（约合228.2亿元人民币）。得益于较低的土地成本，伊玛尔地产的净利润率达到约 25%。伊玛尔地产目前由阿联酋自然人及法人持股 63.87%，国外投资者持股 36.13%。

2008 年全球金融海啸曾给迪拜经济特别是房地产业带来了巨大冲击。房地产泡沫和激进发展战略使迪拜的杠杆率升高，债务与 GDP 之比高达 130%。金融危机爆发前的 6 个月，阿拉巴尔预感大事即将发生——彼时房地产价格仍然呈上升趋势，但伊玛尔地产和其他开发商近六成的买家都是相同的投资者。嗅觉灵敏的阿拉巴尔立即将伊玛尔的投资预算削减了 30%，以稳定现金流。

金融危机引发的连锁反应严重冲击了迪拜经济——2008 年 9 月到 2009 年 9 月，短短一年内，房价下跌超过 50%。危机来袭时，伊玛尔有 15 亿美元现金和 10 亿美元负债，扁平化结构使之能够对市场崩盘迅速采取有效行动。阿拉巴尔面对难关减薪裁员，首先将自己和高管的薪水削减了 50%。他在多年后采访中表示："危机使我意识到，当时雇用了太多员工，而真正推动利润增长的是业务发展，而不是员工数量。"

伊玛尔成为迪拜唯一一家没有遭受年度亏损的上市房地产开发商。金融危机期间尽管开支削减，但伊玛尔地产并没有停止建设。阿拉巴尔坚持推进项目，尤其是那些有望带来价值的项目。在阿布扎比资金的及时输血下，哈利法塔最终于 2010 年落成。伊玛尔地产 2012 年又迎来了新一轮增长，迪拜购物中心开业不到一年就迎来了超过 3 000 万名游客。

2014 年，伊玛尔地产的商场和零售业务在迪拜金融市场（DFM）上市，成为当时最大的 IPO 之一。2015 年 6 月，伊玛尔埃及上市发行了 15% 股份，新股发行时获得了 36 倍超额认购，成为自 2007 年以来埃及证券交易所最大 IPO；公司市值达到 20 亿美元，成为当时埃及市值第四大公司。2017 年，伊玛尔地产将旗下伊玛尔发展（Emaar Development）上市，再次成为 2014 年之后迪拜最大的 IPO。

除了伊玛尔地产以外，中东诸多大名鼎鼎的公司背后都有阿拉巴尔的名字——他是中东最大本土电商平台 noon.com 创始人、中东最大综合餐饮集团之一 Americana Group 董事长、新加坡知名零售公司 RSH 创始人和大股东等。

2016 年，阿拉巴尔联合 PIF 共同投资 10 亿美元成立电商 noon.com，计划通过收购布局中东电商全产业链。中东电商由亚马逊和 Noon 两大巨头主导。未来，Noon 还计划全方位布局支付、购物、搜索引擎、大数据、云计算等。

由于电商和物流行业密切相关，阿拉巴尔还投资了中东本土最大的物流公司 Aramex 并曾担任董事（2019 年 4 月辞职）。Aramex 成立于 1982 年，1997 年成为首家在纳斯达克上市的阿拉伯企业，2005 年在迪拜上市。2016 年 7 月，

Aramex 创始人法蒂·甘杜尔向包括阿拉巴尔在内的投资者出售了其在该公司全部 9.9% 的股份——据报道当时价值约 1.42 亿美元。

一系列投资使阿拉巴尔活跃在最具挑战的科技创新领域。此外，阿拉巴尔还拥有家族企业 Alabbar Enterprises 和 Eagle Hills Properties，以及家族办公室 Symphony Investments。

三、"谁会记得第二个登上月球的人？"

阿拉巴尔的商业成就建基于一系列敢为人先的"世界之最"，而这些大胆的商业冒险与国家战略密不可分。

阿联酋作为年轻的海湾国家，拥有石油、天然气资源，但其他矿产资源相对贫乏，沙漠面积广布，劳动力和水资源严重短缺，工业基础十分薄弱。石油美元使阿联酋有能力进行大规模的城市现代化建设，在短短数十年就完成从落后的游牧国家向现代石油工业国家的转型。

20 世纪 80 年代以来，随着第二次石油危机、两伊战争和海湾战争的相继爆发，阿联酋领导人开始意识到，仅靠油气产业无法保证国家的可持续发展，于是陆续出台了一系列经济多元化政策，包括吸引外资和技术，发展旅游业与金融业，加快私有化进程等。2010 年以来，随着美国页岩油开采成功，国际油价大幅下滑，阿联酋加快了经济多元化步伐，大力发展以信息技术为核心的新经济，支持民营企业发展，同时改革高福利政策，逐渐收缩国民在教育、医疗、住房等方面的福利，从而进一步激发经济创新的活力。

目前，阿联酋是海湾六国中非石油经济最发达的国家，非油气产业贡献了 GDP 的 74%，国家计划到 2030 年将这一比重提升为 80%。有利于投资者的立法制度、强大的金融和银行体系、发达的基础设施，已使阿联酋成为世界上最大的外商投资目的地之一。

阿联酋还提出"2030 年愿景"和"第四次工业革命"，即采用创新、灵活和包容的治理模式，最大限度地提高新技术、促进经济繁荣。2014 年 10 月，谢赫·穆罕默德颁布了"国家创新战略"，旨在通过可再生能源、教育、技术等领域的创新，努力在 7 年内使阿联酋成为世界上最具创新能力的国家之一。2016 年 11 月，阿联酋提出"第四次工业革命行动计划的六大支柱"，并与世界经济论坛的合作，成为全球第一个采用未来国家治理框架的国家。

阿联酋的国家联邦体制决定了每个酋长国在发展问题上具有高度的自主决策权，而各酋长国的资源禀赋与酋长的领导风格也各不相同。例如，阿布扎比属于油气资源型和对外投资发展型，而迪拜属于非石油经济发展型。与阿布扎比的稳健战略不同，迪拜在各酋长国中以高速发展为傲，风头甚至盖过了阿布扎比。

迪拜1966年发现石油后一夜暴富。20世纪70年代，积极发展海陆空交通运输，20世纪80年代商贸业兴起，20世纪90年代重点布局旅游业，21世纪则开始着重发展商贸运转中心，且更加注重经济多样化，积极开发房地产和酒店业，10年间GDP增长了两倍多。

几十年来，迪拜建设港口、扩建迪拜河、发展机场和自贸区，重视高科技和教育的发展，建造了互联网城、大学城、媒体城等高科技园。迪拜是中东最大的转口贸易中心和商品集散地。历代酋长大力发展多元化经济，确保迪拜不再只依赖单一收入来源。迪拜统计中心报告称，2023年迪拜前五大行业分别是批发和零售业、金融和保险业、运输和仓储业、制造业和房地产业，GDP占比分别为25.3%、11.5%、11.5%、8.5%和7.9%，真正从石油经济转型到以贸易、旅游、金融为中心的服务型经济。

迪拜旅游和会展业是仅次于贸易的第二大经济支柱。2023年，迪拜游客数量再创新高，根据迪拜经济和旅游部（DET）发布的最新数据，全年共吸引1715万名国际游客，比2022年增长了19.4%。迪拜对其两个国际机场——迪拜国际机场和阿勒马克图姆国际机场进行扩建，计划将其建成世界最繁忙的航空枢纽，预计2030年吸引旅客2亿人次。阿联酋航空也已成为全球发展最快的航空公司之一。在港口建设方面，迪拜杰贝阿里港是世界最大的人工港，并拥有世界最大的干船坞。

迪拜发展模式和速度，体现出酋长本人"永争第一"的信念。2007年，谢赫·穆罕默德接任阿联酋总理后，要求每位部长从国际报告中选择一到两个指标，承诺到2021年阿联酋建国50周年时，要在选定指标中名列世界第一。根据瑞士洛桑国际管理学院（IMD）发布的2024年世界竞争力排名，阿联酋在阿拉伯国家中营商环境位列第一。此外，阿联酋的劳动力雇佣指数在全球参与评选的67个国家中排名第二、公共财政位列第二、税收政策位列第五。

谢赫·穆罕默德一心想把迪拜打造成"世界之最"。他曾说："谁会记得第二个登上月球的人？第二名没人记得，所以我们必须领先！"阿拉巴尔回忆道，哈利法塔最初的设计方案是90层。当他把这个提议交给谢赫·穆罕默德时，得到的回复是："你应该再努力一点。"经过两个月的重新设计，伊玛尔地产设计出162层的世界第一高楼。

哈利法塔始建于2004年，最初命名为迪拜塔，但在金融危机爆发后面临较为严重的资金缺口。2010年12月，阿布扎比宣布通过迪拜最高财政委员会提供给阿联酋央行 100 亿美元授信以支持迪拜。为感谢阿布扎比雪中送炭的深情厚谊，迪拜塔以时任阿联酋总统、阿布扎比酋长谢赫·哈利法之名重新命名。

"我曾经问谢赫·穆罕默德，你是否问过我这辈子建造过这样的建筑吗？酋长笑着回答说，我相信你！"阿拉巴尔说，"这与金钱或生意无关。故事讲的是一个孩子站在哈利法塔前微笑着说，我属于一个文明的国家，我很自豪。"

哈利法塔不但让伊玛尔地产享誉世界，而且进一步强化了迪拜"梦想之城"的形象。如今，伊玛尔地产正在主持建设新的世界第一高楼 Creek Tower（云溪塔，塔身高度将超过 1 000 米），塔身纤细，底部呈喇叭状，阿拉巴尔将其称为"中东埃菲尔铁塔"。

过分倚重外资的"迪拜模式"暗藏风险。2008 年金融危机时，迪拜外资抽逃严重，资金链一度断裂，引发 2009 年偿债危机。所幸的是，阿联酋银行体系资本充足，在加强金融监管并补充银行资本后，一定程度上改善了原有的无序性。2019 年以来，阿联酋央行宣布推出一项 1 000 亿迪拉姆（约合 274 亿美元）的经济刺激计划。

阿拉巴尔作为谢赫·穆罕默德的最高顾问，其商业成就在很大程度有赖于后者信任和支持。中东新精英通常备受统治者的青睐。在迪拜，有一条清晰可辨的自上而下渠道，上至统治者及近亲，下至忠诚的亲属，形成一个金字塔式网络。这也印证了阿联酋建立的世袭制和专家治国并存的现代化治理体系。

类似案例在中东较为常见。例如，哈里里家族成员拉菲克·哈里里担任黎巴嫩内战后的首任总理，与沙特王室关系密切，逐渐建立起了自己的商业帝国，涉足房地产、金融、石油、电信等多个行业。当然，中东资源型国家的政企关系也常受外部质疑，在一定程度上构成了经济现代化转型中的桎梏。

四、从"创业型企业家"到"企业型企业家"

哈佛商学院教授克里斯坦森在《创新的基因》一书中将创新者分为四类：创业型企业家、企业型企业家、产品型企业家和程序型企业家。按照这个定义，阿拉巴尔作为白手起家的开拓者，是典型的创业型企业家。他的子女在既有家族企业中创办新业务，则属于"企业型企业家"。

在中东，越来越多的家族企业将潜在的接班人送到欧美学习管理知识，并在家族企业之外的知名机构历练，以培养管理潜质。阿拉巴尔长子拉希德获得美国圣地亚哥大学会计学士和金融硕士学位，加入家族企业前曾就职于汇丰银行资本市场部和渣打银行并购业务部。大女儿莫扎毕业于沙迦美国大学金融专业，伦敦商学院 EMBA，是 Ara 画廊创始人以及阿拉伯青年领袖（Young Arab Leaders）成员。小女儿萨莱曼曾任安永分析师，与姐姐一样毕业于沙迦美国大学金融学专业。

阿拉巴尔自己的家族企业以"房地产＋贸易"为主。阿拉巴尔二代意识到，电商才是零售贸易的未来，从而致力于将家族产业从线下拓展到线上。拉希德接受采访时称："只要我们愿意，完全可以进入房地产行业，那样会容易得多。但我们决定走向相反的方向，并试图产生影响力。"兄妹三人共同创办了电子商务平台 Sivvi.com 和 Symphony.com，作为家族企业 Alabbar Enterprises 的子公司。

在"无业可守"的全新时代，只有永远创业、超越成功的接班才是真正的接班。阿拉巴尔二代的选择与韩国三星李秉哲家族二代的选择非常相似。二代李健熙最初建议三星进入半导体行业时，被父亲李秉哲无情拒绝。李健熙非常坚定，甚至用个人积蓄收购了韩国半导体公司 50% 股份，由此奠定了三星电子成为全球科技引领型企业的根基。

拉希德作为家族企业 Alabbar Enterprises 的联合创始人，2013 年创立了电子商务平台 Sivvi.com。他的创业选择与阿联酋的互联网技术发展密不可分。

尽管受阿拉伯传统文化、支付方式、物流网点等因素影响，中东互联网一度发展比较缓慢，但 2017 年以来明显加速，发展动力包括较高的互联网普及率、人均可支配收入提高、线下消费选择匮乏等。根据联合国贸易和发展会议发布的 B2C 电子商务指数（UNCTAD B2C E-commerce Index），2020 年阿联酋在全球 152 个经济体中名列第 37 位，连续多年在中东非洲发展中国家中居于首位。阿联酋的互联网普及率高达 99%。

2017 年 4 月，拉希德与迪拜企业家古埃尔的女儿结婚。古埃尔家族以 37 亿美元财富在 2020 福布斯富豪榜中位列阿联酋首富，产业遍布建筑、房地产、金融等领域。古埃尔 1967 年在迪拜创立的阿曼银行，1993 年更名为马士礼格银行（Mashreq Bank），现为阿联酋最知名的本地银行之一。

这两大商业家族的联姻可谓"强强联合"。在中东，不同家族之间长久互动形成了千丝万缕的纽带，其人脉关系与社会网络既能扩展生存空间、提升竞争力，又能构建抵御外部冲击的屏障。

阿拉巴尔的女儿们则在时尚电商上别出心裁。大女儿莫扎是家族企业 Alabbar Enterprises 的联合创始人和 CEO，她和妹妹萨莱曼共同创办了奢侈品及时尚零售公司 Symphony Style LLC。Symphony 在迪拜购物中心有实体店，2013 年上线网站。海湾国家人均 GDP 较高，奢侈品网上购物的增长速度几乎是世界其他地区的两倍，阿联酋也是奢侈品企业进入中东市场的桥头堡。

五、梦想与慈善

据报道，即使年过六旬、功成名就，阿拉巴尔仍然一年飞行超过 850 个小时、邮件回复的平均速度为 2.5 小时。他的精力充沛还体现在对体育活动的热爱上，曾被《高尔夫世界》杂志评为世界十大最具影响力的高尔夫运动员之一，担任阿联酋高尔夫协会主席，也是阿联酋耐力赛社区的活跃成员。

以阿拉巴尔为代表的中东企业家往往认为，自己有义务按照古兰经的教义推动社会改革，保证就业稳定、实现员工价值，为员工及子女提供高质量的培训和教育机会。2015 年阿拉巴尔基金会成立，为来自阿拉伯国家的优秀学生提供支持，迄今已经颁发总额约 130 万美元的奖学金。选择教育慈善，是因为阿拉巴尔相信"教育是帮助人们发展自我、获得更好的工作、变得更加独立和更充分地参与社会的最佳途径"，这也正是他本人的成功路径。

与此同时，阿拉巴尔倡议阿联酋民企加大捐赠力度，并承诺将伊玛尔地产年度利润的 2% 捐赠给 Sandooq Al Watan——由诸多阿联酋企业家支持的私人慈善基金，旨在支持当地初创企业。

2023 年，伊玛尔地产宣布向"社会团结基金"捐款 1 亿迪拉姆（约合 1.93 亿元人民币）。此外，阿拉巴尔家族企业 Alabbar Enterprises 还发起了一项名为"援助之手"的 CSR 倡议，为有需要的人免费提供餐食。

创一代通过慈善公益、捐资助学、投身专长等方式智慧散财，积累家族的社会资本，在回馈社会的同时实现家族传承。所谓"千金散尽还复来"，不但荫庇子孙，而且造福大众。

六、"双轨架构"的企业治理模式

阿拉巴尔的财富和声誉多半源于伊玛尔地产，但伊玛尔地产并非归阿拉巴尔家族所有，其成立之初即有政府入股。从 2008 年起，阿拉巴尔先后成立了两家企业 Alabbar Enterprises 和 Eagle Hills Properties，分别经营零售和房地产业务。两家企业相互独立，没有股权关系。阿拉巴尔的子女均在 Alabbar Enterprises 任职，但尚无家族成员就职于 Eagle Hills Properties（见图 3-9）。

Alabbar Enterprises 成立于 2008 年，CEO 由职业经理人 Tyrone Reid 担任。公司专注于食品和零售、时尚、电子商务等领域，子公司包括 Sivvi.com 和 Symphony Style 等。

子公司之一迪拜时尚电商平台 Sivvi 的创始人为拉希德，主要销售高档品牌服装和配饰，超过 80% 客户来自阿联酋和沙特，2019 年被中东电商巨头 Noon 收购。其与新加坡零售商 RSH 长期合作，RSH 旗下拥有许多国际时尚和生活方式品牌，创始人为阿拉巴尔。子公司之二 Symphony Style 的创始人为萨莱曼，主营高端品牌，客户主要来自阿联酋、美国和沙特，部分商品的零售价高达 2 万美元以上。

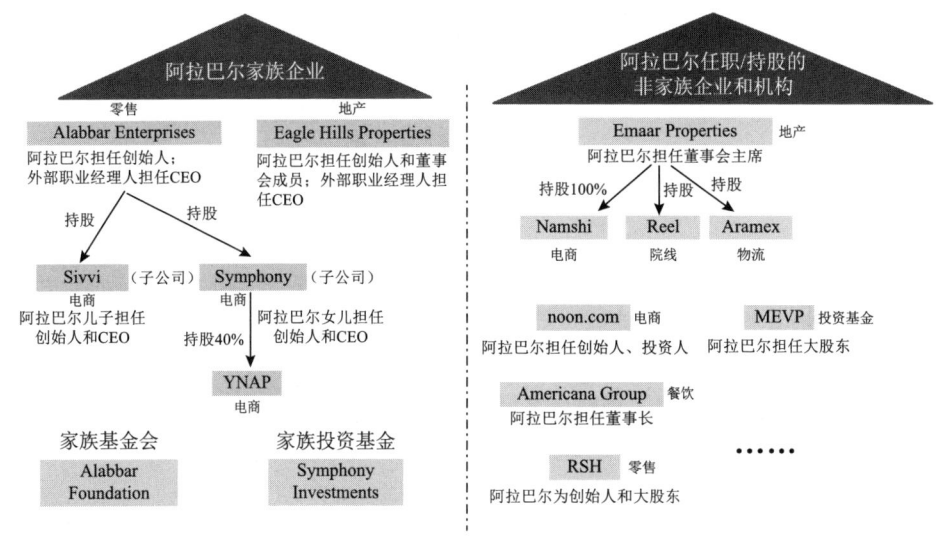

图 3-9 阿拉巴尔的事业版图

如今，在迪拜非石油相关 GDP 中，房地产贡献了相当大的份额。Eagle Hills Properties 总部位于阿布扎比，成立于 2014 年，阿拉巴尔为创始人和董事会成员。EagleHills 还在巴林以 30 亿美元总额投资了高端房地产项目，而巴林 2014 年的 GDP 仅为 330 亿美元。

2018 年 9 月阿联酋政府宣布，在当地投资 500 万迪拉姆（约合 136 万美元）以上房产的外籍人士可申请 5 年期的长期居留签证。这一政策刺激外资进入阿联酋地产市场，无疑也将对阿拉巴尔家族业务产生重要影响。

在家族企业治理上，阿拉巴尔将股权和管理权分离，聘请专业人才进行管理。例如，家族企业 Eagle Hills Properties 聘请新加坡籍职业经理人罗平担任 CEO。罗平曾为毕马威前合伙人、伊玛尔地产前 CEO。阿拉巴尔曾表示："我在美国的投资出现过不少亏损，很大程度在于没有很好地选择合作伙伴。我犯过的最大错误就是没有尽早引入更多的优秀人才，现在我正努力改正这个错误。我需要求知若渴的人在身边，这样才能真正地做事。"

以阿拉巴尔为代表的阿联酋"新精英"，他们跌宕起伏的经历与政治社会环境水乳交融。部落制度的文化根基和快速现代化的进程赋予了这一批新兴企业家独特的烙印。这些特质背后，既有阿联酋变革中求新的发展轨迹，也有企业家彰显出的鲜明个性（见图3-10）。

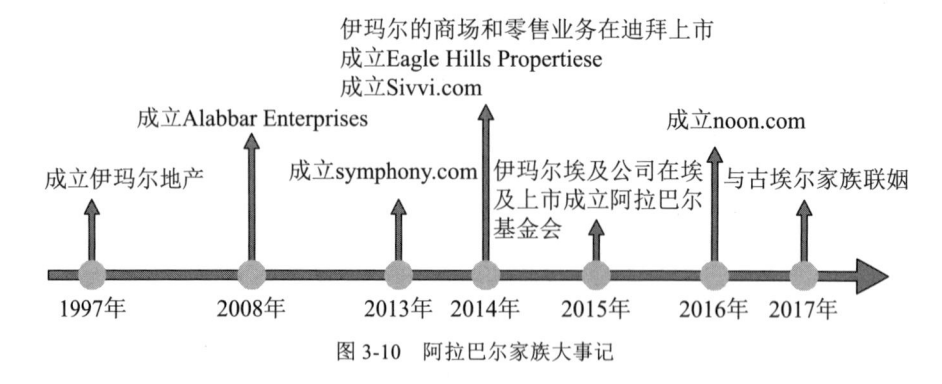

```
伊玛尔的商场和零售业务在迪拜上市
成立Eagle Hills Propertiese
成立Sivvi.com
     成立Alabbar Enterprises              成立noon.com
成立伊玛尔地产  成立symphony.com  伊玛尔埃及公司在埃   与古埃尔家族联姻
                                   及上市成立阿拉巴尔
                                   基金会
─●─────●─────●─────●─────●─────●─────●────→
1997年  2008年  2013年 2014年 2015年 2016年 2017年
```

图3-10 阿拉巴尔家族大事记

如今，阿拉巴尔和他所代表的中东"新精英"群体，已成为一股不容小觑的中坚力量，站在下一个十年的十字路口。在全球经济充满不确定性的当下，在这个开放共赢的时代，他们又将做出怎样的选择？

第四节
萨维里斯家族：埃及家族传承的四大资本

萨维里斯（Sawiris）家族被《经济学人》称为"埃及新法老"，作为尼罗河畔古老文明的新生力量，书写着世界秩序重构下中东家族企业的新传奇。这个埃及最富有家族以开阔的全球视野，在政治社会跌宕和家族企业传承中持续繁荣。

《福布斯》估算，萨维里斯家族财富净值超过160亿美元，开罗证券交易所大约2/3的交易量由家族企业奥斯康（Orascom）集团旗下的上市公司贡献。第一代创始人翁西·萨维里斯（简称"G1翁西"）被埃及《金字塔报》誉为"埃及的洛克菲勒"。他70年前创办的小型建筑公司已发展成为庞大的多元化商业帝国，横跨建筑、电信、工业等多个行业，业务遍布全球。他的三个儿子分别从苏黎世、柏林和芝加哥学成归来，掌管着家族企业的不同业务。萨维里斯家族在经营自身实业的同时，也通过投资成为全球诸多知名企业的重要股东。

萨维里斯的家族传承注定是复杂的。一方面，萨维里斯家族企业置身于埃及动荡的社会环境之中；另一方面，第二代三个儿子能力超群却禀赋各异，更需考量如何平衡兄弟关系以实现有序传承。

企业传承，意味着重构既有的管理权、治理权和股权格局，孕育下一代领导者，而这些内部秩序的调整又往往伴随着外部政治、经济和社会巨变带来的诸多挑战。家族传承包括产业资本、金融资本、人力资本及社会资本等四大关键要素的传承。事实上，萨维里斯家族第二代正是从多个路径来分别传承的，如图3-11所示。

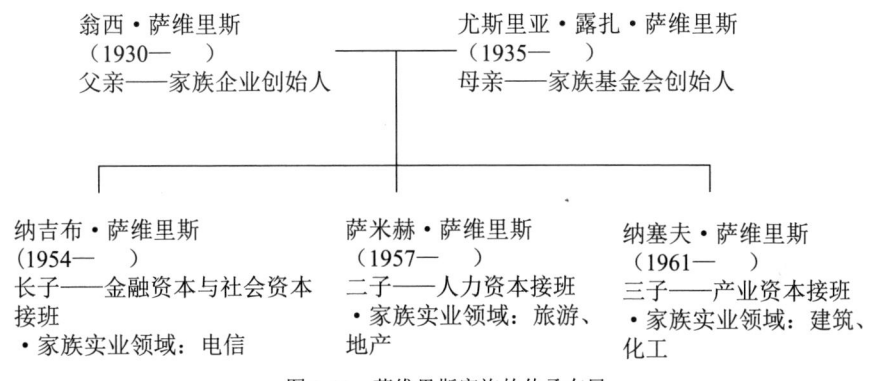

```
翁西·萨维里斯              尤斯里亚·露扎·萨维里斯
（1930—  ）               （1935—  ）
父亲——家族企业创始人       母亲——家族基金会创始人

纳吉布·萨维里斯    萨米赫·萨维里斯    纳塞夫·萨维里斯
（1954—  ）       （1957—  ）       （1961—  ）
长子——金融资本与社会资本  二子——人力资本接班   三子——产业资本接班
接班              ·家族实业领域：旅游、  ·家族实业领域：建筑、
·家族实业领域：电信      地产              化工
```

图 3-11　萨维里斯家族的传承布局

一、产业资本接班：政权跌宕中的实业转型

萨维里斯家族属于埃及人数最多的少数族裔——科普特基督徒。在埃及这个以穆斯林为主的国家中，科普特人仅占全国1亿总人口的10%。G1翁西是埃及南部一名律师的儿子，父辈要求他学习农业。农业常年占埃及GDP比重11%以上，丰沛的尼罗河水为埃及带来了肥沃的土壤。但年轻的G1翁西发现自己对商业更感兴趣，于是便在当地做起承包生意。

1950年，G1翁西在埃及创办了今天家族企业的前身——奥斯康建筑公司。在他的经营下，奥斯康建筑公司从一家小型公司发展为区域龙头，承接中东和非洲的大型基础设施和工业项目，到20世纪60年代，更成为当时埃及最大的建筑承包商之一，也是埃及第一家跨国公司。

然而，G1翁西早期的商业生涯在埃及第二任总统纳赛尔执政时期遭遇严重挫折。彼时，"国家保护主义"是埃及进行工业化的主要方式，经过1961年的社会主义改造，埃及国有企业工业产值在全国工业产值中的份额超过85%。正是在这一年，奥斯康公司被收归国有。G1翁西创业受挫，1966年搬到利比亚并创办了一家新的承包公司。

20世纪70年代末，埃及继任总统萨达特开启了经济开放政策，政商之间的敌对关系逐渐消解，在纳赛尔执政时期离开埃及的商人开始陆续返回国内。与此同时，《戴维营协议》签署后，利比亚和埃及的关系开始恶化。在这个大背景下，在利比亚生活十年之久的G1翁西回到埃及，创办了一家新的承包和贸易公司——奥斯康翁西·萨维里斯有限公司（Orascom Onsi Sawiris & Co.）。彼时，埃及政府向国内基础设施投入了大量资金，受益于这一时期的经济繁荣，该公司在20世纪80年代开始强劲增长。

与之同步成长的还有G1翁西的三个儿子，在欧美完成学业后，陆续参与到家族事业之中，父子四人共同缔造了埃及最大的企业集团之一。1995年，65岁的G1翁西将企业控制权交给小儿子——毕业于芝加哥大学布斯商学院的纳塞夫·萨维里斯（简称"G2纳塞夫"）。如今，G2纳塞夫以89亿美元财富净值位居埃及首富。

G2纳塞夫接班后，将奥斯康翁西·萨维里斯有限合伙公司改制为股份公司，后更名为奥斯康建筑工业公司，1999年在埃及交易所上市，为彼时埃及市值最高的上市公司（6亿美元）。上市后，公司业务拓展到多个中东国家，并进入化工领域；2008年通过收购进入化肥行业，成为中东北非最大的氮肥生产商。根据2019年年报，氮肥业务贡献了该公司收入的80%，在美国得克萨斯州拥有世界上最大的甲醇生产设施，同时联合西门子建设了世界最大的两座燃气联合循环发电厂——新首都（New Capital）和布鲁卢斯（Burullus）发电厂。

这家中东明星企业的亮眼业绩，获得众多世界知名投资机构的青睐。2013年1月，比尔·盖茨家族办公室——瀑布投资及其他美国投资者向奥斯康建筑工业公司投资10亿美元，这是盖茨家族办公室第一次对非洲公司进行大规模投资。随后，这家公司从埃及退市后在阿姆斯特丹泛欧交易所上市，通过股权架构调整以适应更为国际化的企业结构，包括迁册荷兰及注册成为OCI NV（NV为股份有限责任公司，是荷兰法律允许成立两种类型的有限责任公司之一），使之成为奥斯康建筑工业公司的母公司。荷兰公司法相对灵活宽松，使公司能在未来的战略投资和并购业务等方面更有弹性，还能够提供任期表决权的控制权结构，为家族企业提供了得以实现长期主义的制度。

为了实现专业化管理，G2纳塞夫2015年将奥斯康建筑工业公司分拆为两家独立公司：奥斯康建筑工业公司（OCI）和奥斯康建筑公司（OC）。同年，OC从母公司分立出来并在迪拜交易所上市。分拆后，萨维里斯家族在OCI中持股约55%。其中，G2 纳塞夫持股 29.85%，父亲 G1 翁西和哥哥萨米赫·萨维里斯（简称"G2 萨米赫"）也持有股份。OCI 的知名股东还包括瀑布投资（6.05%）和瑞士百达银行（3.01%）等。

OC 在 20 多个国家拥有超过 5 万名员工，萨维里斯家族持股约 52%。其中，G2 纳塞夫持股 29%，G1 翁西和 G2 萨米赫也持有股份。瀑布投资和盖茨基金会合计持股 5.8%（见图 3-12、表 3-6）。

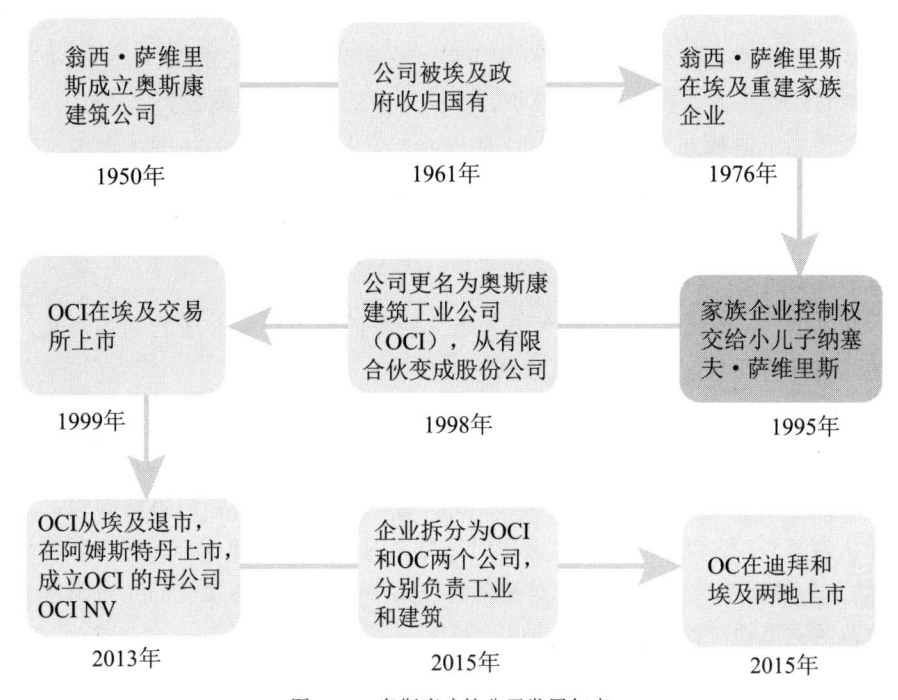

图 3-12 奥斯康建筑公司发展年表

表 3-6 分拆后的家族企业

	奥斯康建筑工业（OCI）	奥斯康建筑公司（OC）
主营业务	氮肥、甲醇、天然气	建筑
家族持股	纳塞夫·萨维里斯 29.85%，翁西·萨维里斯 17.14%；萨米赫·萨维里斯 7.38%	纳塞夫·萨维里斯 29%，翁西·萨维里斯 16.5%；萨米赫·萨维里斯 6.3%
财务状况	2019 年收入 30.32 亿美元，净利润 3 亿美元	2019 年收入 32 亿美元，净利润 1.31 亿美元
上市信息	2013 年从埃及退市，在荷兰上市	2015 年在迪拜上市
家族成员担任董监高情况	纳塞夫·萨维里斯自 2013 年起担任 CEO	家族成员未担任

实业企业是家族传承的核心，也是基业长青的根本。产业资本通常指家族核心实业公司的股权。第一代创始人 G1 翁西将家族核心实业公司交接给小儿子 G2 纳塞夫，并由多位家族成员持股以保持企业控制权，同时积极引入战略投资者，为未来发展提供重要资源。

二、金融资本与社会资本接班：出售实业后的选择

从上述两家上市公司的股权结构可以看出，萨维里斯家族核心实业企业的大股东为 G1 翁西、二子和三子。那么，并未持股的长子身在何处？

纳吉布·萨维里斯（简称"G2 纳吉布"）是 G1 翁西的长子，在苏黎世联邦理工学院（ETH Zürich）读书时起就曾连续创业，先后创办了翻译公司和珠宝贸易公司。他表示："我不想只待在父亲的公司里打工——这也许是一种自负，但我想证明自己。"

20 世纪 90 年代，G2 纳吉布进入埃及新兴的电信行业并成为通信巨头，之后通过出售这个电信帝国而发家致富。

1998 年，G2 纳吉布创办奥斯康电信控股公司（OTH），自此诞生了埃及第一家移动电话运营商 Mobinil。G2 纳吉布的名字首次出现在公众面前是在 20 世纪 90 年代末，当时埃及政府向 Mobinil 颁发了全国唯二的移动电话牌照，这被外界认为是 G2 纳吉布与埃及总统穆巴拉克之间信任关系的标志。据公开信息，G2 纳吉布与埃及政界要人有着紧密纽带，其中之一是推动埃及的新自由主义经济改革的贾迈勒（总统穆巴拉克的儿子）。

G2 纳吉布担任 OTH 董事长兼 CEO 期间，成功领导了公司增长，OTH 随后在埃及证券交易所上市。作为一家在中东、非洲和南亚运营的电信公司，OTH 拥有 2 万多名员工及 11 家 GSM 运营商。OTH 还与朝鲜政府合资成立朝鲜首家也是目前唯一一家移动电话公司 Koryolink（高丽电信）。

2011 年，OTH 将部分资产以 66 亿美元出售给俄罗斯电信巨头维佩尔通讯（Vimpelcom，后更名为 VEON），VEON 由此成为世界第六大移动电信运营商。此次资产出售并没有包括 G2 纳吉布早年创立的 Mobinil。根据协议，萨维里斯家族获得近 20 亿美元现金以及 VEON 近 20% 股份。

G2 纳吉布随后陆续出售 VEON 股份，并于 2012 年出售 Mobinil，获得了大量现金，从而进入新的垂直领域。2015 年 9 月，G2 纳吉布以 3 500 万欧元购入欧洲新闻广播公司（Euronews，简称"欧洲新闻"）53% 股份，并成为董事会主席。2020 年 4 月，他购入美国广播公司（ABC）持有的欧洲新闻股份，持股比例由

此增至88%。欧洲新闻成立于1993年，总部设在法国里昂，由10家广播公司组建而成。

G2纳吉布对媒体的兴趣还体现在持有埃及报纸《今日埃及》20%股份。该报是埃及发行量最大的日报之一，极具影响力。他还分别于2007年和2008年创办了埃及卫星电视频道OTV和OnTV，总投资超过6亿美元。

G2纳吉布似乎并不想接班父亲创办的家族企业，而是倾向于通过政治参与和媒体曝光发挥影响力。他参与创建的"自由埃及人党"，目标是让埃及成为自由的世俗主义国家。

G2纳吉布的政治行为让外界对其企业经营产生担忧，特别是欧洲新闻的独立性颇受质疑。在质疑下，G2纳吉布不断稀释在电信公司中的持股，直至最终完全放弃控制权，借由出售实业企业获得的现金，对原有产业进行重新规划和调整。此外，他通过与政府、客户、媒体、公众等利益相关者的密切互动，拓展了家族与外部世界的链接，提升了社会声望与影响力等。

三、人力资本接班：出奇制胜，寻地掘金

作为家族企业的创始人，G1翁西跨越半个多世纪的创业经历深深影响着第二代。二子G2萨米赫曾回忆道："父亲是我的榜样，他在我们儿时就展示了创业的价值。我长大后，带着父亲创造的家族声誉和他给我的2.5万美元启动资金，开始创业。"

财富创造离不开第一代企业家艰苦卓绝的努力，而财富传承则需要几代人持续保有创业的激情与智慧。无论从财富创造还是从传承视角来看，家族的人力资本都是极为重要的。

G2萨米赫继承了父亲勇于冒险的企业家精神。1980年，他从柏林理工学院毕业后，创办了第一家公司——国家船舶工厂，随后又成立了El Gouna饮料公司，2001年该公司出售时已成为埃及最大的饮料企业。

1996年起，G2萨米赫先后创立了奥斯康旅游发展公司和奥斯康酒店控股公司，两家公司后来合并为奥斯康发展股份有限公司（ODH）。作为领先的旅游地产开发商，ODH建立了全球项目组合，包括埃及、阿联酋、摩洛哥、瑞士和英国的旅游景区。ODH致力于将荒凉土地改造成度假城镇，旗下最大子公司奥斯康发展埃及公司（ODE）在埃及证券交易所主板上市，母公司持有75%股份。

旗舰旅游地产项目艾高娜（El Gouna）是G2萨米赫在红海海岸创造出的"天堂"，由超过10公里的海岸线和20个泻湖环绕的岛屿组成，拥有数十家酒店、

多个商业综合体、私人机场和国际学校，自 2017 年起举办一年一度的艾高娜电影节。2011 年，埃及爆发大规模民众抗议活动，之后全国旅游业收入下滑，公司盈利遭受严重打击，G2 萨米赫不得不削减成本，剥离埃及业务，积极在全球不同区域寻地掘金。

瑞士安德玛特（Andermatt）是 G2 萨米赫拓展的新大陆。安德马特坐落于瑞士阿尔卑斯山脉中心。这个海拔 1 400 米的原始景观区被称为"阿尔卑斯山的秘密"，距离苏黎世约 90 分钟车程，但经济发展长期滞后。

当地官员莱蒙德·昆兹在担任瑞士驻埃及大使时与 G2 萨米赫相识。2005 年，G2 萨米赫应瑞士乌里州政府之邀来到这座沉睡的小镇。不久后，瑞士政府罕见批准 ODH 在当地开发地产项目，特别允许投资者在安德马特购买的房产在 2030 年之前不受瑞士联邦法律（莱克斯·科勒法案）的限制，ODH 从而成为瑞士历史上第一家获得该法案豁免的公司。该法案于 1983 年通过，规定海外人士购买瑞士住宅和其他非商业不动产必须获得联邦政府的批准。

G2 萨米赫迄今已在这里投资了 15 亿美元，建设完成约 1/3 的规划面积。十多年前，安德马特人口只有 1 200 多人。而现在，高端酒店和地产项目云集，英国滑雪俱乐部称其为"阿尔卑斯最好的滑雪地"。

为了更好发展欧洲业务，ODH 于 2008 年在瑞士证券交易所上市。G2 萨米赫通过开曼两家投资实体 SOS holding 和 Thursday holding 持有该公司 65.07% 股份，其他家族成员则未持股。根据财报，2019 年 ODH 营业收入为 5.11 亿美元。萨米赫还通过并购实现对旅游业的战略布局，比如收购欧洲第三大旅游运营商 FTI Group 75.1% 股份。

人力资本主要指附着于家族成员个体身上的、能够创造价值的素质与能力，如知识、技能、内驱力、领导力。G2 萨米赫在连续创业过程中找到了自己真正的兴趣和激情所在，他有效地运用知识与技能，秉承企业家精神和信念，在关键时刻做出正确的决策，助力家族事业实现进一步发展与传承。

四、家族信托与家族办公室

萨维里斯家族第一代积累了丰厚的产业资本，第二代则从财富创造阶段进入到财富传承阶段。如何实现产业资本与金融资本的优化配置，在埃及动荡的社会环境中实现财富保护与传承？经历了埃及政权更迭等事件，萨维里斯家族意识到，家族企业发展面临诸多外界不可控因素。G1 翁西创办的公司曾经被收归国有，他的子嗣也先后遭遇类似的挫折。

2012年，穆尔西当选埃及总统后，长子G2纳吉布被税务当局列为重点调查目标。此项调查源自2007年OCI将旗下水泥业务出售给全球最大水泥企业——拉法基，而这笔95亿美元的交易是埃及证交所史上规模最大的一笔并购。OCI强烈否认相关指控并在官网上声明，根据埃及法律规定，出售埃及上市公司股票所产生的资本利得是免税的。但在重重压力之下，G2纳吉布还是被迫前往英国躲避风波，直到2013年5月与政府达成和解后才重返埃及。萨维里斯家族承诺在5年内向税务当局支付10亿美元，并立即支付第一笔3.57亿美元，才解决了税收争端。

G2萨米赫曾在2013年因操纵股价被埃及经济法庭判处两年监禁，在支付2 000万埃磅（约127万美元）与监管机构达成和解后，法庭最终撤销了这项判决。

身处新兴经济体尚不完善的制度环境之中，萨维里斯家族综合运用多种法律与金融工具实现财富的保护与传承。三兄弟分别设立了各自的家族办公室（简称"家办"），其中以G2纳塞夫的家办最为特别。作为埃及首富，G2纳塞夫采用离岸家族信托作为财富管理和家族传承的顶层工具，同时通过家办持股家族企业，以管理净值约89亿美元的家族财富。

家族信托作为财富管理与传承的基础设施与制度安排，具备风险隔离、传承规划、资产管理、税务筹划、隐私保护等功能。在世界银行"营商便利度"排名中，埃及长期位居中等偏后位置；而离岸金融中心一般具有政治环境稳定、法律制度完善、税收政策友好、金融体系发达等特点（见图3-13、图3-14）。

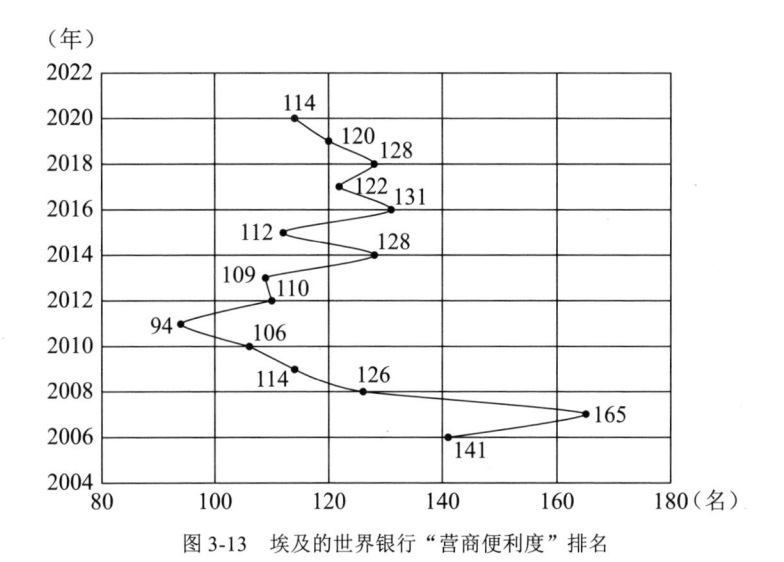

图3-13 埃及的世界银行"营商便利度"排名

来源：Arab Reform Initiative

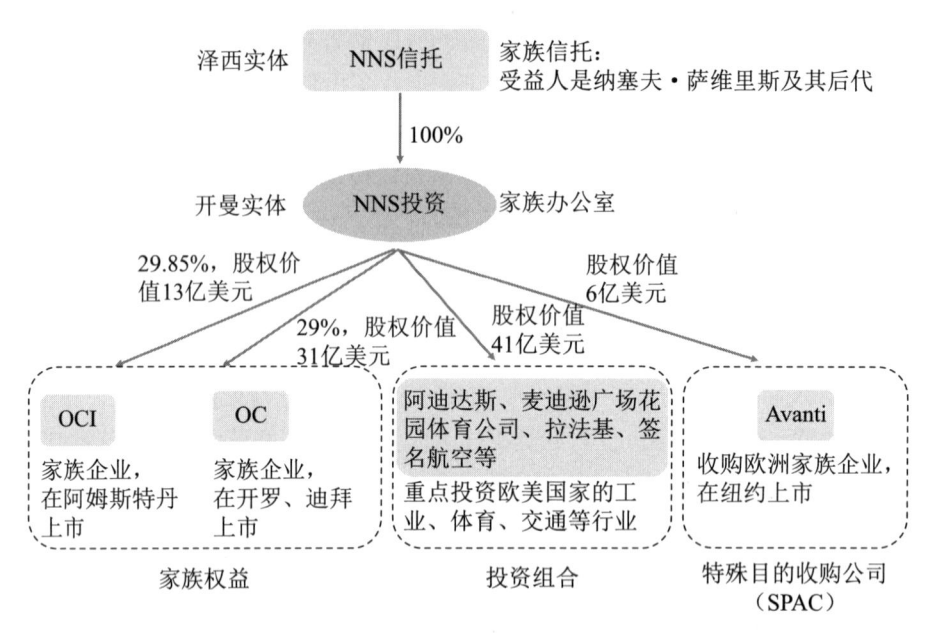

```
泽西实体 —— NNS信托 —— 家族信托：
                              受益人是纳塞夫·萨维里斯及其后代
                    │ 100%
                    ▼
开曼实体 —— NNS投资 —— 家族办公室

  29.85%，股权价        股权价值
  值13亿美元           6亿美元
        29%，股权价值   股权价值
        31亿美元       41亿美元

  ┌─────┬─────┐  ┌──────────────┐  ┌──────┐
  │ OCI │ OC  │  │阿迪达斯、麦迪逊广场花│  │Avanti│
  │     │     │  │园体育公司、拉法基、签│  │      │
  │家族企业,│家族企业,│  │名航空等        │  │收购欧洲家族企业,│
  │在阿姆斯特丹│在开罗、迪拜│  │重点投资欧美国家的工│  │在纽约上市 │
  │上市  │上市  │  │业、体育、交通等行业│  │      │
  └─────┴─────┘  └──────────────┘  └──────┘
     家族权益              投资组合         特殊目的收购公司
                                            （SPAC）
```

图 3-14 G2 纳塞夫的财富管理体系

G2 纳塞夫的家族信托 NNS Private Trust Company（简称"NNS 信托"）注册在泽西岛，受益人是 G2 纳塞夫及其后代。NNS 信托持有家办 NNS Holding Investment（简称"NNS 投资"，在开曼群岛注册成立）100% 股份。NNS 投资由三类资产组成：实业股权、投资组合和特殊目的收购公司（SPAC）。

首先，家办 NNS 投资是家族实业企业——奥斯康建筑工业公司（OCI）和奥斯康建筑公司（OC）的最大股东，在这两家公司的持股比例都接近 30%。

其次，家办 NNS 投资是多家世界知名公司的重要股东。这一投资组合的市值约为 41 亿美元，包括阿迪达斯 6% 股份、全球最大水泥企业——拉法基约 13% 股份、全球最大私人飞机基地运营商——签名航空（Signature Aviation）7.41% 股份，以及麦迪逊广场花园体育公司 5% 股份等。

最后，家办 NNS 投资与比利时投资公司 Sienna Capital 共同成立了一家 SPAC 公司 Avanti Acquisition Corp，2020 年 10 月在纽交所上市，重点关注科技、医疗和消费等行业的高增长企业。这家公司被彭博称为"专注于收购欧洲家族企业的美国最大规模 SPAC"。SPAC 是专注于收购的上市实体，是只有现金而没有实际经营业务的壳公司，因具有上市时间短、费用低、灵活性强等优势而成为当时的"华尔街新宠"。

G2 纳塞夫家族办公室的以上三类资产为家族提供了较强的灵活性。如果家族成员想专注于家族企业，可以选择涉入实业股权，扮演好家族企业股东角色；

如果希望作为资产配置者，甚至全职参与到家办经营之中，就可以选择涉入投资组合；如果他们对执行某些具体的并购交易特别有兴趣，则可以涉入 SPAC。

进一步说，这种设计实际上为未来把单一家办扩展为联合家办提供了灵活性。其他家族可以在实业股权部分把资金放进来，这样实业股权中的"家族"就可以拓展到萨维里斯以外的其他家族；外部金融机构可以针对投资组合提供资产配置服务，只需开设多个家族账户，但通过统一的投资组合实现资产配置；外部家族也可以参与 SPAC（比如现有的欧洲家族企业并购基金）。

五、另类资产配置背后的文化因素

萨维里斯家办在实物资产的投资上极具特色，例如，长子 G2 纳吉布将个人净资产的一半投资于金矿。2012 年，G2 纳吉布斥资 4.92 亿美元收购金矿企业——拉曼查公司（La Mancha Resources）并担任董事会主席，随后将其私有化，作为收购加拿大、澳大利亚和西非等地金矿的投资主体。他的母亲持有该公司 100% 股权。

G2 纳吉布的投资理念与大多数家办对黄金的投资理念大相径庭。UBS-Campden 全球家办报告受访的全球 360 个家办中，黄金配置平均仅占投资组合价值的 0.8%。尽管外界对 G2 纳吉布的金矿投资褒贬不一，但他仍坚持自己的判断，认为黄金是应对重大危机最为有效的资产类别。

除投资功能外，黄金也在埃及具有独特的文化意义，甚至象征着社会地位。古尼罗河上游努比亚地区丰富的金矿使埃及成为世界上最早使用黄金的国家之一。人类最古老的金矿地图就出土于埃及。作为法老饰物的黄金让世人管窥古埃及文明的一斑。在当代埃及社会，黄金聘礼仍然是重要的婚俗之一。

值得注意的是，G2 纳吉布投资的是金矿而非实物黄金。二者并非同一类资产，但金矿股价和黄金价格呈现出较高的正相关性，正所谓"投资金矿股票意味着给黄金加杠杆"。金矿的盈利能力不仅取决于黄金产量、生产成本和现货价格，还与经营管理、市场情况与政策风险等因素密切相关。与现货和期货的黄金价格相比，金矿公司股价受各种外部因素影响，往往具有更大的波动性，但与实物黄金投资相比，投资于金矿公司还可以获得分红。

G2 纳吉布的其他股权投资则主要通过在埃及和卢森堡设立的两家投资公司进行，分别布局埃及境内和境外。设立于埃及的奥斯康投资公司（OIH）主要投资本国的高增长行业，包括房地产开发、物流运输、文化旅游、金融服务等，G2 纳吉布本人担任董事会主席和 CEO。

设立在卢森堡的投资公司 Orascom TMT Investments S.àr.l.（简称 OTMTI）则主要关注埃及以外的发达市场和新兴市场，覆盖欧美、亚洲和非洲等区域。OTMTI 是多家知名电信和科技公司的战略股东，投资领域涵盖能源、运输、物流、房地产等（见图 3-15）。

六、家族的"散"与"聚"

图 3-15 G2 纳吉布的主要投资实体

家族财富的可持续发展，需要家族成员的齐心协力和家族事业的长远规划。最佳实践既应包括复杂多元、稳健持续的经营投资之术，也需秉持永续传承、回馈社会的立德兴业之道。萨维里斯家族的财富管理实践可归纳为以下三个方面。

首先是资产配置多元化。萨维里斯第二代家族成员在接班后，综合考虑外部环境，主动调整长短期战略和产业发展方向。虽然奥斯康公司是家族财富创造的引擎，但家族并不过于依赖单一企业的盈利，而是通过收购不同产业的优质企业，同时配置差异化的另类资产以充分抵御各种风险的考验。

其次是地理分布全球化。萨维里斯家族将核心实业及家族投资在地理分布上进行分散，家族企业的经营和上市地点分别位于埃及、迪拜、瑞士、荷兰等地。股权投资则主要是欧美等发达市场的世界一流企业，从而在最大限度上进行风险隔离并实现稳健经营。

最后是家族治理分界化。埃及有句谚语"兄弟之间应像商人那样明算账"。萨维里斯家族第二代的三兄弟主动划分边界，以避免可能发生的兄弟阋墙。三兄弟分别设立单一家办或投资公司以实现"分界而治"，各自控制分支企业和财富管理体系，但共同维护家族企业"奥斯康"的品牌声誉和萨维里斯的家族声望（见表3-7）。

表 3-7 萨维里斯家族的实业企业和主要投资

家族成员	掌管的家族企业	行业	上市地点	投资实体	主要投资
G1 翁西	• 奥斯康建筑公司（OC），持股 16.5% • 奥斯康建筑工业公司（OCI），持股 17.14%	建筑，工业	迪拜金融市场、埃及证券交易所、阿姆斯特丹泛欧交易所	未披露	未披露

续表

家族成员	掌管的家族企业	行业	上市地点	投资实体	主要投资
G2 纳吉布	• 奥斯康电信控股公司（OTH），公司已出售 • 全球媒体网络公司（MGN）	电信，媒体	埃及证券交易所，（2019年退市）	OTMTI、OIH、La Mancha	• 持股欧洲新闻广播公司88% • 约一半的配置在黄金资产，4.92亿美元收购金矿企业拉曼查公司全部股份
G2 萨米赫	• 奥斯康开发控股公司（ODH），持股65.07% • 奥斯康建筑公司（OC），持股6.3% • 奥斯康建筑工业公司（OCI），持股7.38%	建筑，酒店	瑞士证券交易所、埃及证券交易所	SOS holding、Thursday holding	• 持股FTI集团（欧洲第三大旅游运营商）75.1%
G2 纳塞夫	• 奥斯康建筑公司（OC），持股29% • 奥斯康建筑工业公司（OCI），持股29.85%	建筑，工业	迪拜金融市场、埃及证券交易所、阿姆斯特丹泛欧交易所	NNS Holding	• 持股阿迪达斯6%； • 持股拉法基（全球最大水泥企业）13% • 持股签名航空（全球最大的私人飞机基地运营商）7.41% • 持股麦迪逊广场花园体育公司5%

有效的家族治理能够促进家族成员的和谐相处，确保价值观的延续及声望的长盛不衰。家族成员对企业的认同来自身份认同和家族精神，特别是家族信念和价值观。家族企业的信念和价值观始于第一代创始人。随着时间的推移，这些价值观代代相传，影响着更广泛的家族群体和外部群体。创始人G1翁西曾告诫年轻的儿子们："建立正直的声誉比任何短期利益都更有价值。"

驾驭巨额财富需要与之相匹配的价值观，而公益慈善正是家族财富和精神传承的不二之选。萨维里斯社会发展基金会成立于2001年，是埃及首批致力于社会发展的家族基金会。该基金会规模超过8 000万美元，受益超过4万人，重点投入于经济、社会、教育和文化领域。G1翁西的妻子尤斯里亚·露扎·萨维里斯担任基金会理事长，父子四人均为管理委员会成员。2019—2023年，萨维里斯基金会与联合国难民署合作，为埃及的难民家庭提供公益支持。

在父母感召下，萨维里斯家族第二代三兄弟也表现出对公益事业的热情。2010年底，为数众多的难民从中东、非洲进入欧盟寻求居留。在2015年欧洲各国焦头烂额之时，G2 纳吉布曾表示，作为同样经历过社会动荡的埃及人，他感同身受，希望出资 1 亿美元购买希腊或者意大利的某个荒岛以安置叙利亚等国难民——但该计划并未得到意大利和希腊政府的同意。

同样对社会弱势群体表现出关切的还有二子 G2 萨米赫。根据埃及经济研究中心报告，埃及的贫困率接近 30%，国内贫富分化严重。G2 萨米赫在埃及开发了面向低收入群体的住宅项目，5 年间建造了约 5 万套经济适用房。这是首个服务于中东和北非低收入群体的平价住宅项目。G2 萨米赫还在绿色发展等社会责任方面为家族带来了社会声誉。他创建的红海艾高娜项目获得了世界旅游理事会颁发的"绿色环球 21"（Green Globe 21）证书。

三子 G2 纳塞夫的公益慈善则主要体现在教育领域。萨维里斯家族二代的成功得益于自身接受的良好教育，G2 纳塞夫留美归来更是深有体会——2007 年向母校芝加哥大学捐赠 2 600 万美元设立以父亲名字命名的奖学金；2019 年再次向芝加哥大学捐赠 2 410 万美元，其中 1 810 万美元用于大学生奖学金项目，600 万美元用于支持芝加哥大学布斯商学院在埃及开办的高管教育项目。

作为世界最古老的文明之一，埃及以法老、金字塔和象形文字等灿烂文化闻名于世，滋养万物的尼罗河水曾经是古埃及万物生灵的唯一源泉。如今，游牧式生活方式正在被现代社会所取代。以萨维里斯家族为代表的埃及家族企业将变革视为机遇，他们大多仅经历两三代，但已成为带动经济发展最具活力的力量，贡献了 70% 以上的 GDP。他们通过开拓创新的企业家精神，为这块神秘的土地注入了源源不断的生机和活力。

第五节
卡诺家族：传承四代的巴林百年航运家族

巴林——位于波斯湾西南部的岛国，是海湾地区最早开采石油的国家之一。尽管国土面积仅有 779 平方公里，堪称袖珍，但这并未妨碍其在全球商业舞台上崭露头角。

卡诺（Kanoo）家族是中东和巴林最富有和古老的商业家族之一，家族企业的历史可以追溯到 130 多年前。19 世纪末，一代创始人哈吉·尤素福·本·艾哈迈德·卡诺（简称"G1 尤素福"，见图 3-16）创立了小型贸易公司，后来发展成为阿拉伯海湾地区的第一家航运代理。

图 3-16 卡诺家族企业创始人 G1 尤素福

中国有句俗话："行船走马三分险"，可见航运生意风险之大。卡诺家族凭借敏锐的商业直觉与国际化理念多次渡过危机难关，建立起多元化商业帝国。如今，卡诺集团已遍布中东和欧美等 22 个国家，涉足航运、能源、旅游、金融、地产等多个行业，历经四代的传承与发展，成为阿拉伯地区的代表性家族企业。

一、一代兴业，从小型贸易到海湾航运巨擘

1932 年巴林石油被发现之前，当地居民与波斯湾周边地区的众多居民相似，很大程度上依赖采集珍珠和捕鱼来维持生计。巴林在阿拉伯语中的字面意思为"两个海洋"，其北部海域的海床蕴藏着丰富的矿物质淡水，得益于潮汐和洋流的共同作用，珍珠贝得以在淡水和咸水之间交替生长，从而孕育出品质上乘的珍珠。珍珠采集和捕鱼业的繁荣极大地推动了巴林船业的发展，该地区逐渐成为海湾地区乃至全球的珍珠采集和贸易中心。

自 19 世纪 60 年代起，卡诺家族在巴林经营一家小型贸易公司，主要销售大米、糖、椰枣和木材。G1 尤素福在首都麦纳麦度过了早年的成长岁月。1890 年年满 22 岁时，他从父亲手中继承公司并命名为 Y.B.A.Kanoo，这是以尤素福的全名简称而来，并标志着家族企业的起点。

G1 尤素福不想只经营一家普通的贸易公司，他很早就展现出前瞻视野和商业野心，他观察到"印度洋→波斯湾→两河流域→地中海"贸易航线的兴起，而

巴林因位于波斯湾南岸的中心位置而变得尤为重要。天然良港成为航运公司和贸易商的理想选择。阿曼的铜锭、美索不达米亚的天然沥青、波斯湾的珍珠和棉花以及来自印度的各种珍贵木材、象牙和青金石，都在这里进行转口贸易。1890年在波斯湾水域，约4 500艘采珠帆船的1/3都在巴林停泊。

由于巴林的家用商品如餐具、瓷器，以及部分饮食如咖啡、水果等在当时都是通过进口获取的，G1尤素福尝试通过租用船只从印度西南部的喀拉拉邦进口各类商品。这些船只沿着东非海岸线航行，频繁停靠在蒙巴萨和桑给巴尔这两个重要的港口城市。桑给巴尔是东非的重要贸易中心，以其丰富的香料、椰子林和珍贵的木材资源而闻名于世。特别是红树林这种木材，广泛应用于传统的巴林屋顶建筑和造船业。与此同时，G1尤素福的船只也会在印度西北海岸的港口进行补给，从那里购买棉布、大米、茶叶等各类消费品。公司贸易起初依赖于这些航线来进口商品，这为之后的航运业务打下了基础。

在当时的商业环境中，涉足国际业务的企业相对较少。然而，G1尤素福凭借对进出口贸易的深入了解以及广泛的国际旅行经验，积累了丰富的国际业务知识和实践能力。当时的巴林还处于英国殖民之下，1820年英国入侵波斯湾后，迫使巴林与其签订《波斯湾和平总条约》。G1尤素福意识到若要在英属领地上取得进展，必须精通英语。于是，他与巴林的第一位英国代表哈吉·艾哈迈德·本·阿卜杜勒·拉苏勒展开合作，无偿担任信使和文书工作。G1尤素福很快展现出非凡的学习能力，并掌握了英语。作为社区中备受尊敬的智者，他在其他巴林商人中发挥智囊作用，还负责向英国传达巴林的意见，甚至在处理本地贸易纠纷或英国当局与巴林人之间的分歧时担任仲裁角色。

毫无疑问，G1尤素福在当时能够掌握英语对他的事业大有裨益。彼时，外国公司寻求扩大世界范围内的联系网络，特别是在中东地区。他们试图在这些国家找到可以直接用英语沟通的人，而不是依赖印度人充当他们的翻译。有一定社会声望的G1尤素福无疑是佳选，他还借此维护与政府机构的关系来进一步巩固社会地位。1900年，巴林任命了首位英国驻扎政治代理加斯金，G1尤素福担任其与时任巴林统治者谢赫·伊萨·本·阿里·阿勒哈利法之间的翻译。

随着时间推移，G1尤素福的业务逐渐扩展。1911年，他审时度势，将目光投向航运业，成立了航运代理公司——阿拉伯轮船有限公司（Arab Steamers Ltd），这标志着海湾地区首家航运代理的诞生。两年后，G1尤素福再次展现出卓越的商业才能，与英国石油公司（BP）前身——英波石油公司（APOC）签署代理协议，为企业全球扩张奠定了坚实基础（见图3-17）。

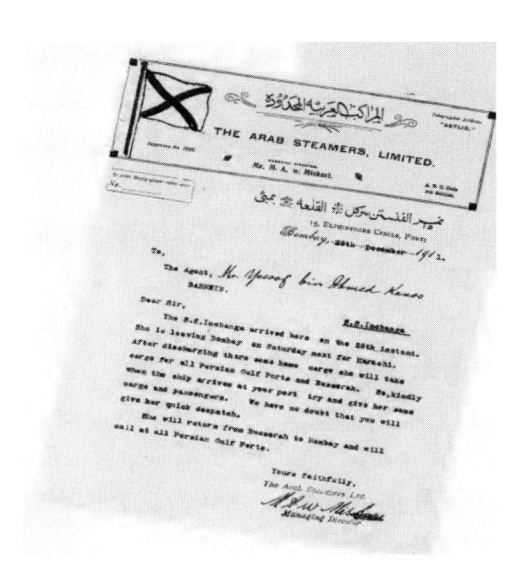

图 3-17　卡诺首家航运代理公司 Arab Steamers Ltd（1911 年）

来源：Khalid M. Kanoo（1997）. The House of Kanoo: a century of an Arabian family business. London: London Centre of Arab Studies.

　　G1 尤素福还通过与德国、英国、比利时和美国的商人交往，扩展了国际贸易网络。他与印度商人建立的友谊则转化为更为结构化的商业安排。例如，通过朋友帮助获得了代理权，用于购买大袋装的咖啡和茶并进口到巴林，然后通过分销商以散装的形式按重量销售，这使公司得以快速扩张。

　　与外国航运公司签署代理协议成为卡诺集团的主要业务，并逐渐发展为中东最大的区域船舶服务提供商，覆盖阿拉伯半岛所有主要港口和近海油轮装载终端。第一次世界大战前，卡诺家族已获得了包括英国、印度等重要的航运公司在巴林的代理权。与此同时，其航运公司通过接连不断的收购、合并，建立了复杂的贸易网络。

　　随着经营现金流的增加，G1 尤素福对银行业产生了浓厚兴趣。1909 年，东方银行（Eastern Bank）在伦敦成立，主要服务于与印度的贸易往来。次年，该银行在孟买开设了首家分行。然而，由于阿拉伯传统商业习俗，1916 年东方银行申请在巴林开设分行时遭遇了阻力。包括 G1 尤素福在内的部分本地商人反对其在巴林建立银行，他们认为银行应遵循伊斯兰原则，避免收取利息。G1 尤素福对外国银行在巴林的经营持保留态度，还因为这或将对他的银行业务构成威胁——几乎与此同时，G1 尤素福在巴林开启了银行业务。通过与伦敦代理的合作，卡诺家族能够获取货币和商品价格的信息，使他们能够向整个海湾地区的银行客户提供建议。

1908 年波斯湾发现石油，这为卡诺家族带来新的机遇。由于 G1 尤素福在行业中已经累积了一定的影响力，他 1913 年被任命为英波石油公司（APOC）在巴林的代理人，负责处理该地区的石油运输和相关事务。在此过程中，卡诺家族通过与英波石油公司的合作，巩固了在石油领域的地位，并在贸易和金融领域取得了进一步发展。G1 尤素福还对航空业和旅行社等萌生出一系列设想，然而这仅仅成为他的一场白日梦。

二、侄子接班，大萧条中艰难守业

1929 年，美国华尔街崩盘的余波迅速扩散至全球，包括巴林在内的海湾国家亦未能幸免。国际经济环境急剧恶化，各国纷纷采取保护主义措施，增强关税和贸易壁垒，导致全球贸易陷入低迷。

进入 20 世纪 30 年代，日本成功研发出人工培育珍珠技术，大量"培育珠"迅速充斥市场，对天然珍珠产业构成了巨大威胁。巴林首当其冲，珍珠价格出现断崖式下跌。1954 年，巴林珍珠产业的颓势已十分明显，仅剩下 11 艘采珠船和 538 名采珠工人，昔日辉煌不再。

然而，困境并未就此结束。1930 年，英波石油公司因在巴林大幅提高汽油和煤油价格而引发广泛争议。作为该公司的巴林代理，G1 尤素福被迫卷入这场纠纷，面临着前所未有的挑战。

卡诺的财务状况不断恶化，为化解这一困境，家族在 1933 年向巴林统治者申请了一笔贷款，期望借此缓解压力。然而，尽管贷款申请获得了初步批准，却因英国的反对而最终未能实现。无奈之下，卡诺被迫向其他金融机构贷款，并不得不出售部分家族业务，而这笔贷款的提供者恰恰是老对手东方银行，但卡诺家族为了生存只得接受高昂的利息。这一连串的打击对卡诺家族的生意和 G1 尤素福的健康造成了严重损害，家族陷入债务困境。

不久后，"二战"爆发。世界航运业受到严重影响，这令卡诺家族的处境雪上加霜。战争导致航运服务被削减到最低，商船经常受到鱼雷袭击而沉没，而卡诺家族则正是这些受影响航线的代理。停着不用的船只在停泊、维修等方面的开支巨大，正如"华人船王"包玉刚所说："一艘没有收入的船只，与其说是资产，不如说是负债。"

G1 尤素福决心克服挑战，寻找新业务渡过难关。彼时全球市场不仅面临运输挑战，还需解决战时生活必需品问题。1944 年，当一家美国公司向卡诺家族寻求商品运输咨询时，他敏锐地捕捉到了其中的商机。鉴于当时巴林和美国之间的进出口商品相对未受战争影响，G1 尤素福主动提出了一项前瞻性商业计划。他向这家美国公司建议定期运输包括糖果、丝绸在内的生活用品，以及福特、雪佛兰、道奇等品牌汽车。更重要的是，他巧妙地将业务重心放在了那些无需办理许可证的货物上（如烟草），并成功吸引了英国烟草公司等主要客户。这一策略不仅在经济低谷期打开了新业务的大门，后来烟草业务还成了卡诺公司最赚钱的业务之一。

尽管 G1 尤素福在事业上取得了卓越成就，但他的生活中却伴随着悲伤。他和妻子未能拥有自己的孩子，更为不幸的是，弟弟穆罕默德在 1903 年巴林爆发的瘟疫中英年早逝，年仅 25 岁。穆罕默德留下了两个儿子贾西姆（简称"G2 贾西姆"）和阿里（简称"G2 阿里"），以及一个女儿玛丽亚姆。G1 尤素福义不容辞地承担起照顾侄子和侄女的责任，并把两个侄子培养为家族企业的继承人。随着他们之间建立了更紧密的家庭纽带，孩子们不再称 G1 尤素福为"叔叔"，而是称为"父亲"。

作为大家族观念强烈的阿拉伯家庭，卡诺强调家族成员之间的团结互助。G1 尤素福在临终前召集了侄子 G2 贾西姆、G2 阿里及侄孙们，与他们分享了自己毕生的事业心得和价值观。他特别强调了制订计划和勇于创新的重要性，并嘱咐他们要"心存敬畏，保持刚毅与公允，善待比自己弱小的人"。在传承方面，他指定了 G2 贾西姆和 G2 阿里作为接班人。同时他告诉家人，银行里只剩下几千卢比，他的时代已经结束，现在要由下一代率领家族企业继续前行了。

G1 尤素福在 1945 年去世时，已经设法偿还了大部分债务，但公司仍面临资金不足之窘境。这意味着，第二代 G2 贾西姆和 G2 阿里继承了一家声誉良好但现金匮乏的公司，他们之间约定以"五五开"的比例成为合伙关系，并由 G2 贾西姆担任集团主席（见图 3-18）。

图 3-18　G2 阿里、G1 尤素福、G2 贾西姆（从左至右）

1945年"二战"结束后，商业活动逐渐恢复。巴林政府放松了出口管制，卡诺集团与英国、法国和澳大利亚等国恢复贸易。随着战后复苏，G2贾西姆两兄弟带领集团踏入未知的商业领域。20世纪40年代末，他们积极与世界各地建立新的商业联系，并不断收到外国公司问询商品信息，包括手表、香水、咖啡、汽车等，他们很快把握住这些新业务带来的增长点。

随着海湾地区发现石油，当地经济进入前所未有的繁荣时期。在此基础上，海湾国家大力发展基础设施。自20世纪50年代起，G2贾西姆敏锐地捕捉到了水泥作为基础设施的关键建材所蕴含的巨大商机。因此，他将主要精力投入到海湾地区水泥运输与分销业务中。此前，他与兄弟G2阿里共同掌管卡诺集团，然而随着时间的推移，G2贾西姆决定将公司原有的运营职责全权委托给G2阿里，以便自己全身心投入到新的业务中。通过与沙特、科威特、卡塔尔、阿联酋等国指定代理商紧密合作，G2贾西姆成功将水泥销售至这些区域。

石油开发对海湾地区产生了深远影响，在接下来的数十年间，海湾各国的石油公司纷纷成立，卡诺家族与沙特国家石油公司、沙特基础工业公司、阿布扎比国家石油公司、巴林石油公司和阿曼石油开发公司等之间的新业务成为企业复苏的关键。经过两代人的努力，卡诺家族不仅成为22家航运公司和6家航空公司的代理，还涉足建筑、设备供应、石油贸易、保险等多个行业，家族企业逐步渡过难关。

对于卡诺家族成员来说，这段创业生活无疑是艰辛的。卡诺家族第四代掌门人G4哈立德回忆："祖辈和父辈们经常早上七点离开家，直到半夜才回来。因此，在我们童年时期，我和兄弟姐妹几乎很少见到长辈们。他们总是忙于加强先前建立的关系，并探索新的业务领域。"

三、三代领航，海湾战争中的商业赢家

G2贾西姆的儿子G3穆巴拉克、G3阿卜杜阿齐兹和G2阿里的儿子G3阿卜杜拉完成了在贝鲁特美国大学的学业后，陆续接班家族企业。

"二战"后，旅游业开始兴起。G3穆巴拉克1945年加入家族企业，他认为现在正是卡诺家族成立旅行社的好时机。他于1946年成立的卡诺旅行社迅速成为"城中谈资"，这不仅是巴林第一家旅行社，也是当时中东唯一的一家。开业不久，卡诺家族有幸接待了巴林时任统治者谢赫·沙尔曼·本·哈马德·阿勒哈利法，以及科威特时任统治者谢赫·贾比尔·艾哈迈德·贾比尔·萨巴赫的来访，

随后公司逐渐发展成为中东规模最大的旅行社（见图3-19）。

右一至右三分别为 G3 穆巴拉克、谢赫·沙尔曼·萨尔曼·阿勒哈利法（巴林统治者）、谢赫·贾比尔·艾哈迈德·贾比尔·萨巴赫（科威特统治者）和 G3 穆罕默德

图 3-19　卡诺旅行社开业仪式（1946 年）

来源：Khalid M. Kanoo（1997）. The House of Kanoo: a century of an Arabian family business. London: London Centre of Arab Studies.

随着卡诺企业规模的增加和资金的积累，第三代做出了两个重要的投资决策：一是，从伦敦泰晤士河管理局购入 8 艘 50 吨的二手驳船，每艘购入价约为 150 英镑。随着家族持续购入二手船，1949 年卡诺航运公司已经拥有 4 艘小汽艇和 12 艘驳船。二是，20 世纪 40 年代末，随着航运业的发展，众多知名航运公司纷纷寻求业务合并以扩大市场份额，卡诺集团决定将马士基航运纳入其船代业务范畴，此举为其在全球航运市场的竞争中注入了新的活力。这两个正确决策帮助卡诺集团用较低成本获取了较高的商业回报，建立起更广阔的网络。

20 世纪中叶，伴随着石油开发，卡诺家族意识到开拓海外市场并设立分支机构的重要性。1949 年，G3 阿卜杜拉完成了在企业学徒期后，他的父亲 G2 贾西姆委派他去沙特拓展业务。在 G3 阿卜杜拉首次访问沙特时，他对当地恶劣且艰苦的环境条件感到震惊。尤其是沙特东海岸，在石油发现之前几乎没有任何基础设施建设的迹象。一年后，G3 阿卜杜拉选择返回巴林。他走进父亲 G2 贾西姆的办公室，宣布不再想去沙特。父亲冷静地回应："如果你不想去就不去。你可以留在这里，我们会为你提供住处并继续支付工资，但你不再是我们的一员。" G3

阿卜杜拉思考了一夜，第二天重新踏上去沙特的旅程。1950年，卡诺在沙特成功开设第一家办事处，并与沙特国家石油公司签订了第一份合同。随后成立的卡诺工业和能源公司为整个海湾地区的主要公用事业、炼油、石化公司提供服务。

在海湾国家快速发展的时期，卡诺积极与周边国家合作，成立合资公司以共同开拓市场。20世纪60年代，卡诺进军阿联酋，从阿布扎比开始船务代理业务，到70年代时主要代理业务包括航运、烟草贸易和建筑设备，其中香烟市场份额高达30%。1975年，开办阿曼办事处。

1973年，第一次石油危机爆发。为了对抗以色列及其盟友，石油输出国组织（OPEC）采取强硬措施，宣布石油禁运并暂停出口。阿拉伯半岛经历了一场前所未有的变革，油价的飙升刺激了经济迅猛增长。这一时期，卡诺通过航运、物流和石油气部门，成为石油、天然气行业的重要参与者。20世纪70年代，成立了机械部门和油气部门，进一步巩固了在能源领域的地位。卡诺凭借对石油贸易资源的掌握和与海湾石油公司的紧密合作关系，在石油繁荣浪潮中积累了巨大的财富和影响力。

与多数专注于国内业务的家族企业不同，卡诺一直选择通过海外市场获取收入，其所涉及的国际贸易、航运和旅行社业务，都得益于国际化理念的推动。直至20世纪80年代，才开始面临来自本地公司的真正竞争，但卡诺已在特定专业领域取得了领先地位，其他公司已经很难造成威胁。从1976年到1990年，卡诺与国际企业合作，创办40余家合资企业，业务涉及多个领域，包括运输、通信、钻探、工程等。

阿曼、阿联酋等海湾国家相继独立后，纷纷建立自己的航空公司。彼时海湾航空作为一家新成立的小型航空公司，面临资金短缺、专业人才不足的困境，于是开始进行股权重组。卡诺家族G3侯赛因和G4哈立德积极参与新组建的海湾航空公司，成为董事并持有股份（见图3-20）。

家族企业在漫长的发展历程中常要面对政治、经济巨变带来的诸多挑战。1990年8月2日凌晨，伊拉克入侵科威特，波及整个海湾地区。战争对卡诺再次产生了不可避免的影响：项目暂停或取消，货物运输受阻，机场和海港因军事活动拥堵……卡诺许多办事处位于或邻近敏感区域，尤其石油城、航空港和海港是化学或生物战争的潜在目标，国家化工设施和通信设施的安全隐患更是加剧了公司业务的不确定性。由于阿联酋和阿曼超出了伊拉克导弹的射程，也远离了入侵的威胁，这些地区的业务保持稳定，当地机场仍然对商业航空公司开放，并成为侨民撤离的聚集点。

第三章 "民富论"：中东家族企业

机长博杰（左一）、G3 侯赛因（左二）和 G3 艾哈迈德（左三）

图 3-20 迎接首架加入海湾航空的 BAG I-II 飞机

来源：Khalid M. Kanoo（1997）. The House of Kanoo：a century of an Arabian family business. London：London Centre of Arab Studies.

随着 1991 年 1 月海湾战争的爆发，卡诺旅行社担负起战时重任，负责以空运进行外籍人员疏散，包括紧急疏散 10 万名印度工人从各海湾机场撤离，安排巴士将其送往卡塔尔和阿联酋，再由那里乘飞机返乡。美国在战时宣布向当地派遣 10 万名部队，卡诺集团则承担了美国海上运输业务的 60%，成为这一过程中的主要获益者。

外部环境在带来挑战时，也伴随着机遇。危机虽然带来挑战，但也为企业提供了改革和创新的机会。卡诺在面对政治动荡、经济危机和市场变化时，不仅能够有效地管理风险，还能够抓住机会，实现多元化和国际化。

凭借此前积累的关系网络，卡诺在沙特、阿联酋和阿曼的传统业务并未受到海湾危机的影响。即使在 1993 年民用货物处理量减少的情况下，美国军方每个月仍有大量集装箱抵达沙特达曼，卡诺继续为军事航班提供服务。在阿曼，公司通过向英国军队出售大量帐篷，用于在苏丹建立大型野战医院，甚至创造了史上最高的年度利润（见图 3-21）。

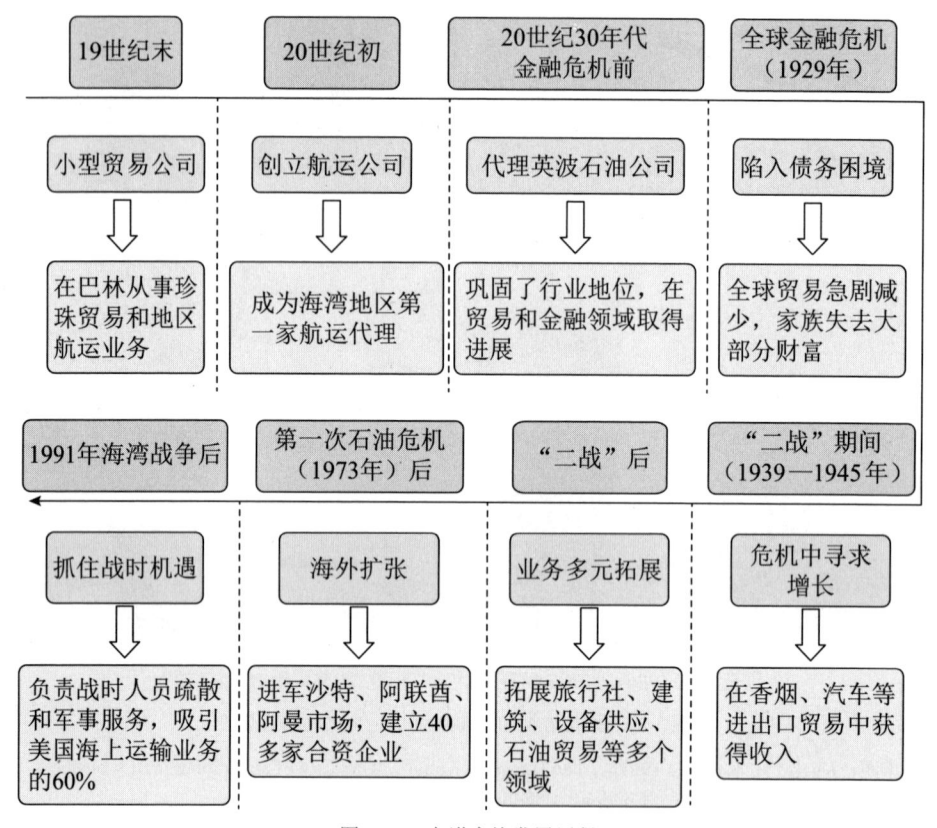

19世纪末	20世纪初	20世纪30年代金融危机前	全球金融危机（1929年）
小型贸易公司	创立航运公司	代理英波石油公司	陷入债务困境
⇩	⇩	⇩	⇩
在巴林从事珍珠贸易和地区航运业务	成为海湾地区第一家航运代理	巩固了行业地位，在贸易和金融领域取得进展	全球贸易急剧减少，家族失去大部分财富

1991年海湾战争后	第一次石油危机（1973年）后	"二战"后	"二战"期间（1939—1945年）
抓住战时机遇	海外扩张	业务多元拓展	危机中寻求增长
⇩	⇩	⇩	⇩
负责战时人员疏散和军事服务，吸引美国海上运输业务的60%	进军沙特、阿联酋、阿曼市场，建立40多家合资企业	拓展旅行社、建筑、设备供应、石油贸易等多个领域	在香烟、汽车等进出口贸易中获得收入

图 3-21　卡诺家族发展历程

四、跨世代家族契约与"交替式传承"

位于巴林王国麦纳麦市中心的卡诺集团总部是阿拉伯海湾地区第一座钢结构商业建筑，这是一个世纪前 G1 尤素福创办家族企业的地方。在卡诺百年发展历程中，全球化为家族企业提供了扩展市场和资源获取的机会，但同时带来了更激烈的竞争和更复杂的管理挑战。

企业传承意味着重构既有的管理权和治理权，孕育下一代领导者，而卡诺家族内部秩序的调整有着一定的特殊之处。在阿拉伯文化中，大家族观念强烈，这与贝都因人和游牧民族的生活方式、生存环境和宗教信仰等紧密相连。也正因于此，阿拉伯民族中"小家庭"和"大家族"的界限相对模糊，更注重家族的荣誉和传统。阿拉伯国家超过 90% 的企业都是家族企业，这些民族以家族为单位，彼此互助合作，共同抵御风险（见图 3-22）。

第三章 "民富论"：中东家族企业

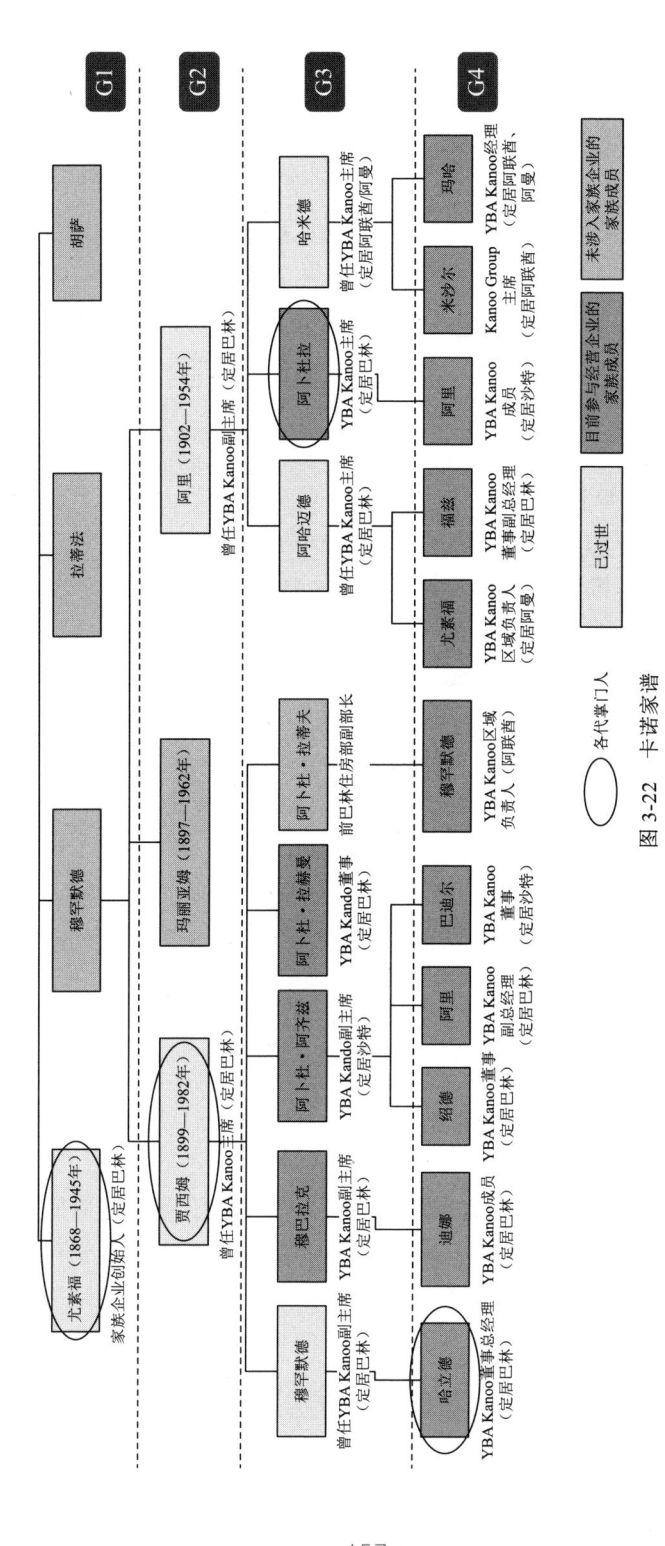

图 3-22 卡诺家谱
来源：卡诺家族

阿拉伯文化强调家族的重要性和集体主义价值观，卡诺的家族传承体现着这种观念。在面对危机和挑战时，家族凝聚力成为其最重要的资产。1954年，G2 贾西姆和 G2 阿里签署了一份《赠与及转让契约》（Deed of Gift and Transfer）。根据这一规定，长子 G2 贾西姆被任命为董事会主席，G2 阿里为副主席，G3 阿卜杜拉和 G3 穆巴拉克被提名为董事会成员，其他儿子负责公司的日常事务管理。这份契据的签署是家族历史的里程碑事件，不但标志着家族企业的第一次传承，也是建立家族治理的开始。"契约"影响着 G2 贾西姆和 G2 阿里后代的财富分配，在家族内部也一直被视为重要治理文件。由于卡诺家族在当地的影响力，巴林法院和政府代表都亲临现场作为见证人。

尽管 G2 贾西姆有五个儿子，G2 阿里有三个儿子，但由于他们对彼此的深厚感情，决定平均分配合并后的家产。1965 年，卡诺家族第三代的七位兄弟签署了《业务出售协议》。但由于第三代 G3 阿卜杜·拉蒂夫担任巴林住房部副部长，未涉入家族企业。这一协议通过了一种新的股权结构，即将家族企业转变为一个平等的合伙关系，这一结构通过法律程序得到了正式的确认和合法化。

在这种"平等的合伙关系"框架下，卡诺家族实行了一种独特的"交替式传承"模式。具体而言，在接力棒交接给第二代的两兄弟后，第二代由 G2 贾西姆主要领导，而第三代则过渡到了 G2 阿里的儿子 G3 阿卜杜拉的手中。遵循同样的逻辑，第四代则由 G2 贾西姆的孙子 G4 哈立德掌舵。这种传承方式不仅体现了家族内部的平等与和谐，也确保了企业在不同代际间的持续和稳定发展。

目前，卡诺由家族第四代掌舵，而第五代也有多位成员投身家族企业之中。他们分别在巴林、沙特、阿联酋、阿曼等国负责不同板块的业务。所有在公司工作的家族成员都有各自的专长和特点，正如 G3 穆巴拉克所说："年轻一代想要做自己的事。"

卡诺家族第四代自幼便融入家族企业，接受系统培训。他们中的多数人在欧美接受了高等教育，具有广阔视野和丰富知识。尽管家族在很大程度上允许这种灵活性，但有一个至关重要的前提——家族企业的持续成功绝不能因个人私欲而受损。一旦出现利益冲突，企业利益必须置于个人之上，这已成为卡诺家族的坚定原则。正如 G4 米沙尔所说："金钱会消散，而家族精神不会。"

第四代 G4 掌门人哈立德的教育与职业路径充分展现了家族领导者的特质。他先在巴林男子学校完成了基础教育，随后前往黎巴嫩继续高中学业。为了拓宽知识领域和增强国际视野，他在英国深造，并最终在美国获得理学学士学位。在大学暑假期间，G4 哈立德投身于实践，回到巴林工作。他通过不懈努力，在港口仓库和商业部门积累了丰富实践经验，从基层理货员晋升为销售员，并最终担任了船运代表这一重要职务。

在经营战略和管理实践中，家族企业对社会责任和文化传承的重视也很关键。1990 年，为庆祝企业成立百年，家族成员开始探讨设立基金会的可能性，旨在各个领域提供奖学金支持。家族决定投入 600 万美元给卡诺基金会，用以奖励那些在科学技术领域推动社会进步和做出杰出贡献的个人或团体。

社会关系网络在资源获取、信息流通和机会识别中具有重要性。卡诺家族的重要成功因素之一是，将广泛的社会网络贯穿四代之中，不仅在阿拉伯国家建立了坚实的商业关系，还成功地在全球范围建立了合作伙伴关系。这些高价值的社会网络不仅为企业提供了宝贵的资源和信息，也为其在竞争激烈的市场环境中寻找到新的增长机会（见图 3-23）。

巴林卡诺家族四代的辉煌始于创始人 G1 尤素福的独到商业眼光。他敏锐地捕捉到巴林的地理优势，将一家小型贸易公司逐步发展成为在中东颇具影响力的航运企业。尽管在历史的风云变幻中，公司曾遭遇多次挑战，如在 1929 年大萧条中损失惨重，甚至在"二战"期间航运业务几乎停滞，但卡诺家族始终展现出顽强的生命力。他们积极开拓新的业务领域，如保险、建筑、设备供应和石油贸易等，为家族持续发展奠定了坚实基础。战后，第二代 G2 阿里和 G2 贾西姆进一步扩展了企业的国际视野，与世界各地的公司建立了紧密的贸易伙伴关系。第三代掌门人 G3 穆巴拉克的创新思维引领家族进军旅游业，而其他家族成员则陆续将业务扩展至沙特、阿联酋、阿曼等国家和地区。

在长达百年的经营历程中，卡诺家族始终坚持家族价值观理念。G1 尤素福将家业传承给侄子时所强调的平等与利益共享原则，有效避免了家族内部冲突，确保了家族企业的长期稳定发展。此外，家族始终秉持国际化理念，这也是得以在一次次危机中化险为夷、不断壮大的重要原因之一。

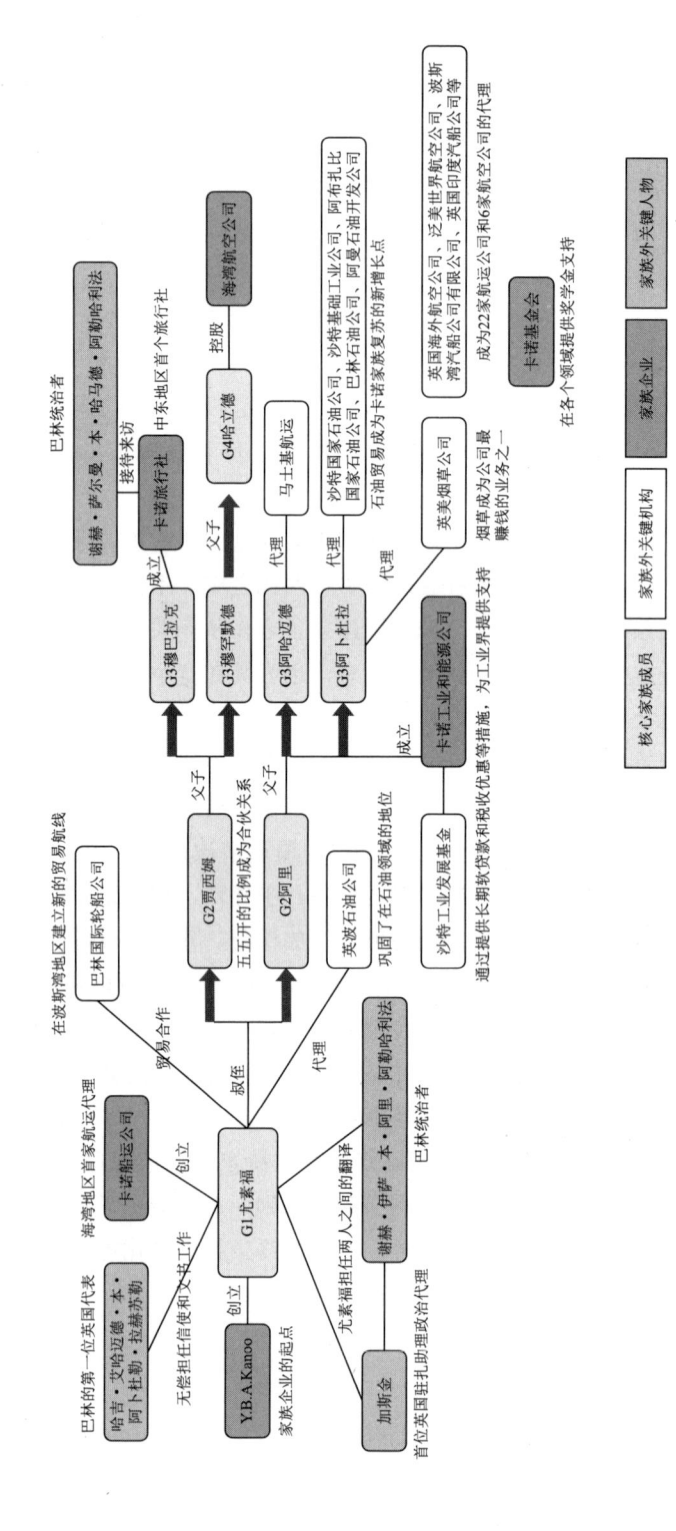

图 3-23 卡诺家族主要关系网

第六节
阿吉兰兄弟："后石油时代"沙特转型的微缩样本

沙特阿吉兰兄弟控股集团（Ajlan & Bros Holding，简称"阿吉兰兄弟"或"阿吉兰"）是中东最大民企之一，业务涉及纺织服装、房地产、物流、金融科技等行业，在超过 25 个国家运营 75 家公司，拥有逾 1.5 万名员工。阿吉兰四兄弟 1979 年白手起家，几十年间将一间家庭作坊发展为多元化跨国集团。2022 年，位列福布斯"阿拉伯最具影响力家族企业百强"第 20。

当前，沙特正处于经济转型的关键节点，民营经济被视为"后石油时代"经济增长的主要动力。沙特民营企业多为家族企业，根据沙特家族治理论坛数据，沙特约有 63.8 万个家族企业，占企业总数的 63%。阿吉兰兄弟是沙特 1970 年以来发展起来的家族企业代表性案例。

一、服装商铺起家："好名声是实实在在的资本"

阿吉兰·阿卜杜勒阿齐兹·艾尔·阿吉兰（简称"G2 阿吉兰"）自小在经商的家庭氛围中长大，他的父亲谢赫·阿卜杜勒阿齐兹·本·阿吉兰（简称"G1 阿吉兰"）1955 年以来一直在利雅得的德伊拉（Deira）市场从事食品和纺织贸易。

作为长子，G2 阿吉兰 5 岁起就常与父亲一起去德伊拉市场，坐在小店里边收钱边看父亲如何销售布匹和衣服。家族生意的耳濡目染，为他和兄弟们日后创业埋下伏笔。他说："父亲教会了我人生第一课——对于商人而言，好名声是实实在在的资本。"

20 世纪七八十年代，沙特进行重大经济变革，开始鼓励私营经济部门发展。费萨尔国王 1970 年颁布沙特首个"五年发展计划"，提出在经济迅速变化的情况下，增进各阶层的福祉，促进社会稳定。这一时期的沙特正处于石油经济繁荣期，各类经济活动日益活跃。1978 年，G2 阿吉兰面临两种选择，要么像父亲一样直接经商，要么出国读书。他选择了前者，在父亲的老店旁开了一家男装配饰店。彼时，6 000 公里之外的中国，改革开放刚拉开序幕，阿吉兰兄弟与中国第一代民营企业家同频创业。

不久后，G2 阿吉兰的三个兄弟萨德·本·阿卜杜勒阿齐兹·艾尔·阿吉兰（简称"G2 萨德"）、穆罕默德·本·阿卜杜拉阿齐兹·艾尔·阿吉兰（简称"G2 穆罕默德"）、法赫德·本·阿卜杜勒阿齐兹·艾尔·阿吉兰（简称"G2 法赫德"）

也纷纷加入家族生意。1979年，四兄弟共同创立Drosh品牌，并将阿吉兰兄弟第一家商店扩大为服装批发中心。

创业初期，阿吉兰定位为生产阿拉伯传统长袍、头巾等本土特色服装的一线男装品牌，并很快为这种融合伊斯兰文化和沙漠气候特点的服装品类打开了市场。

服装和面料是阿吉兰兄弟的主要关注点，其从利雅得开始，逐步在吉达、麦加和布赖代等城市开设门店，铺设覆盖沙特所有城市的销售网络，成为中东、北非地区最大的传统服装企业之一。20世纪80年代，阿吉兰产品逐步畅销阿拉伯国家。彼时，沙特正在经历第三个"五年发展计划"（1980—1984年），当地私营部门占GDP比重从1980年的28.6%增至1985年的50.2%。

随后几十年间，阿吉兰兄弟逐步发展为沙特最大的纺织服装企业，业务覆盖超过15个国家，拥有3 000多家零售店，每年售出超过5 000万件服装，占沙特该品类市场份额的40%以上。

二、进入房地产业：探索"第二增长曲线"

尽管在服装业实现了跨越式发展，但阿吉兰兄弟很快意识到，沙特服装市场规模有限、利润较薄，存在行业天花板。

彼时，沙特作为世界主要石油出口国，一直在探寻经济现代化的新范式。海湾阿拉伯产油国经济高度依赖石油，呈现较为典型的"食利国"特征——超过40%的收入源自于石油或其他外部资源。伴随国际能源的多元化和供需结构的调整，沙特原有经济发展模式的脆弱性愈加凸显，国家财政压力巨大。对此，萨勒曼国王执政以来加快经济改革步伐，以摆脱资源诅咒和经济结构性问题。沙特第七个"五年发展计划"（2000—2005年）以来，大力发展民营企业成为经济多元化的重要推手，政府期望至2030年，民营经济对GDP的贡献从当前的40%大幅提升至65%，非石油产业对GDP的贡献度从16%提高到50%。

在中东海湾国家，私营部门大多是从事建筑、零售等领域的家族企业，且多与政府关系密切。长期来看，沙特的人口红利和消费潜力使其有望成为中东海湾地区的第一大房地产市场。在此背景下，阿吉兰兄弟开始进行产业转型，以房地产行业拉动"第二增长曲线"。

笔者与阿吉兰兄弟的控股家族及高管进行了多次访谈。副董事长G2穆罕默德谈道，在决定进入某一行业前，家族股东会从市场规模、利润水平、可持续性等多个维度进行论证。在当前的多元化产业布局中，给阿吉兰兄弟带来最大收益的是房地产业。

2016 年，沙特政府发布以"2030 愿景"为核心的国家转型计划，希望通过经济和社会双轮驱动的改革逐步实现经济多元化。英国中东问题研究专家蒂姆·尼布洛克认为，自 2017 年以来，沙特政治体系和权力结构发生了重大变化，这为私营部门的蓬勃发展创造了有利条件。

尤其是"2030 愿景"提出，将沙特居民的住房拥有率提高至 70%，大力发展基础设施建设，使其成为全球最大的建筑市场。自转型计划提出以来，沙特房地产和基础设施项目规模超过 1.1 万亿美元，其商务部还提出拟将房地产行业占 GDP 的比例从 2016 年的 5% 提高至 2020 年的 10%。

阿吉兰积极参与其中，凭借纺织服装业赚取的第一桶金，大举进军房地产。目前，阿吉兰兄弟贸易和房地产投资公司已成为沙特最大房地产公司之一，布局住宅、工业、商业和仓储空间，占地超过 7 000 万平方米。90% 房地产业务在沙特境内，其余则分布在美国、欧洲和中国等 25 个国家，在售及已售项目价值超过 150 亿美元。标志性项目为 2021 年在沙特达曼开发的、占地 1 020 万平方米的房地产项目 Jawharat Al Matar。

中东新一代民营企业往往高度重视与政府建立共赢关系以获取资源，突破发展瓶颈。阿吉兰并非沙特的"老钱"家族，对政策变化具有高度的敏感性。在寻求产业转型升级的过程中，阿吉兰亦重视从国际咨询公司获取前沿信息和专业建议。在了解到沙特是世界上最大的淡化海水生产国，海水淡化量占世界总量约 21% 这一信息之后，阿吉兰 2022 年参与投资位于沙特达曼机场以北、价值 8 亿美元的 Jubail 3B 独立海水淡化项目，计划未来向利雅得和卡西姆地区供应饮用水，阿吉兰拥有该项目 30% 的股份。该工厂拥有沙特海水淡化厂最大的内部太阳能设施，有助于优化电力消耗并减少对电网的依赖。

沙特"2030 愿景"及"2020 年国家转型计划"均以采矿业改革为切入点，政府希望在采矿业中增加民营经济占比，以推动该行业大规模增长。沙特拥有丰富的矿产资源，包括磷酸盐、铝土矿、金、银、铅、锌、铜、铁矿石及稀土等，政府估计其矿业资源的总价值约 4.9 万亿里亚尔（约合 1.3 万亿美元），但尚未大规模开发利用。阿吉兰与全球领先矿业公司合作，如与全球大型黄金冶炼企业瓦尔坎比（Valcambi）共建贵金属和铂族金属精炼设施，与我国北方工业和赤峰黄金开展勘探和采矿活动，还计划未来 10 年向国家工业发展和物流计划投资 130 亿美元，在沙特境内推动高级锌、铜项目等。

海湾阿拉伯国家对科技创新持有较为包容开放的态度，沙特中央银行（SAMA）鼓励金融科技的发展，开设"监管沙盒"，允许本地及海外金融科技公司在沙特市场推出其产品服务前，在相对宽松的监管环境里测试创新的数字化产品。阿吉兰兄弟在金融科技领域布局了供应链金融、数字银行和小额贷款等，目标是打造全牌照的金融控股平台。2022年，阿吉兰与中东及非洲最大金融机构——卡塔尔国家银行（QNB）签署了合资经营协议，将设立合资公司，共同在沙特推进数字银行的发展。

三、结缘中国：从自建工厂到资源整合者

面向未来，阿吉兰希望能突破传统服装业的可替代性、政商关系的不确定性，探寻更具可持续性的发展方向，其全球化布局战略日益清晰。

"求知，虽远在中国，亦当赴之"——这是一句古老的阿拉伯谚语，至今仍在中东地区广为流传。20世纪90年代，随着中沙两国正式建交和自身业务的国际化，阿吉兰关注到中国市场，开启了沙特企业家的"求知之旅"。彼时，我国社会主义市场经济体制的改革目标正式确立，民营经济发展迅速、日趋活跃。

阿吉兰决定进入中国从事贸易，在2002年开设了第一家工厂，2003年山东海之杰纺织有限公司（简称"海之杰"）揭牌成立。随后10年，阿吉兰兄弟继续扩大在服装行业的布局，在江苏、山东和新疆等地建立了十余座工厂，2015年将所有制造业资源整合至山东。海之杰拥有超过5 500名员工，作为山东枣庄市最大出口商，2022年度出口总额突破6.1亿元。

阿吉兰通过不断拓展服装纺织产业布局并整合所有工厂资源，已成为沙特在华规模最大的民营企业，在华投资规模仅次于沙特国家石油公司、沙特基础工业公司等大型国有集团。

阿吉兰副董事长G2穆罕默德说："在阿吉兰兄弟40余载的创业生涯中，一半时间都参与了中国市场。我们乘着改革开放的春风进入中国市场，见证了经济腾飞。中国是全球纺织业中心，拥有完整的纺织产业链，这对提高企业运营效率和效益至关重要。我们进入中国市场的主要原因在于，中国产能可以满足沙特本地市场需求，产品质量也有保障。"

通过对中国市场的长期参与，阿吉兰意识到，中国在制造业之外有更多值得借鉴的"东方经验"。他们敏锐地发现了新的商机——中国在人工智能、医疗、物流、金融科技、娱乐游戏等行业处于领先地位，这有助于助力实现"2030愿景"。同时，不少中国企业也积极寻找在中东、北非的发展机会，但存在语言、文化、经验等方面的障碍。

基于自身在中国市场的先发优势，阿吉兰兄弟逐渐自我定位为中国企业进入中东、北非的首选合作伙伴，其利用数十年积累的沙特政府资源和跨行业经验，将创新性或颠覆性的产品服务带到沙特，帮助中资企业克服信息不对称，消除监管、文化等障碍。

2017年以来，阿吉兰兄弟在上海、北京、深圳和香港相继成立办公室，与中资企业在沙特及中东北非成立合资公司，目前已落地多个项目，包括与顺丰国际成立子公司AJEX，与赤峰黄金成立合资企业进行探矿；在金融科技领域，与移动支付企业威富通合作电子支付企业Tiqmo，与供应链金融科技企业联易融设立合资公司；在医疗健康领域，与医药智能化解决方案供应商健麾信息、基因科技企业贝瑞基因等合作成立公司，提升沙特医疗自动化及服务水平。

四、扩张社会资本：获得更多信息和资源

在沙特传统商业实践中，能否得到政府合同在很大程度上取决于与王室和官员的亲近程度。阿吉兰董事长曾担任沙特工商总会（Federation of Saudi Chambers）主席，副董事长担任沙中商会主席，CEO曾任沙特国家石油公司高管，这些社会资本让阿吉兰在多个层面获得了较为广阔的信息和资源。

研究表明，社会资本嵌入在相互联系的个体、群体或民族的网络中，人们通过社会网络与他人联系，由此获得有形和无形资源。家族企业及其成员都在社会结构中开展活动，经济行为和企业战略都会嵌入社会网络中。密集连接的网络有助于增加社会资本，创造信任和互惠发展的条件。

为了提高家族企业内部的人力资本及管理稳定性，这些沙特家族企业亦会引入职业经理人，建立泛家族化网络，提高抗风险能力，实现快速发展。阿吉兰兄弟CEO、前沙特国家石油公司高管阿里·哈兹米正是家族聘任的外部职业经理人。在长达33年的职业生涯中，哈兹米曾带领沙特国家石油公司核心部门实现扭亏为盈，也曾领导沙特海水淡化公司（SWCC）建立起关键绩效指标，将资源可用性和利用率提高到99%，产量提高30%以上。在哈兹米的推动下，阿吉兰兄弟和沙特国家石油公司就投资半导体制造和塑料回收厂签署了两项合作协议，以契合沙特的高新科技和绿色经济倡议。

2020年，哈兹米加入阿吉兰兄弟。从决策链较长的国有企业进入高效灵活的民营企业，他希望借助自己数十年的管理经验，协助几十年前结识的阿吉兰几兄弟，实现集团盈利的长期性增长。

在阿吉兰兄弟看来，除了聘请职业经理人，企业的可持续发展还必须给下一代创造更多发挥才能的机会。目前，核心管理层为第二代的三兄弟——董事长 G2 阿吉兰、副董事长 G2 穆罕默德、董事 G2 法赫德（G2 萨德已故），以及第三代的法赫德·萨德·艾尔·阿吉兰（简称"G3 法赫德"）。

阿吉兰兄弟董事会中有 7 名成员来自第三代，他们具有更为宽广的国际视野，预计未来一两年会有更多的下一代成员加入。第三代家族成员阿吉兰·穆罕默德·艾尔·阿吉兰（简称"G3 阿吉兰"）赴美留学归来后进入企业，被派往不同部门工作了 7 个月，对业务有较为全面的了解后，担任副总裁，领导投资业务。2018 年以来，G3 阿吉兰主导完成了多个跨国、跨领域的投资及并购项目，包括设立合资公司及 PPP（政府和社会资本合作）项目等，并担任利雅得商会物流委员会、矿业委员会、工业委员会委员等社会职务。他谈道："勤奋工作、坚韧不拔和创新精神始终根植于我们家族、企业和团队之中，正是由于这种韧性和精神，我们才能够经受任何即将到来的风险与挑战。"

阿吉兰第一代和第二代以实业为主，第三代在国际化教育背景下具备较为丰富的金融知识，也能更好实现从实业到投资的跨越。在培养下一代的过程中，阿吉兰注重"刚"与"柔"并济。"刚"的因素包括企业治理、家族治理、财富管理等；"柔"的因素包括下一代教育、文化与价值观等。

阿吉兰兄弟从零售起家，通过进军房地产业拉动"第二增长曲线"，不断拓宽业务和地域发展边界，在国际化进程中找到长期立足点。"后石油时代"，私营部门在海湾国家经济多元化方面将会发挥更为重要的作用，在沙特经济迈向多元化、社会走向世俗化的发展新阶段，以阿吉兰为代表的沙特民营企业将为重塑经济发展模式、建立新的社会契约进行新的探索。

第七节

跨来控股：沙特联合家族办公室的实践与创新

作为阿拉伯半岛最大国家和中东最大经济体，沙特阿拉伯自 20 世纪 30 年代起凭借巨额石油收入实现了经济的快速增长。根据世界银行数据，2023 年沙特 GDP 达 1.07 万亿美元，排名全球第 19。

石油财富和新财富推动了中东财富管理行业的发展。家族办公室尤其是联合家办（MFO）作为重要的财富管理机构开始崭露头角，成为沙特快速发展的新兴业态。

笔者访谈了沙特最具代表性的家办之一跨来控股（Quara Holding）。6 位一代创始人在联手缔造沙特市值最高的上市房地产公司之后创办了这一家办，他们不仅培育出一流的本土企业，还在财富管理领域率先创新。

沙特企业家尤苏福·谢拉什（简称"谢拉什"）1994 年联合其他 5 位创始人创立了达兰卡地产（Dar Al Arkan），之后发展为涵盖金融、科技等行业的多元化集团。他们在创业成功之后又成立了跨来控股，作为联合家办控股多家实业企业，对家族事务进行统一治理。

一般而言，家族企业本身的体系较为复杂，经济利益和亲情关系经常互相交错，家族企业内部的各种冲突层出不穷，兄弟阋墙的例子更是不胜枚举。单一家族保持内部和谐与团结尚且十分困难，跨来控股背后的五大家族（一位创始人已经去世，其二代继承人退出公司并沽清股份）是如何做到长期合作、永续经营呢？

一、家族企业：根植房地产业，构建金融科技生态圈

1943 年，美国《生活》杂志展示的沙特首都利雅得的城市面貌，仍然与 1902 年被沙特阿拉伯开国国王阿卜杜勒·阿齐兹率部攻占时相差无几，主干道上不但有未经铺砌、尘土飞扬的广场，还有挤在低矮的泥土墙前成群穿着长袍的男子。20 世纪中期，热火朝天的基础设施建设和频繁的国际经济交流合作，成为席卷沙特的现代化浪潮。到 20 世纪 80 年代初期，沙特已经成为中东各国城市化程度较高的国家之一。

谢拉什认为，建筑业是国家的心脏，它将血液输送到全身，他与 5 位志同道合的合伙人在沙特各地寻找建筑业发展机会。1994 年，6 位创始人在利雅得成立了达兰卡地产，最初从事一级开发，主要收入来源为土地买卖，而后逐渐拓展到房地产开发和建设。

沙特的创业活动高度倚赖于关系网络中的强关系，比如获得许可证和承包能力是沙特房地产开发中的两大关键要素。达兰卡地产刚创业时，沙特发放的建造经营许可证数量相对收缩，但公司在此期间快速建立了市场领导地位，其合作伙伴中很多都是各地历史悠久的商业家族，如图 3-24 所示。

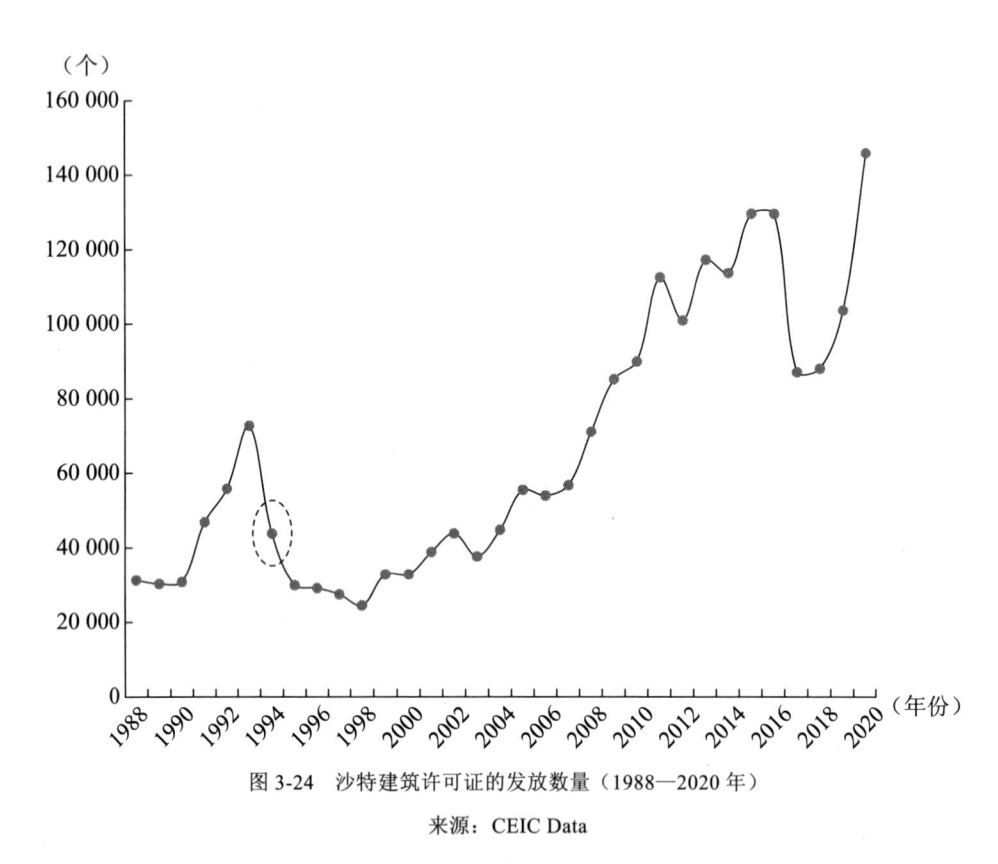

图 3-24　沙特建筑许可证的发放数量（1988—2020 年）
来源：CEIC Data

不断增长的人口规模和消费能力使沙特成为中东第一大房地产市场。2012年以来，沙特通过各项政策刺激房地产投资，带动房地产市场的繁荣发展。达兰卡地产 2007 年在中东最大股票市场——沙特证券交易所（Tadawul）上市，成为沙特最大市值的上市房地产公司、福布斯中东地产集团前五、中东百强企业，业务涵盖地产、金融、保险等，国际布局覆盖亚洲、欧洲等地。2018 年，被《阿拉伯商业周刊》评为"沙特最佳房地产公司"。2019 年，成为沙特交易量第二大的上市公司。

达兰卡地产开发了很多世界性地标，与合作伙伴设计并打造了数个中东最负盛名的城市综合体，尤其擅长开发大型项目，如沙特首都利雅得一个占地超过 5 平方公里的"首都新城"。Shams Ar Riyadh 超级计划，与帕加尼（PAGANI）、范思哲（VERSACE）、艾莉·萨博（ELIE SAAB）、罗伯特·卡沃利（Roberto Cavalli）、米索尼（MISSONI）等高端奢侈品牌跨界联合，在建筑设计和内装设计上深度合作，打造了众多惊艳的精品住宅项目。

在 6 位创始人的共同努力下，达兰卡地产不仅成为走向国际的沙特房地产企业，还发展为囊括金融、科技的大型企业集团。沙特"2030愿景"为民营企业参与新兴产业的发展提供了机遇。普华永道对中东家族企业未来两年发展关键因素进行调查，结果显示，受访者将开拓新市场（58%）、科技创新（55%）、增强数字能力（47%）、增加业务模块（47%）、调整商业模式（47%）列为五大关键因素。

跨来控股 CEO 齐亚德在接受笔者访谈时表示，该公司在金融和科技领域谋求更多创新，未来 10 年科技将在多个业务领域发挥重要作用。跨来控股的金融业务兼具国际化和本土化特色，其成立了投资银行、数字支付和区块链公司等，包括善道资本（Al Khair）、沙特家庭贷款公司（SHL）、塔苏尔伊斯兰保险（Tazur）、巴林金融控股等，业务从中东扩张至亚洲、欧洲等地（见图 3-25）。

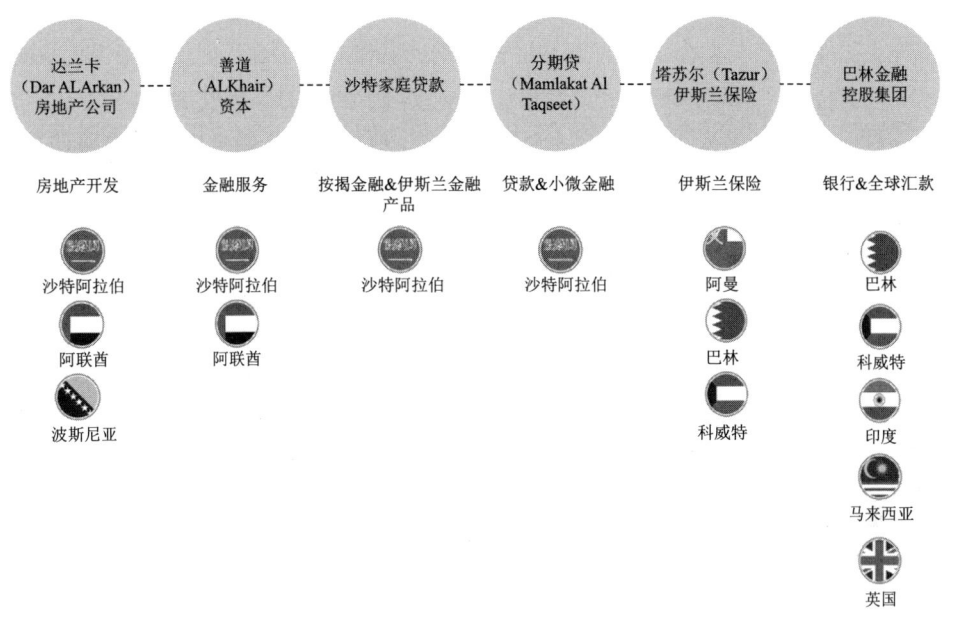

图 3-25　达兰卡地产转型为多元化集团

来源：达兰卡地产网站

沙特政府意识到数字经济是培育新动能、驱动新增长的重要引擎。2020 年 12 月，推出"数字经济政策"。2021 年 3 月，沙特内政部宣布成立数字政府管理局（DGA），加速推动数字经济国家战略。跨来控股旗下 7 家初创公司都与金融和科技有关，并率先将人工智能应用于消费领域，例如：将区块链技术应用于多个场景，包括金融、房地产、供应链等；通过人工智能和云计算提升其在金融服务领域的数字化解决方案；首次在沙特的零售场所推出移动机器人服务，未来还将推出货物搬运机器人、无人驾驶车辆等等。

二、联合家族办公室：一个家族主导，四个家族跟随

2019年，为了更好地管理多位创始股东的家族财富，5位创始人成立了联合家办——跨来控股，主要包括三大职能：科技赋能下的企业管理、专业化的家族治理框架及筹划家族传承。

跨来控股CEO齐亚德早在2006年就认识了这些创始股东，认为他们总是能达成共识、相互支持，几乎从未发生过公开冲突。五大家族的信任远超经济上的合作，而只有这样才能维护不同家族之间的长久凝聚力。正如谢拉什所言："最初的愿景让我们凝聚在一起。"

5位创始人不仅维持各自家族内部的团结，还将此愿景延伸到跨越家族的合作关系之中。家族大会是五大家族进行治理的基础设施。5位创始人至今仍保持每周聚会一次，各取所长、分工合作，共同致力于公司的长远发展。

目前，5位创始人年龄介于53~57岁之间，他们已经开始考虑二代接班问题，引入正式的公司章程，使公司价值观制度化，并在传承研究方面付出了很多努力，关注下一代继任计划，以便未来5~10年内实现交班。

为了保证下一代继续维持合伙关系和共同事业，他们建立了家族治理体系，为后代提供交流机会，了解未来可以担任的角色。跨来控股经常邀请行业知名人士进行闭门分享，提高下一代的商业知识和综合素养。此外，他们还计划聘用1名专职人员负责下一代教育和发展。

跨来控股的董事会成员为5位创始人，分别在多个子公司任职。谢拉什担任董事会主席，马吉德·卡西姆担任副主席，其他3位创始人担任董事。谢拉什曾在沙特中央银行SAMA工作，他创立了多个知名企业，包括达兰卡地产、巴林善道银行、沙特善道资本、沙特家庭贷款公司等。马吉德·卡西姆担任巴林善道银行、沙特善道资本副主席，在房地产开发、投资和公司治理方面拥有丰富经验。哈斯洛尔担任王国分期付公司总经理，以及达兰卡地产、巴林善道银行、沙特家庭贷款公司、沙特善道资本的董事，在融资领域拥有长期的积淀。马吉德·阿鲁米是跨来金融的创始合伙人、达兰卡地产董事，在金融创新领域富有经验。塔里克·杰瑞拉为达兰卡地产和沙特家庭贷款公司董事，长于土地规划和房地产评估。

中东家办通常将继任规划、财富结构规划、业务优化和投资组合作为重点。5位创始人认为，家办不仅要管理财富，更要助力家族和企业实现可持续发展。随着财富管理日趋结构化，不同家族成员之间的资本和财富分配也要更加清晰，从而更高效地进行财富管理、家族传承和家族治理。

跨来控股实现了5个家族的资源共享和成本分摊。据估计，沙特约有20个

家办，大多数为第一代创办的单一家办（SFO）。联合家办（MFO）是为多个家族提供专业服务的机构，与SFO相比，能够共享服务平台和专家团队、分摊运作成本、分享投资机会。多个家族的加入分摊了家族办公室的运营成本，更大的资产管理规模能够带来规模经济，获取更好的投资机会和人才。此外，多个家族的加入也能够带来更多的人际网络及合作机会，获取丰厚回报。但同时，MFO也可能会导致客户丧失部分隐私，使其无法获得如SFO的专属化服务和完全控制权。

有研究表明，在阿拉伯家办的治理框架上，家族股东往往拥有企业控股权并占据管理职位，特别是在第一代和第二代家族企业之中。在中东，家族成员对外部人士的信任较为有限。同时，家族股东在多个重要问题上可能表现出不同偏好，如投资产业、风险承担、分红派息、多元化及聘用家族成员等。

跨来控股的家族委员会要确保各子公司以长远视角进行战略决策。家族委员会职责包括：担任家族大会的执行委员会，制定和修改家族宪法，确保家族宪法治理准则得以执行，举办促进凝聚力的家族活动（如家族会议和下一代聚会），向股东和高管提供价值观和目标等方面的指导。家办高管向家族委员会主席汇报，另设有内部和外部咨询委员提供专业建议。五大家族如果产生决策上的分歧和冲突，将在家族委员会投票解决，主席负责家族的重大决策。目前，五大家族共有22名成员，谢拉什被选举为家族委员会主席。齐亚德说，家族委员会面临的主要挑战是使家族成员在分红及国际化上达成一致。

跨来控股的运营成本平均每年约为1 500万美元，非常关注价值创造，而不仅是满足家族自身需求。跨来控股使用国际化猎头公司遴选外部职业经理人，最终人选由家族委员会确定。谢拉什表示，外国人担任CEO在沙特并不鲜见。齐亚德曾担任中东最大房地产开发商伊玛尔地产（EMAAR）全球CEO，在房地产领域有20年经验，负责财务、行政、人力、公司事务、技术、市场、公关、绩效管理等8个部门（见图3-26）。

类似跨来控股这种由同一家企业的多位创始人共同设立的MFO并不罕见。如果多位创始人的价值观和目标较为一致，往往会将合作平台从实业企业扩展至家办。

创始家族必须仔细权衡各种财富治理模式的利弊，根据自身情况选择相应的家族办公室模式。一方面，财富治理模式可能会受到不同家族股东利益分歧的影响，而这些冲突可能会破坏家族和财富的完整性，随着时间推移导致家族的逐渐解体。另一方面，复杂的财富治理模式可能会带来家族与一级、二级代理人的双重代理成本。在这些情形下，虽然家族财富能够集中管理，但治理成本可能过高。

图 3-26 跨来控股的组织结构

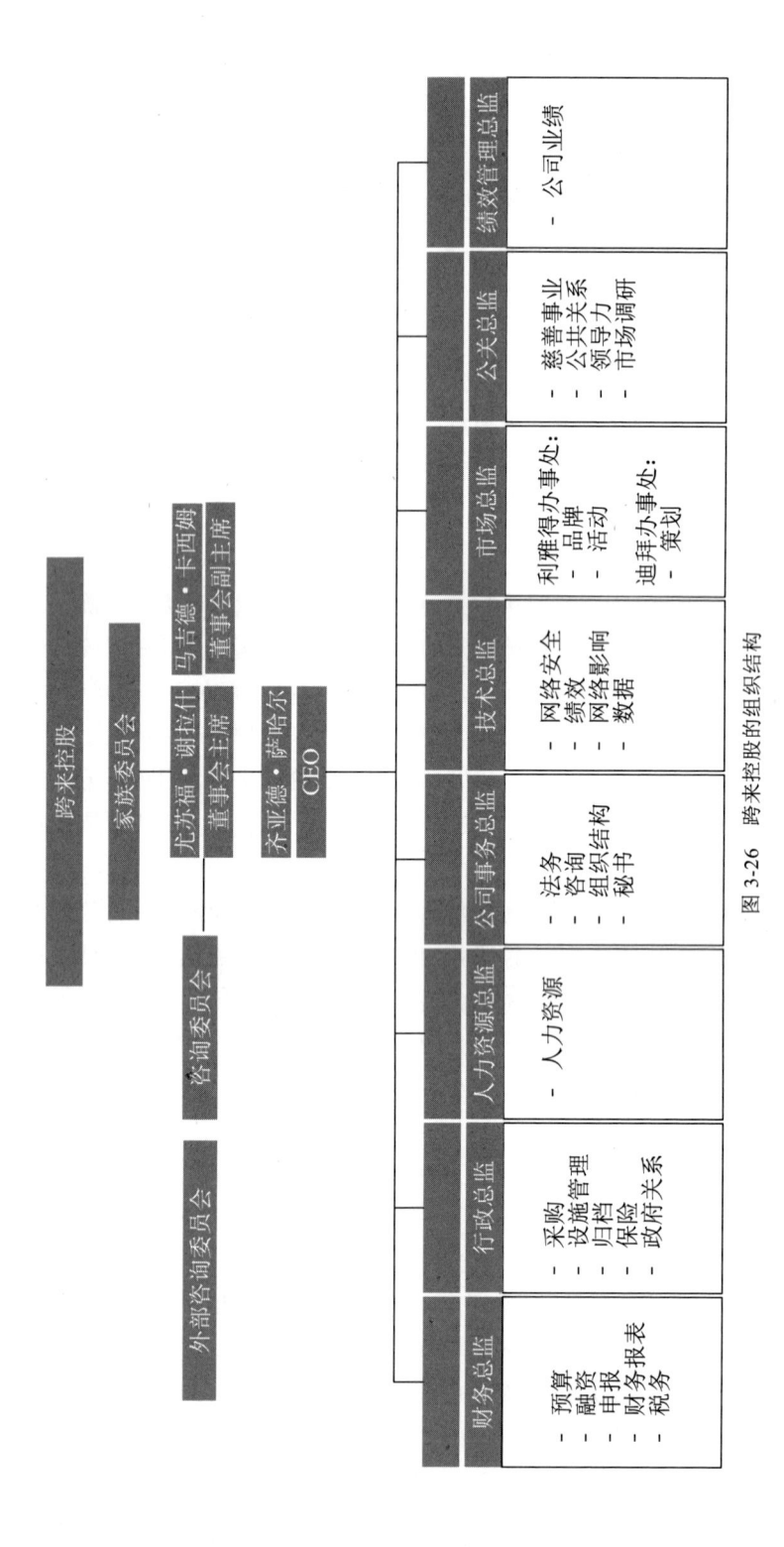

三、控股型家族办公室：通过控股多个实业公司实现统一治理

跨来控股作为控股型家办，辅助创始家族管理实业企业，既强化家族对企业的管控，同时处理家族传承等事务。

一般而言，在经历了第一、二代人的发展后，家族企业与财富往往面临衰落的挑战，此阶段控股型家办可作为新的家族事业管理核心。大多数欧美家族往往倾向于实现企业资产与家族财富的分离，将通过分红及减持等方式获得的流动性财富，以金融投资方式进行独立管理。

但跨来控股反其道而行之，5位创始人通过控股型家办，同时治理企业和家族。家办成为主导并管理集团旗下各项业务的中枢机构，负责实业经营、资源分配、决策管理和继任计划。

与欧美企业倾向于所有权和经营权分离的经营模式不同，沙特家族倾向于由下一代家族成员掌握经营权，以确保企业延续。家族下一代往往要在积极股东及被动股东之间做出选择，决定自己在家办中的角色。齐亚德称，在很多情况下，下一代对加入实业企业并不感兴趣，5位创始人也随之做了多种传承选项的准备，下一代既可以继续经营企业，也可以出售股权退出。

控股型家办可以进行并购或投资，或鼓励家族成员开创新的事业，从而成为家族财富的再生平台。不同于外设型家办，控股型家办致力于成为多个实业企业的控股股东，提高家族金融资产的利用效率，同时激发家族成员的创业激情。例如，世界500强欧尚的穆里耶兹家族、意大利首富阿涅利家族等都是通过控股型家办掌控庞大的产业帝国。

穆里耶兹家族成员超过800人，控股型家办CIMOVAM作为家族持股平台，有效实现了家族控制和股权的内部流动。阿涅利家族为了简化家族成员间的股权交换，通过控股型家办控制了家族的所有投资，其家族控股公司EXOR集团控制着数十家企业，拥有菲亚特、标志雪铁龙、克莱斯勒、法拉利、玛莎拉蒂、《经济学人》杂志、尤文图斯俱乐部等多个知名品牌。

控股型家办通过控股多个实业公司，对家族企业、金融资本及家族事务实行统一治理（见图3-27）。当创始人去世或下一代不愿接班时，控股型家办则可通过股权回购等方式，巩固家族对企业的控制权。控股型家办还扮演着"家族控股公司"的角色，通过对金融资产的再利用进行并购，并鼓励家族成员创业。这种管理家族财富并集中家族企业股权的方式，特别适用于分支庞大、人数众多的家族。

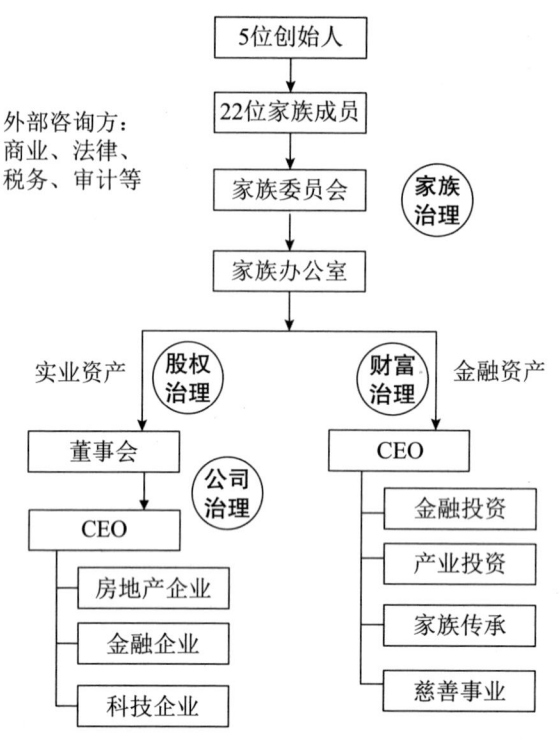

图 3-27　跨来控股五大家族的治理结构

跨来控股已经广泛涉入不同行业，实现了一定程度的分散投资。其业务布局 12 个国家，在沙特比较少见，而其投资的国际化正是通过家办来实现的。跨来控股承担战略性资产配置功能，根据资产类别和投资区域精心策划，梳理各项资产的风险特征和成长潜力，其在沙特国外的配置金额约为 13 亿美元，分布在阿曼、科威特、巴林、印度等地，未来计划增加在英国、卡塔尔和阿联酋等地的投资。

除了沙特利雅得，跨来控股在迪拜和阿布扎比也设有分支机构，并评估在苏黎世开办新办公室的可能性。跨来控股尤其重视与中国的合作机会，2019 年 2 月，谢拉什随穆罕默德王储访华，同行还有沙特主权财富基金 PIF 和沙特阿美石油公司董事长、沙特电信集团董事长、沙特基础工业集团董事长等商界领袖。

在金融投资方面，跨来控股使用"核心＋卫星"的投资组合方式，将 90%流动性财富投入到传统的资产类别之中，即创始家族更熟悉的沙特本土股票和债券，但投资集中度过高也是一大挑战。另一方面，跨来控股通过多元配置来平衡风险，将剩余 10%投入到另类资产中，如 PE 基金、对冲基金、大宗商品。

在产业投资方面，跨来控股控制着 23 家公司，分布于沙特、阿联酋、巴林、中国等地。房地产业务规模达 270 亿美元，投资银行业务达 120 亿美元，房地产金融、小额贷款等其他金融类业务约 65 亿美元。

跨来控股和达兰卡地产集团已在北京注册了全资子公司，公司希望加强与中国科技公司的合作，共同开拓中东市场，将中国先进的科技引入中东市场，尤其是在智能家居、人工智能、金融科技、机器人等领域。

当然，跨来控股的治理模式并不是一成不变的，要根据家族结构、传承目标、文化与价值观以及行业变革、技术变迁、监管环境等内外部因素的动态变化进行相应调整。跨来控股未来亦可考虑向其他家族开放服务，这样不仅可以降低运营成本，更可以扩大合作平台，吸引更优秀的专业人才，带来更多的发展机会。

对于拥有多位创始人的民营企业而言，沙特家族控股型家办的治理模式具有重要的借鉴意义。家办管理的财富被深深地打上了创始人的创业烙印和产业情结，在特定情境下进行家办模式的探索，值得中国企业家借鉴。

第四章

中东趋势前瞻：转型浪潮的中国机遇

在全球经济转型大背景下，中东正迎来前所未有的历史机遇。以往，中东经济主要依赖于石油出口，然而随着全球能源格局的深刻变革和可持续发展理念的日益加强，海湾国家积极探索经济多元化的发展道路，并借助主权财富基金逐步成为全球资本市场的重要参与者。通过多元化投资工具，它们将资金投向全球的先进科技、可再生能源、基础设施等各个领域，为经济增长注入新的活力。

随着"一带一路"倡议的深入实施与海湾国家多元化发展战略的推进，中国与中东国家之间的经济贸易关系日益紧密。在传统能源、新能源、基础设施、制造业、数字经济以及生物医药等多个领域，双方展现出显著的合作互补优势，极大促进了中国企业的"走出去"战略实施前景。不过，中东市场具有复杂性，受宗教文化影响，其世俗化进程相较于其他地区较为滞后，具有独特的商业惯例与文化环境。在海湾国家内部，各国间的文化差异亦十分显著，市场的特殊性和相对封闭性加剧了信息不对称问题，为中国企业的国际合作与本土化进程带来挑战。但不容否认的是，中国同中东各国的合作有极大的空间。

本章将深入剖析中东各国在经济转型过程中所面临的机遇，阐述其在可持续发展方面做出的努力。通过对主权财富基金、国家能源公司、家族办公室及证券交易所等机构的运作模式的研究，更加全面地介绍中东经济现状和发展趋势，为未来的合作与发展提供有益参考。

第一节

从"石油王国"到"资本先锋"：中东投资版图

中东主权财富基金的资金主要来源于石油出口形成的美元外汇，如图 4-1 所示。美国能源信息署（EIA）预计中东主要石油出口国沙特、伊拉克、阿联酋和科威特 2024 年石油出口收入分别达 2 230 亿美元、1030 亿美元、920 亿美元、770 亿美元。这将大为扩充沙特公共投资基金（PIF）、阿布扎比投资局（ADIA）、阿联酋穆巴达拉投资公司（Mubadala）、科威特投资局（KIA）、卡塔尔投资局（QIA）等中东主权财富基金的投资实力。

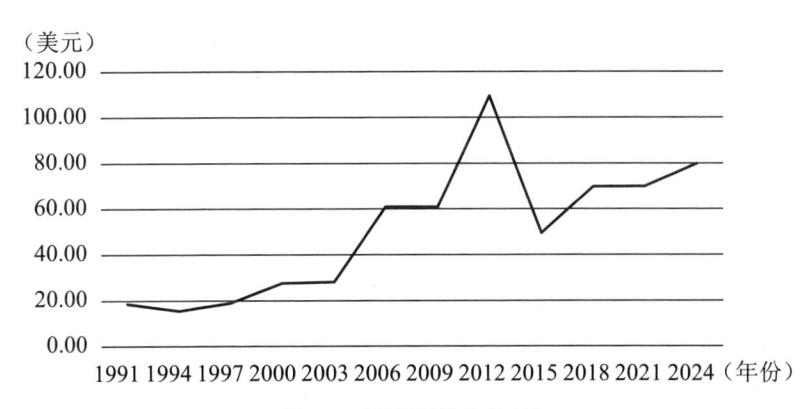

图 4-1　OPEC 原油价格 / 桶

数据来源：OPEC 官网

中东主权财富基金具有庞大的资金体量，展现出更强的能力去承受资产价值波动的风险。在多次全球经济衰退期间，这些主权财富基金进行了大规模的战略性投资，有效地缓和了全球经济与金融领域的周期性波动。例如，2007 年全球金融海啸导致国际金融活动锐减，而阿布扎比投资局向困境中的花旗集团注资 75 亿美元，获得 4.9% 股份，成为花旗银行的最大单一股东。卡塔尔投资局也在彼时购入瑞士信贷、巴克莱银行、保时捷大量股权。2022 年 9 月，保时捷上市成为十年来欧洲最大规模 IPO，卡塔尔投资局由此录得丰厚收益。

IMF《全球金融稳定报告》总结了全球金融海啸后主权财富基金资产配置的新特点：更加注重安全性和流动性；投资趋向多元化与长期化；在低利率可能持续较长时期的地区进行投资，以获得高风险带来的高收益。中东主权财富基金的投资策略体现了这一特点，对内大多扮演着"平衡者角色"，对外则是"积极机会寻求者"。

一、大类资产配置

以大类资产配置而言，中东主权财富基金以股票、固定收益和另类资产为主。

各国主权财富基金受到多种因素影响，在收益目标、投资期限、风险承担与流动性要求等方面呈现出显著差异，也体现在各自的资产选择上。例如，阿布扎比投资局、科威特投资局更注重股票投资，配置比例均超过总资产的 40%；沙特公共投资基金 2019 年以来更加注重另类资产，该类资产占比达 60%；而穆巴达拉在私募股权、股票、另类资产与房地产三方面平衡布局，分别占比 36%、33%、31%。

（一）二级市场股票

股票是中东主权财富基金的资产配置重点，平均资产配置占比约 41.46%，2022 年持有的股票市值高达 1.7 万亿美元。基于投资区域偏好的视角，北美与欧洲等发达市场一直是中东主权财富基金的主要投资目的地。然而，随着中东资本所持有的发达国家资产逐渐增加，出于对资产安全及投资收益的综合考量，以中国为代表的新兴市场正日益成为中东资本关注的焦点。截至 2024 年上半年，仅阿布扎比投资局和科威特投资局两家，在 A 股市场中就累计进入过近 50 家公司的前十大流通股东。典型案例如 ADIA，其投资组合以股票为主，占比 62%，早在 2008 年即获得我国 QFII 资格，截至 2024 年 3 月在 A 股市场持股市值为 95.09 亿元人民币，共持有 24 只股票。港股市场因其国际化程度高及流动性强的特点，备受包括 QIA 在内的中东主权财富基金的青睐。2023 年 12 月，QIA 认购了金蝶国际约 2 亿美元的普通股，标志着首次对中国企业管理云 SaaS 公司进行股权投资。

（二）一级市场股权

地缘政治风险和全球通胀导致主权投资者寻求将资金投入私募股权。2023 年，全球主权财富基金的私募股权交易增长 4%，从 765 亿美元增至 794 亿美元。对私募股权等一级股权的另类投资规模存量亦迅速攀升，总资产规模达到 1.7 万亿美元（资产配置占比约 40.48%），高于全球平均水平（29.31%）。

对华另类投资方面，中东主权财富基金投资规模逐步增加，投资方式多样。2016 年，PIF 和穆巴达拉分别出资 450 亿美元和 150 亿美元，与日本软银集团成立史上规模最大的科技基金——愿景基金，间接对华投资约 100 亿美元，被投企业包括滴滴、字节跳动、贝壳等。ADIA 在 2021 年将其私募股权配置比例提高至 10% 左右，并于该年度完成了 40 笔直接投资，较 2020 年的 25 笔和 2019 年的 18 笔大幅增加，2022 年私募股权配置比例在 10%～15% 之间。

与早期单纯追求财务回报的投资策略有所不同，近年来，中东主权财富基金在一级股权市场的投资活动中，更加注重通过投资方式引入本国所欠缺的能力与生态系统，旨在实现本国经济多元化转型的战略目标。

（三）固定收益

固定收益类资产由于其收益稳定性与相对风险较低，成为主权财富基金的重点配置资产类别，尤其偏好投资于发达国家的国债和房地产等资产类别。然而，随着这些基金自身投资能力的增强，为了追求更高的投资回报率并引导国家产业结构的调整，固定收益类资产在资产配置中的比例出现了显著下降，取而代之的是股权投资的增加。

2022年，中东主权财富基金持有的固定收益资产总额达到8 000亿美元，占其资产管理规模的19.51%。其中KIA持有债券资产总额高达2 120亿美元，位居世界第六、中东第一，占其资产管理规模的28%。KIA的债券类资产占比与2008年的41%相比，明显减少，有利于实现资产配置的多元化。

（四）房地产与基础设施

民众对利率上调的担心导致房地产泡沫破裂，主权财富基金的房地产投资在2023年有所放缓，从2022年544亿美元下降至328亿美元，但房地产和基础设施领域投资仍是中东主权财富基金中长期投资的重要资产类别，保持较高的投资热度。在中国市场，KIA在2019年以2亿美元入股济青高铁，成为我国首个引入国外投资者的高铁项目。QIA于2014年斥资47.83亿港元收购利福国际近20%股份，成为第二大股东；2015年以10亿美元购入香港两大电力公司之一的香港电灯16.5%股份，成为第三大股东。ADIA则在2019年向万科发起的一支住宅开发基金投入3亿美元。2024年3月底，ADIA、穆巴达拉联合其他投资者，向大连新达盟商业管理有限公司（万达的新投资平台）注资约600亿元人民币，成为中东主权财富基金在中国房地产和基建行业中标志性投资案例。

二、投资行业分布

以行业分布而言，一方面，中东主权财富基金肩负着本国产业转型升级的使命，重视国内产业链的完善，特别关注半导体、航空航天等高新技术产业；另一方面，境外投资专注于新兴产业和高科技行业，如生命科学、绿氢能源、数字科技，进行大力度积极布局以增加收益水平。2022 年 8 月，ADIA 向中国泰邦生物领投 3 亿美元，支持新产品研发。沙特公共投资基金更是连续开展大动作，2022 年 10 月，宣布建立六家跨国合作公司的计划，投资基础设施、生物医药、高新科技等行业。

（一）人工智能

中东海湾产油国政府充分认识到，人工智能、大数据、云计算、半导体等科技行业将成为支撑未来经济发展的重要驱动力，通过主权财富基金加快投资布局。2023 年，笔者赴阿联酋对穆巴达拉实地调研时，其颠覆性投资平台团队介绍，该平台专注于成长型科技项目投资，偏好半导体、生命科学等创新行业。2011 年，穆巴达拉宣布投资 80 亿美元在阿布扎比建设半导体工厂，并大力支持国内的哈利法大学、阿联酋大学等高校进行科学研究。

在人工智能领域，对华投资的代表案例：PIF 在 2021 年与商汤科技组建合资公司，宣布为合资公司投资 7.76 亿沙特里亚尔（约 14.29 亿元人民币），在沙特建设高端人工智能实验室；2022 年，KIA 和阿里巴巴共同投资了中国人工智能独角兽旷视科技，出资 7.5 亿美元进行 D 轮股权融资。

（二）新能源

在世界能源结构转型大背景下，海湾国家不断探索能源结构调整，加大对清洁能源的投资，以降低对石油的严重依赖。沙特借助其丰富的光照、土地和风能资源，积极发展可再生能源产业，计划投资 7 万亿美元建设 6 个"千兆项目"，其中总投资额高达 5 000 亿美元的 NEOM 新城（2.65 万平方公里）将全部采用清洁能源。2022 年 11 月，PIF 宣布与富士康成立合资企业生产 Ceer 品牌电动汽车，Ceer 成为沙特首个本土电动汽车品牌。

中东投资者在新能源汽车领域的布局不仅追求财务回报，更看重在本土构建新能源汽车产业链等战略回报。2022 年发布的"阿布扎比工业战略"已将新能源汽车产业列为国家能源战略转型的重点，拓展电池生产、储能技术研发、新能源基础设施建设等全产业链。产业链上游矿产、中游制造及下游消费环节经济效益都十分可观。前文提到的 Ceer 落地沙特阿卜杜拉国王港的电动汽车工厂，将为当地提供大量高技术工作岗位，周边相关产业链配套公司的落地计划也呼之欲出，如表 4-1 所示。

表 4-1 新能源汽车投资案例

时间	公司	合作方	投资方式	项目介绍
2020.8	小鹏汽车	卡塔尔投资局（QIA）和穆巴达拉	投资入股	在小鹏汽车上市前的 C+ 轮融资中，卡塔尔主权财富基金 QIA 认购了 1 亿美元的优先股
2022.9	纽顿汽车	AlAtaa Investment LLC	投资入股	智能电动汽车公司纽顿宣布与阿联酋 Al Ataa Investment 签订总额为 2 亿美元的 PIPE 认购协议
2022.11	富士康	沙特公共投资基金（PIF）	合资公司	PIF 联合富士康成立合资企业推出沙特首个电动汽车品牌 Ceer，将吸引超过 1.5 亿美元外国直接投资
2020.11	宇通客车	卡塔尔国家运输公司	合作协议	宇通客车与卡塔尔国家运输公司（Mowasalat）通过线上云签约 1 002 台世界杯车辆供应及服务合同，订单总额近 18 亿元人民币，741 台纯电动客车刷新海外纯电动客车订单纪录
2022.12	天际汽车	Sumou Holding	合资公司	天际汽车宣布完成合资合同签约，与沙特 Sumou Holding 成立合资公司，共同在沙特投资两期约 5 亿美元，设立新能源汽车的生产制造和研发基地，将年产约 10 万台新能源车
2023.3	仙途智能	沙特阿吉兰兄弟控股集团	合资公司	沙特阿吉兰兄弟控股集团与自动驾驶企业仙途智能达成战略合作，在沙特阿拉伯成立合资公司
2023.6	蔚来汽车	CYVN Holdings	投资入股	蔚来汽车与阿联酋阿布扎比政府旗下投资机构 CYVN Holdings 签订股份认购协议，后者将通过认购定向增发和收购腾讯持有股份的方式，以约 11 亿美元对价取得 7% 股权，并将在蔚来国际业务上进行合作
2023.6	华人运通（高合汽车）	沙特投资部	合作协议	沙特投资部与中国电动汽车制造商华人运通签署了价值 210 亿沙特里亚尔（约合 56 亿美元）协议，将成立汽车研发、制造与销售的合资企业

续表

时间	公司	合作方	投资方式	项目介绍
2023.6	长城华冠（前途汽车）	Manaseer Group	合资公司	前途汽车母公司长城华冠与约旦Manaseer Group建立合资公司，前者提供整车设计、技术研发、工艺创新及生产制造等，后者负责销售渠道、车辆运输等
2023.10	现代汽车	沙特公共投资基金（PIF）	合资公司	PIF与现代汽车签署合资协议，在沙特建立汽车制造工厂，PIF持股70%，现代汽车持股30%，项目总投资预计超过5亿美元，目标为每年生产5万辆汽车
2023.10	小马智行	NEOM旗下投资基金NIF	合资公司	自动驾驶公司小马智行获得了沙特NEOM新城旗下投资基金NIF的1亿美元投资，同时计划成立合资公司，提供自动驾驶技术解决方案

（三）互联网

中东主权财富基金积极在电商、社交媒体、在线教育等新经济领域布局，通过多种投资工具把握经济发展的新机遇。例如，QIA于2021年6月参与对印度电商巨头Flipkart的36亿美元融资；穆巴达拉2017年参与滴滴出行40亿美元的融资；PIF先后投资了字节跳动、滴滴、蚂蚁金服、小红书、口碑网、Keep、瓜子二手车等；PIF与阿里共同出资成立的易达资本，联合阿里云、沙特电信公司、沙特人工智能公司等创立沙特云计算公司，注资2.38亿美元，负责运营利雅得新建的两个数据中心。

（四）生物医药

随着老龄化影响，医疗医药成为长期有优秀成长潜力的板块，细分行业如医疗器械、化学药、生物药、医疗服务等均有较高的成长空间。中东主权财富基金致力于完善医疗服务体系，广泛布局医疗医药行业。例如，穆巴达拉成立阿布扎比克利夫兰诊所，与中国国药合作研制疫苗；QIA于2019年作为基石投资者认购生物制药公司复宏汉霖7.05亿港元股份；ADIA于2022年与新加坡政府投资公司（GIC）等共同向泰邦生物投资3亿美元。

三、投资策略和趋势

（一）资产配置：增配另类资产

相比于股票和债券等传统产类别，另类资产（私募股权、房地产、基础设施、对冲基金等）具有更高收益潜力和更低相关性，有助于提高投资组合的风险调整收益率并抵御市场波动。Preqin 中东主权财富基金报告显示，另类资产的平均配置比例从 2021 年占总资产的 22% 上升到 2022 年的 44%。PIF 的表现尤为突出，另类资产在其海外资产占比从 2015 年 6% 大幅增至 2017 年 71%，此后保持在 60% 左右。

驱动因素之一是，海湾国家希望在全球舞台上发挥更大软实力。例如，卡塔尔依托 QIA 的雄厚资金实力，打造了 2022 年"史上最贵"世界杯，还通过对巴黎圣日耳曼足球俱乐部、世界一级方程式赛车（F1）的股权投资扬名全球。其他海湾国家同样凭借其雄厚的资本实力，通过主办国际赛事和展会、建造标志性建筑等多种方式，显著提升了全球曝光度，并向全世界展示了本国崭新的国家形象。

（二）投资行业：聚焦 ESG、硬科技与新经济

2019 年以来，随着全球经济绿色转型和社会责任的提升，中东主权财富基金愈发关注环境、社会和治理（ESG）因素。穆巴达拉自成立以来一直将 ESG 原则纳入投资决策，2006 年成立全资公司在全球 40 多个国家投资风能和太阳能项目，迄今投资金额已超过 200 亿美元。

硬科技和新经济也是主权财富基金重仓的新兴增长点，尤其在中国等新兴市场，其进入壁垒较高的半导体、新材料、新能源等领域具有很大发展潜力。数字经济作为中东各国重点发展产业得到主权财富基金的关注，以阿联酋为例，其计划在 2032 年前将数字经济对 GDP 的贡献率提高到 20%，并于 2022 年通过一项包含 30 多项举措的数字经济战略。

（三）投资方式：向直投和产业基金转型

根据主权财富基金国际论坛《主权财富基金投资报告 2021》，越来越多的中东主权财富基金选择以直投为首要投资方式，同时重视联合投资模式。与投资于基金等 GP 管理人相比，直接投资于企业能够显著降低 GP 的收益分成，提高 LP 的投资回报，同时也能汇整多家 GP 的信息获取最优的项目。

1. 全面布局 ESG 投资，抢占绿色经济先机

2019 年以来，随着环境与气候因素对金融的重要性日益显现，以及全球经济绿色低碳转型的加速推进，各国主权财富基金积极探索和践行绿色投资理念。截至 2021 年底，主权财富基金的 ESG 领域投资已经从 2020 年的 72 亿美元增至 227 亿美元。中东各国主权财富基金是其中的重要参与者。

2022 年 10 月，沙特公共投资基金发行 30 亿美元绿色债券，随后宣布成立区域自愿碳市场公司，以支持其向零碳排放目标过渡，PIF 将持有新公司 80% 的股权。再如，穆巴达拉 2021 年成立责任投资部门，将 ESG 投资制度化与机构化。穆巴达拉将 ESG 作为其尽职调查过程中的重要环节，更青睐新能源、可持续农业类项目，而不会考虑博彩、高污染类等项目。

2. 加快硬科技与数字化产业布局

2014—2023 年，主权财富基金大量投资于以互联网为代表的新兴行业。2016 年以来加大对先进制造、硬科技、新能源等领域投资。2014 年，科技业投资在主权财富基金总投资案例中仅占 1.9%，而 2021 年该比例则上升为 42.4%。这些行业不仅自身发展空间广阔、拥有强劲的增长预期，也是中东各国"2030 愿景""第四次工业革命计划""先进产业政策"等国家战略关注的重点领域，被视为打造未来经济增长引擎的核心发力点。

3. 另类投资比重上升

主权财富基金作为重要的公共部门投资者，投资决策具有长期性、审慎性与公共性等特征。传统资产（股票、债券等）的主要功能是调整投资组合的流动性，而另类资产由于无需应对短期业绩考核和资金流出压力，显得更富吸引力，为整个组合带来超额回报。中东主权财富基金将投资更多配置于多元化资产，依靠外部专业化投资经理进行管理，资产配置结构由公开证券类资产向另类资产特别是私募股权投资等高风险、高收益类别上倾斜。

例如，PIF 2016 年以来分别注资 450 亿美元和 200 亿美元参与愿景基金和黑石新基础建设基金。2019 年之前，穆巴达拉通过另类资产与基础设施平台进行系列私募股权投资，之后也与多家海外基金管理人合作，广泛投资于外部基金。阿布扎比投资局则投资全权委托型对冲基金，另类投资的授权范围十分灵活。

4. 向主动的直接投资者转型

各国主权财富基金大多经历了从"共同投资伙伴"到"独立投资者"的发展过程。对于中东主权财富基金而言，与知名私募股权基金保持密切的 LP-GP 关系，对其持续共同投资和积累专业知识至关重要（见表 4-2）。

表 4-2　中东主权财富基金的共同投资情况（2021 年）

基 金 名 称	共同投资数量	投资类型占比
阿联酋穆巴达拉	85	28%
卡塔尔投资局	36	39%
科威特投资局	13	15%
阿布扎比投资局	9	44%

中东主权财富基金通过双边联合投资基金推动形成在不同国家和市场间进行双向流动的新格局，同时提供主权信用增信，进一步增强合作双方的实力。2008—2016 年，主权财富基金直接投资中的联合投资比例已从 24% 上升至 53%。例如，穆巴达拉 2017 年通过中国—阿联酋投资合作基金对美团进行股权投资，2020 年参与了小鹏汽车 pre-IPO 轮融资。

过去，不少中东主权财富基金采用委托外部管理人的投资模式，但这一模式带来的代理成本正随投资规模的扩大而显现。目前，越来越多的中东主权财富基金对中国市场的优质企业进行直接投资。直接投资带来了更低成本和更高效触达，但也带来了相应的工作量和责任。除了自行寻找投资标的、进行尽职调查等，原先由外部管理人提供的交易结构设计和监管对接等工作都要由直接投资者来承担。为了更贴近当地市场，许多主权财富基金在东道国开设了办事处，但是大部分主权财富基金的内部审查机制较为烦冗，在竞争交易机会出现时，难以成为风险投资或私募股权基金的对手。

当前全球局势变化为中东主权财富基金的发展提供了有利环境，也促进其投资趋势的调整。中东主权财富基金不断完善内部治理，包括组织结构、控制权、透明度及社会责任等，向更为市场化方向迈进。同时，中国与中东的深入合作不断增强，投资渠道不断拓展，形成良好的协同效应。

第二节

中东主权财富基金"向东看"：洞见中国新机遇

中东主权财富基金以往主要配置在欧美等发达国家，2015 年以来逐渐更加关注中国等新兴市场国家，这为我国高水平利用外资提供了良好的外部机遇。从财务投资视角，我国新能源、电动车、人工智能、金融科技、医疗医药、物流快递等高增长企业对其有巨大吸引力；从战略投资视角，海湾国家稳步推进"2030愿景"等国家发展计划，与"一带一路"倡议有巨大结合空间，这为我国吸引外资、发展实业提供了良好机遇。

按照资产类别，中东主权财富基金的中国境内投资主要是股票、债券和私募股权。中东各国主权财富基金2016年以来更为重视在中国进行另类资产配置，尤其是私募股权投资。典型例子是，沙特公共投资基金（PIF）和穆巴达拉参与投资的愿景基金已向中国投资大约100亿美元，被投企业包括字节跳动、滴滴、众安保险、平安好医生、贝壳等。从行业分布来看，人工智能、互联网、新能源、生物医药是中东主权财富基金在华投资最多的方向，如表4-3所示。

表4-3 部分中东主权财富基金对华投资标的

类别	卡塔尔投资局	阿布扎比投资局	科威特投资局	沙特公共投资基金	穆巴达拉
上市公司	农行、工行等	腾讯、阿里巴巴、格力电器、北新建材、中鼎股份等	卫星化学、安琪酵母、新和成、飞科电器、锦浪科技、中国工商银行等	拼多多、阿里巴巴等	蚂蚁集团、滴滴、字节跳动等
股权类资产/房地产	阿里巴巴、复宏汉霖、作业帮、陆金所、小鹏汽车、利福国际等	泰邦生物、美团、商汤科技、旷视科技、上海博华广场、普洛斯物流平台等	济青高铁、恒大地产、大连部分房地产等	小红书、口碑网、客路旅行、Keep、瓜子二手车、极兔物流等	小鹏汽车、特斯联、众安保险、平安好医生、贝壳、掌门教育等
固定收益	未披露	政府债券	银行间债券市场	未披露	未披露

2010年以来，中东主权财富基金在我国纷纷扎根。KIA于2011年在北京开启代表处，2018年在上海设立办公室；QIA于2014年在北京建立中国办公室；2022年2月，PIF在中国香港开设办公室；2023年，穆巴达拉在北京正式开设办公室。这一系列举措展现了中东资本对中国市场潜力的信心。

一、阿布扎比投资局：对华投资逾20年，二级市场为主

ADIA对华投资已超过20年，目前在中国配置最多的资产是A股股票，同时还在B股、港股和美股等市场投资中国企业。此外，在中国投资还涉及固定收益、

房地产、私募股权等资产类别。

ADIA 早在 2008 年即获得 QFII 资格，2009 年获得 2 亿美元投资额度。2012 年至 2013 年又分别获得了 3 亿美元和 5 亿美元额度。2014 年，国家外汇管理局批准将其的投资额度增加至 15 亿美元。在 2020 年开放合格境外机构投资者（QFII）之前，ADIA 已拥有 50 亿美元 A 股投资额度。截至 2023 年 9 月，在 A 股市场持股市值达 95.09 亿元人民币，共持有 24 只股票。从持股公司来看，主要集中在消费股和科技股，偏好估值合理、具有增长潜力的公司，如表 4-4 所示。十几年间，AIDA 一度成为 A 股持股规模排名前三的外资机构，注重于投资估值合理、具有增长潜力、管理团队较强的公司。

表 4-4　ADIA 的 A 股持仓明细（截至 2023 年 9 月 30 日）

股票代码	股票名称	持股数量（万股）	持股比例（%）	持股市值（亿元）
000725.SZ	京东方 A	35 424.89	0.94	15.55
002311.SZ	海大集团	1 874.25	1.13	9.19
600885.SH	宏发股份	86.35	1.78	5.89
600989.SH	宝丰能源	3 005.39	0.41	5.06
601100.SH	恒立液压	872.84	0.65	4.61
000786.SZ	北新建材	1 384.55	0.82	4.20
601800.SH	中国交建	3 527.74	0.22	3.69
688235.SH	百济神州	206.69	0.15	3.33
600522.SH	中天科技	1807.77	0.53	2.59
600867.SH	通化东宝	3 183.69	1.61	2.57
600183.SH	生益科技	1 047.15	0.43	2.52
600176.SH	中国巨石	2 133.48	0.53	2.43
002271.SZ	东方雨虹	1 670.85	0.69	2.17
000860.SZ	顺鑫农业	1 080.00	1.46	2.10
000513.SZ	丽珠集团	522.83	0.57	1.99
301039.SZ	中集车辆	1 709.70	0.91	1.55
000923.SZ	河钢资源	1 090.01	1.67	1.52
600529.SH	山东药玻	549.99	0.83	1.42
600380.SH	健康元	1121.40	0.60	1.26
002439.SZ	启明星辰	628.64	0.52	0.99
300482.SZ	万孚生物	433.21	0.90	0.97
002597.SZ	金禾实业	390.56	0.69	0.89
601579.SH	会稽山	540.00	1.13	0.60

来源：Wind

从历史趋势来看，ADIA 的 A 股投资经历了较大起伏，且投资组合与沪深 300 走势方向常不趋同，体现出逆向操作偏好。例如，2015 上半年 A 股市场火热之际，ADIA 并未盲目加大投资，而是稳健地维持持股规模，所以股灾到来之际并未受到过大影响。2016 年，股市处于底部阶段时，ADIA 则购入超跌的优质资产，随后持股市值快速上升。

ADIA 在 A 股上的投资较为稳健，偏好周期性行业和业绩稳定的个股，采取多元化方式分散风险，以获得更稳健的市场收益（见图 4-2）。具体来看，持仓涵盖医药、消费、电子、金融、建材等行业，对传统或新兴行业并无明显偏好。2021 年 9 月，大举加仓医药、消费、金融等多个板块，获得了较好的超额收益。此外，ADIA 对于重资产行业有更强偏好，关注工业及消费周期类企业。值得注意的是，作为长期投资者，ADIA 的 A 股股票持有期限却相对较短。

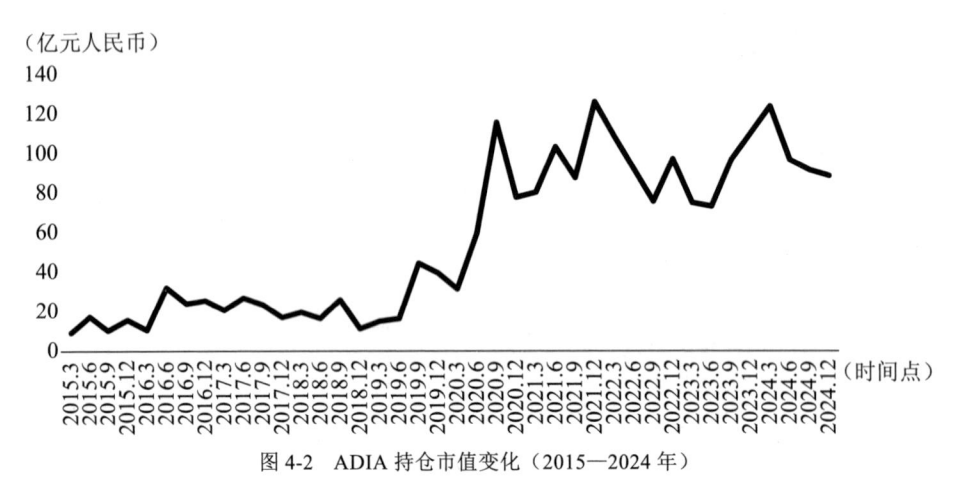

图 4-2 ADIA 持仓市值变化（2015—2024 年）

来源：Wind

在固定收益类方面，ADIA 在中国的配置相对较少，重点聚焦在流动性较好的政府债券。2017 年，董事总经理哈米德曾表示，ADIA 在华投资的固定收益类资产具有长期增长潜力，有助于整体投资组合的多元化。

ADIA 在华的不动产投资始于 2011 年，尤其看好电商发展所带来的物流仓储投资机会。2019 年，ADIA 向万科发起的住宅开发基金投入 3 亿美元，还投资了上海博华广场，该建筑是上海首批获得 LEED（美国绿色建筑认证奖项）白金认证的建筑。2020—2021 年 ADIA 对中国房地产的投资增加了 1/3。

ADIA 在华私募股权领域，过去以投资私募股权基金为主，也会与其他基金进行联合投资，当前正积极从基金模式向直投模式转变。例如，2019年5月，参与人工智能独角兽——旷视科技价值7.5亿美元的D轮股权融资；2022年8月，与新加坡政府投资公司（GIC）等共同向泰邦生物集团投资3亿美元，是中国血液制品领域迄今最大单笔私募股权融资；ADIA于2021年在快手香港IPO前投资1亿美元，是11家基石投资者之一。

二、沙特公共投资基金：重仓科技与互联网

PIF对中国的投资不但能够实现优异的财务目标，更是沙特大国平衡外交战略中的重要一环。跨境电商、人工智能、清洁能源等新兴领域有望成为新的合作增长点。截至2024年上半年，PIF对华投资总额约220亿美元。PIF总裁鲁梅延曾表示："我们不喜欢只投入5 000万或1亿美元，而是希望成为该基金或该项目的最大投资者或前两大投资者。"

据不完全统计，PIF在2017—2021年的海外股权投资总额约为608亿美元，其中对华投资总额约122亿美元，占比20%。其同期在全球范围内共完成116笔股权投资中，13笔为中国企业（中国内地11笔、中国香港2笔），占比11%（见图4-3）。

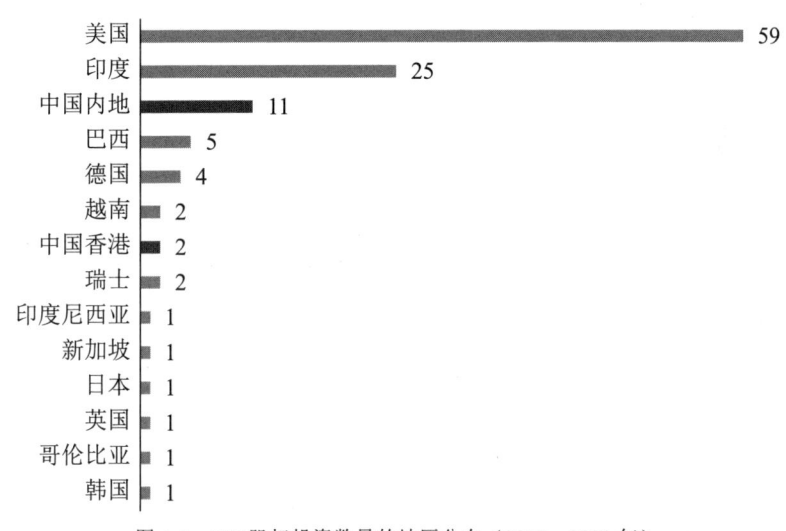

国家/地区	数量
美国	59
印度	25
中国内地	11
巴西	5
德国	4
越南	2
中国香港	2
瑞士	2
印度尼西亚	1
新加坡	1
日本	1
英国	1
哥伦比亚	1
韩国	1

图4-3 PIF股权投资数量的地区分布（2017—2021年）

来源：SWFI

在行业分布上，这13笔股权投资（含追加投资）有4笔投向在线教育（作业帮3笔、掌门一对一1笔），4笔投向互联网（小红书1笔、口碑网1笔、客路旅行2笔），2笔投向软件服务（Keep 1笔、货车帮1笔），1笔投向商业地产（WeWork），1笔投向医疗健康（平安好医生），1笔投向零售（瓜子二手车）。在投资金额上，互联网39.3亿美元（占比31%），教育培训32.5亿美元（26%）。软件服务22.6亿美元（18%），零售15亿美元（12%），医疗健康11.5亿美元（9%），商业地产5亿美元（4%），见图4-4。

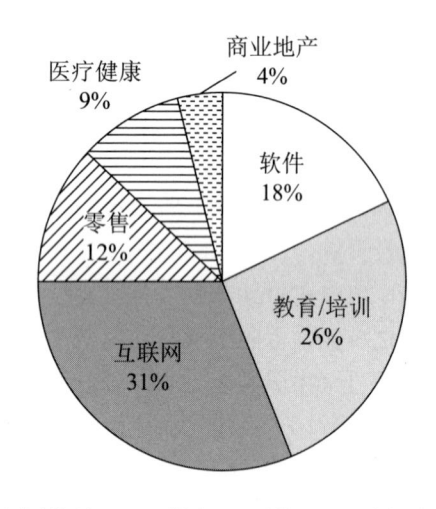

图4-4 PIF中国股权投资的行业分布（2017—2021年）

来源：SWFI

新经济是PIF在华投资的主要领域。中国互联网和硬科技的发展有目共睹，PIF希望通过投资带动沙特经济转型。例如，教育培训投资集中在以互联网为基础、开展软件开发和在线教育的公司；零售行业投资则体现了对各类电商尤其是社交平台新模式的关注。

在线教育是PIF重点关注的行业之一，自2018年第一笔投资作业帮后，2020年其加大投资力度，连续开展了三笔在线教育投资，与沙特甚至整个中东在全球的投资重点相一致。沙特国内在线教育也在快速发展，预计这将增加对技术和平台的需求。值得一提的是，对于"双减"政策下亟须转型的中国教育培训行业而言，沙特市场或许存在出海机遇。

对于PIF重仓的愿景基金而言，中国一直是其重点投资区域。愿景基金投资且已上市的中国企业包括众安保险、贝壳、平安好医生、平安壹账通等，

2021年投资的满帮、掌门教育、叮咚买菜、滴滴等也相继上市，但在强监管的大背景下，上市后表现不佳。2021年8月，软银季报发布会表示，此前愿景基金约1/3投资于中国，其后有所缩减。愿景基金一期已向超过80家公司投资746亿美元，投资于中国公司大约为100亿美元，包括蚂蚁金服、滴滴、字节跳动等。

尽管PIF在中国的投资受到各种因素的影响，但沙特依然对中国市场怀有热情。2021年底，PIF向中国证监会提交了合格境外投资者（QFII）申请，寻求在中国市场的投资机会。

三、科威特投资局：在华投资15年增长近50倍

中国经济多年来高速增长，科威特逐渐意识到中国市场的重要性。2009—2023年，KIA在中国的投资规模增长了近50倍，大中华区投资占其全球投资规模第二位，未来其将进一步增加在中国全资产类别的投资。

前任科威特埃米尔（国家元首）萨巴赫·艾哈迈德·贾比尔·萨巴赫2009年访华期间，KIA与中国签署投资协议，2011年设立北京代表处，这成为KIA自1953年以来第二家海外投资办公室。科威特埃米尔2018年访华期间，KIA获批外商独资企业（WOFE）许可证，并将北京代表处迁址上海。

KIA在中国的主要投资领域包括二级市场股票（通过QFII）、中国银行间债券市场、知名企业股权以及基础设施建设。根据中国外汇管理局发布的数据，继2011年底获得QFII资格后，2012年获得中国银行间债券市场10亿美元投资额度。KIA还曾参与我国国有银行的上市，2007年认购7.2亿美元工行股票，2010年认购19亿美元农行股票，成为重要的基石投资者。

对2015—2021年报告期内KIA持股中国股票进行行业比较发现，其偏好布局于制造业，包括食品饮料、化工、机械、电子等行业，而非追投热门行业或头部企业。制造业占KIA总投资的47%，且重点关注机械制造业（27%）；其次为电子设备制造业（16%）。随着中国医疗、医药行业更多优质企业的涌现，KIA开始重视医疗领域投资（10%），2018年起逐渐扩展到保健品、药品零售和医疗器械等领域（见图4-5）。截至2023年第二季度，科威特前十大重仓股包括三花智控、晨光股份、迈为股份、卫星化学、恺英网络、贝泰妮、康恩贝、中金黄金、飞科电器和盟升电子。从行业分布来看，KIA在机械、家电、医药和基

础化工领域的持股比例分别为 16%、14%、12% 和 12%。与上年同期相比，轻工制造领域的持股比例增长最为显著。

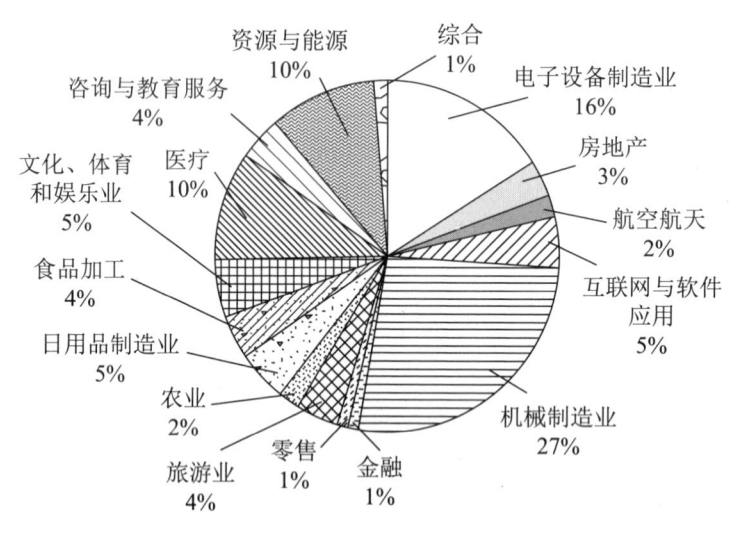

图 4-5 KIA 中国持股的行业分布（2015—2021 年）

来源：Global SWFI

在基础设施投资方面，2019 年 KIA 以 2 亿美元入股济青高铁，参与铁路建设和运营。这也是中国高铁引入的首笔外资，成为探索投融资新模式、推动"双招双引"的重要举措。

四、卡塔尔投资局：投资超过百亿美元，重点布局金融

尽管 QIA 主要集中投资于欧美，但其仍较早在中国进行了布局。

早在 2012 年，QIA 就成为合格境外机构投资者（QFII），获得 10 亿美元投资额度，目前已增至 50 亿美元以上。QIA 首席投资官 Sheikh Faisal Bin Thani Al Thani 在 2022 年中阿投资贸易协会上表示，2016 年以来，QIA 在华投资已超 100 亿美元，并希望加大投资额度，寻找到有潜质的项目。时任 CEO 艾哈迈德·艾尔·赛义德表示，中国市场具有长远投资潜力，对教育、医疗、基础设施、消费、服务及 TMT 等均持开放态度，一旦有合适机会就会加大投资力度。

QIA 在中国的早期投资主要集中在金融业。2006 年工行 IPO 时，QIA 投资 2.06 亿美元。2010 年农行港股 IPO 时，投资 28 亿美元，占 22.18% 股份，大幅超越科威特投资局的 8 亿美元。由于农行 IPO 规模当年排在世界首位，自此 QIA 在

中国声名鹊起。2012 年收购中信资本 22% 股份，2014 年与中信集团签署备忘录，各出资 50% 成立 100 亿美元基金，投资于中国的基础设施。

QIA 的中国房地产投资始于 2014 年，斥资 47.83 亿港元收购利福国际近 20% 股份，成为第二大股东。利福国际是香港 SOGO 崇光百货和上海、苏州久光百货的母公司。2018 年，QIA 退出利福国际，获利 6.65 亿美元。

2019 年，QIA 参与陆金所 13.3 亿美元 C 轮融资，还作为基石投资者认购生物制药公司复宏汉霖 7.05 亿港元股份。2020 年，参与作业帮 7.5 亿美元 E 轮融资、小鹏汽车 4 亿美元 pre-IPO 融资，以及生物制药公司创胜集团 1.05 亿美元 C 轮融资。

五、穆巴达拉：私募股权为主，规模不断扩大

穆巴达拉的投资组合主要集中在欧美，2015 年仅有 2.3% 营收来自中国，而这一比例 2021 年已超过 5%（7.7 亿美元）。穆巴达拉 CEO 卡尔杜恩在 2019 年创新经济论坛上肯定了中国在营商环境、企业家创新等方面的进展，"二十年前，我每两年来中国一次，现在是每六周来一次，在中国就能知道全球投资界发生了什么变化"。2021 年，他接受采访时提到，穆巴达拉计划 2030 年将在中国和印度的投资翻倍。

穆巴达拉对中国的投资主要通过中国－阿联酋投资合作基金（简称"中阿基金"）落地。中阿基金 2015 年在两国领导人见证下设立，旨在进一步深化中国与阿联酋等阿拉伯国家的务实合作。这一基金总规模为 100 亿美元，首期投资 40 亿美元，由国家开发银行（国开金融）、国家外汇管理局和穆巴达拉共同出资。中阿基金按照商业原则运作，投资方向为传统能源、基础设施建设和高端制造业、清洁能源及其他高增长行业。投资地域以中国、阿联酋以及其他高增长国家和地区为主。截至 2020 年，穆巴达拉已经通过该基金在中国超过 15 个行业中投资了约 20 亿美元。

笔者调研穆巴达拉时发现，不同于优先考虑日本等成熟市场的其他主权财富基金，穆巴达拉在亚太地区的布局首选就是中国，主要通过直接投资平台参与大型项目。但是，由于穆巴达拉的运作方式更类似于股权投资基金，其对华投资速度不会增加特别快。

穆巴达拉主要通过两种方式对华投资，一是直接投资，包括通过两国联合投资基金对高增长公司进行直接投资，如美团、自如；二是通过基金管理人进行投资，如投资软银愿景基金。

对于第一种方式，穆巴达拉不断增加对先进制造、互联网等领域投资，例如，2020 年 8 月参与了小鹏汽车美股 IPO；2021 年 12 月，穆巴达拉科技平台 Injazat 与中国新科技公司特斯联签署战略合作协议，在人工智能、物联网、大数据、云计算、机器人等硬科技方面加强合作。

对于第二种方式，著名案例是 2017 年向软银愿景基金投入 150 亿美元。愿景基金的中国持仓约为 23%，从行业分布看，消费品是其第一大投资领域（28%），其次依次为智能出行（20%）、物流（17%）、前沿科技（10%）和金融科技（7%）。

愿景基金一期已向超过 80 家公司投资 746 亿美元，投向中国的大约为 100 亿美元，如蚂蚁、滴滴、字节跳动等。愿景基金投资且已上市的中国企业包括众安保险、平安好医生、贝壳、掌门教育等。2021 年，中国强化对科技行业的监管措施。为应对此政策变动，软银孙正义表示，在监管态势明朗化之前，将减少对中国初创企业的投资。尽管愿景基金 2021—2022 财年亏损达 273.1 亿美元，但短期收益波动或许并不会对穆巴达拉的最终投资回报造成巨大影响，当然，在进行新的投资时，穆巴达拉会更加谨慎，尤其是对估值过高的企业更是如此。然而，从宏观视角审视，中国市场对软银依然保持高度重要性。在截至 2024 年 3 月的 2023 财年中，愿景基金获得了 7 240 亿日元（约合 46.45 亿美元）投资收益，并取得自 2021 财年以来首次年度盈利。

六、以北京市为例，浅析中东主权财富基金合作前景

北京市具有产业优势、资本市场成熟、区位优势等突出特点，为与海湾主权财富基金合作提供了广阔空间和可期待的前景。北京市可借助其产业优势，在合作中提供丰富的资源和经验，助力双方共同开拓市场。

（一）双方具备开展战略合作的产业基础

海湾国家在多元发展战略的推动下，愈发重视经济转型，加大在大数据、人工智能、新能源等新兴领域投入，通过开发绿色技术和高技能劳动力，促进地区经济增长。北京拥有全国最多的国家级高新技术企业、独角兽企业和专精特新企业，是数字经济、数字贸易领域开放政策率先试点的城市，拥有两个万亿级、五个千亿级高精尖产业集群，2022 年数字经济增加值占地区生产总值 42% 左右。《北京市"十四五"时期高精尖产业发展规划》提出将建设"四个特色优势产业"，包括集成电路产业、智能网联汽车产业、智能制造与装备产业、绿色能源与节能

环保产业。2020年以来，北京IPO企业中属于战略性新兴产业的比例逐年上升，2022年已达65%。北京市优势产业契合海湾主权财富基金的全球投资策略。

（二）友好城市共谋战略合作

2023年7月，北京市市长殷勇在京会见了阿布扎比市政交通局主席舒拉法一行，双方签署了《北京市与阿布扎比市建立友好城市关系意向书》，标志着北京市与阿布扎比市正式启动缔结友好城市关系的进程。两市将重点推动城市规划、智慧城市、科技创新等领域的交流与合作。

2017年以来，卡塔尔投资局（QIA）、穆巴达拉等主权财富基金先后在北京设立办公室，多家海湾主权基金投资人工智能、先进制造领域的北京企业。代表案例包括：2021年，沙特公共投资基金（PIF）投资7.76亿沙特里亚尔（约14.29亿元人民币）与商汤科技成立合资公司。2022年，科威特投资局（KIA）投资7.5亿美元参与旷视科技D轮融资。2023年，阿联酋投资机构CYVN Holdings对蔚来汽车投资约11亿美元获得7%股权，并在国际业务上进行战略合作。

（三）双方在资本市场具有较大合作潜力

北京资本市场成熟活跃，目前在京持牌法人金融机构超过900家，金融资产总量超过190万亿元人民币，有中投公司、社保基金等机构投资者和超大规模管理人，以及华夏基金、嘉实基金、工银瑞信等头部公募基金公司。QDLP（合格境内有限合伙人）试点和QFLP（合格境外有限合伙人）试点的展开进一步促进了跨境投融资便利化和资本市场国际化。

海湾主权基金密切关注我国二级市场股票：截至2024年上半年，阿布扎比投资局（ADIA）A股持仓市值近百亿元，成为24家A股上市公司的前十大流通股股东；科威特政府投资局（KIA）在中国市场总持仓超过40亿元，成为22只A股上市公司的前十大流通股股东。北京的上市公司在全国有突出优势，截至2023年底，北京市A股上市企业475家。2023年北京新增全球上市公司达37家，包括A股22家、港股8家、美股7家。海湾主权财富基金持仓股票涵盖北京诺思格医药、北京铁科铁道等多家上市公司，未来投资合作前景可期。

中东主权财富基金正逐步向中国投资开启大门。可以预见，在不久的将来，中国与中东之间的投资合作将进一步加深，积极寻求并建立更直接的合作方式，围绕经济和技术合作，扩大双方的利益交汇点。

第三节

能源巨擘的资本蝶变：以沙特阿美为例

中东拥有丰富的石油天然气资源，石油储量约为954.5亿吨，占全球总储量的69.7%；天然气储量约为48.4万亿立方米，占全球总储量的35%。海合会（GCC）国家由于油价稳定支撑，2017年以来实现了显著的经济增长。随着全球能源格局的变化和可再生能源的兴起，中东石油公司正积极调整战略，积极探索资本市场机会，提升企业治理水平。

作为阿拉伯半岛最大国家和中东最大经济体，沙特自20世纪30年代起凭借巨额石油收入实现了经济的快速增长，石油贡献了沙特90%以上的外汇收入以及40%以上的GDP。沙特阿美是沙特的经济命脉与核心资产，也是全球最大的石油化工企业。沙特阿美成立于1933年，主要从事石油勘探、开发、生产、炼制、运输和销售等业务，拥有世界最大的陆上和海上油田。

2022年受油价上涨因素影响，沙特阿美全年净利润达到创纪录的1 611亿美元，同比增长46%，市值一度达到2.43万亿美元，超越苹果公司成为全球市值最高的公司。2023年，沙特阿美净收入共1 213亿美元（2022年为1 611亿美元），创历史第二高。截至2024年12月31日，市值1.81万亿美元，是全球市值第六大公司。这不仅反映出沙特阿美的强劲业绩和可持续性，也展现了其在转型过程中所取得的成果。

一、沙特阿美赴香港上市研判

2019年12月，沙特阿美在沙特证券交易所上市，募资294亿美元，创下有史以来全球最大规模的IPO。沙特阿美IPO是国内形势和国际竞争共同作用下产生的决策。上市的根本动因是以穆罕默德王储为代表的沙特高层迫切希望推动沙特经济转型，以实现经济多元化发展，"2030愿景"亦将沙特阿美上市作为推动改革的重要途径。

除了在本国上市，沙特阿美早就计划在海外上市，最初本计划在国内外同时上市。2019年上市之前，沙特阿美的IPO吸引了全球资本的密切关注。时任美国总统特朗普公开支持沙特阿美在美国上市；英国修改了监管政策，为国有公司上市铺平了道路；中国财团、道达尔公司、俄罗斯石油公司等都对购买沙特阿美的股份表示了兴趣；全球证券交易所也展开了激烈竞争，希望成为沙特阿美的上市地点。

自 IPO 计划出台后，沙特国内不遗余力地为沙特阿美 IPO 铺平道路，包括对油气行业的税率制度改革、重新签署独家特许经营协议、改组沙特阿美董事会、完成对沙特原油储备的第三方独立审计等。所有这些工作都提高了沙特阿美公司业绩的透明度，而透明度恰恰是"2030 愿景"的核心原则，旨在保护沙特本国利益以及潜在投资者的利益。沙特阿美自身也完成了多项 IPO 准备工作，其中最为显著的就是修改内部规章制度，将公司转变为股份制企业并首次发布公司年度财报，满足未来可能上市地点的监管要求。

2022 年，有报道称，沙特阿美计划在利雅得进行额外的股票发售，并可能在伦敦、新加坡或其他地点进行二次上市。香港交易所一直努力希望推动沙特阿美将香港作为第二上市地。香港特首李家超在 2023 年 2 月表示，争取沙特阿美来港上市是他此次访问中东的目标之一。

尽管沙特阿美已在沙特证券交易所上市，但其在海外资本市场上市的可能性仍然存在。

一是，在当前资本市场进入紧缩期的背景下，沙特政府的筹资渠道面临着挑战。美国持续加息对经济的影响，特别是沙特 NEOM 新城等需要大量投资的重大工程项目，进一步加大了沙特政府筹款的压力。为缓解这种压力，沙特政府 2022 年 10 月通过其主权财富基金 PIF 首次发行了 30 亿美元绿色债券。面对这一背景，沙特政府可能会考虑重启沙特阿美等核心资产的出售，以获得所需资金。

二是，中沙关系正处于历史最佳时期，中国市场经历了 40 多年的改革开放，资本市场结构逐步成熟，已成为全球第二大资本市场。中国国有企业在创新改革、上市融资、增资控股等方面的经验，对于沙特阿美的改革发展和实现沙特"2030 愿景"具有重要借鉴意义。

三是，除了来自国际形势及能源格局的压力外，沙特也寻求阿美 IPO 以赢得博弈。美国页岩油革命推动了石油产量的大幅增加，使其成为全球最大的石油生产国，从而改变了国际能源市场的竞争格局。这导致沙特及其主导的石油输出国组织（OPEC）的国际话语权急剧下降，从过去"全球油价制定者"降级为"石油库存管理者"。与此同时，沙特阿美的 IPO 象征着沙特正在追求外部多元化的合作方式，有望推动中东内部权力格局的调整，提高地方事务的参与度。

四是，沙特资本市场的透明度和治理水平尚不成熟，需要借助海外资本市场。以沙特阿美选择在沙特证券交易所上市为例，根据沙特最低公众持股规定，上市公司的公众持股比例至少应为 30%，但在获得监管机构批准后，也可以允许更低的公众持股比例。截至 2023 年底，沙特证券交易所上市公司数量仅为 297 家，主要以国有企业和传统行业公司为主，总市值规模 3.06 万亿美元，平均市盈率约为 17。由于缺乏优质投资标的，中东市场的 IPO 普遍不活跃，投资退出以寻求大型基金收购、并购为主。2021—2023 年，沙特证券交易所累计完成了 120 多项上市，帮助发行人筹集了超过 1 000 亿美元资金，而随着上市势头发展，2024 年 IPO 数量同期增长 30%。

沙特阿美 IPO 仍然是沙特吸引国际资本市场关注的重要举措。不过，公开石油信息必将改变沙特在当前石油市场上的影响力，并可能挑战以沙特为首的 OPEC 国家在资源权力方面的地位。因此，再次上市仍然面临阻力。

首先，IPO 将要求沙特阿美在市场上全面公开财务信息，这可能成为沙特方面的一大顾虑。沙特阿美仍然面临着官僚决策体系低效等问题，公司管理层尚未就提高运营透明度达成共识，尤其是在石油产能和公司治理等核心问题上。这种较低的透明度将增加上市的成本和时间。

其次，沙特的石油权力源于其无与伦比的资源优势和对国际油价的影响力，然而，沙特阿美再次 IPO 必将对该权力产生稀释效应，这也是导致其在 2019 年之前屡遭拖延的原因之一。此外，自 1960 年 OPEC 成立以来，沙特一直是核心成员国。因此，沙特阿美的 IPO 也将影响到 OPEC 在石油领域的权力，特别是在资源控制和价格定价方面。

从经济利益的角度来看，中国以股权形式锁定石油资源是其在中东等产油区的重要战略。根据沙特阿美最新披露的 2024 年第三季度财报，由于市场需求恢复迟缓，公司实现净利润 276 亿美元，同比下降 15.3%，经营活动现金流为 352 亿美元，同比增长 12.1%，自由现金流为 220 亿美元，资产负债率从 2023 年底的 −6.3% 上升至 1.9%，这些优异的财务数据彰显了沙特阿美在全球石油产业中的巨大市场规模和突出盈利能力。根据沙特财政部发布的 2024 财年的财政预算公告，预计该财年总收入为 1.17 万亿沙特里亚尔（3 115.7 亿美元）。因此，沙特阿美若选择赴港上市，有望降低中国对石油资源的使用成本，同时保障供应量，实现中沙双方的互利共赢。

从战略意义上看，沙特阿美赴港上市将对世界石油市场和中国资本市场产生深远影响。一方面，将吸引更多中国投资者参与大宗商品市场，提升沙特阿美与中国企业的合作水平。这将推动中国石油产业链的技术革新，有助于保障中国原油供应的安全。另一方面，将进一步提高中国资本市场的国际化水平与港股流动性。此举也有助于促进对科技企业的上市规则优化，吸引更多国际优质公司进入中国资本市场，显著提高市场规模与国际影响力。

沙特阿美的信息披露程度将直接影响其在中国的上市进程以及投资者的投资决策，同时对中国上市制度的改革适应能力提出了考验。由于沙特阿美的经营状况与沙特国家经济密切相关，其财务状况自20世纪70年代国有化以来一直严格保密。2018年为推进IPO，沙特阿美首次公开了其财务数据。目前，由于沙特阿美与王室的紧密联系而产生的发展不确定性和数据不透明性，将成为市场各主体在投资决策中无法忽视的因素。

沙特商业环境的优化仍然是一项重要议题，其经济转型过程中面临着一系列挑战，这也导致了赴港上市存在国内阻碍。沙特国内相对封闭，特权观念根深蒂固，法治意识欠缺。尽管穆罕默德王储正在积极推动开放改革，但沙特王室与宗教体系内的改革派与保守派之间仍存在着对峙，商业环境的自由和宽松或许并非一蹴而就。

此外，沙特高层对公司上市的态度存在分歧，这也使得沙特阿美的IPO进程不确定。有高层担心，沙特阿美在境外上市可能会导致本国石油资源被低价出售给外国公司，同时还担心公司上市带来的大量资金流入可能引发国内通货膨胀，对经济稳定造成不利影响。

二、沙特阿美产业基金

为了更有效管理资产，并实现产业多元化和可持续发展目标，沙特阿美旗下成立了全球风险投资机构——阿美风险投资公司（Aramco Ventures），该公司有多只基金，在沙特、美国和中国等地均设有投资团队，专注于投资全球成长型企业。

2024年1月，沙特阿美向阿美风险投资公司增拨40亿美元。截至2024年初，沙特阿美已经完成超过145项投资，总投资规模达到75亿美元。沙特阿美表示，此举反映了其风险投资在不断扮演着日益重要的角色，涵盖了推动颠覆性新技术的研发、创造多元化机会，以及为与创新型初创企业的合作奠定基础。此外，增资决策还将有助于推进公司长期战略的实施，其中包括着重发展新能源、新材料、多元化工业以及数字技术等领域。

目前，沙特阿美风险投资公司管理着三支基金，分别为：

（1）本地增长基金（Wa'ed Ventures）。规模5亿美元，成立于2011年，旨在投资科技初创公司。截至2022年末已经完成63笔交易，拥有43家以沙特为中心的投资组合公司。作为沙特风险投资领域的先驱之一，Wa'ed Ventures使命在于通过建立长期合作伙伴关系推动本地经济增长和多元化，基金专注于投资早期种子阶段到中后期成长阶段的初创企业。

（2）可持续发展基金（Sustainability Fund）。规模15亿美元，成立于

2022年10月。该基金将投资支持"稳定性和包容性"能源转型的技术，使其成为世界上有史以来最大的可持续发展风险投资基金之一，支持能源公司2050年达成净零目标的技术。

（3）多元化增长基金（Prosperity7 Ventures）。规模30亿美元，成立于2020年。目前已在沙特、中国、美国设立投资团队，在全球范围内投资了超过40家企业，涵盖企业服务、金融科技、人工智能、B2B、消费科技和医疗科技等除能源以外的众多前沿领域。Prosperity7自成立之初即将中国作为其最重要的投资目的地之一，自2020年开始在中国开展投资，目前已投资约20家创新企业。

沙特阿美设立产业基金是其全球能源与金融战略的关键布局，旨在引导资金流向具有创新活力和可持续发展潜力的能源项目，推动能源技术迭代与产业升级，为全球能源市场注入新动能。通过资助研发、推广尖端技术、扶持创新型企业，孕育划时代能源解决方案，巩固并提升沙特阿美在全球能源版图中的战略地位。同时，基金的设立有助于沙特阿美与全球创新型企业、研发机构建立紧密合作，为投资者提供丰富优质投资选择，实现共赢发展。

第四节
绿色主权债券：中东主权财富基金的可持续实践

绿色主权债券作为重要的绿色金融工具创新，目前尚处于起步阶段，但由于主权财富基金在全球金融市场中发挥越来越重要作用，这一金融推动绿色发展的工具值得关注。

2022年10月，沙特公共投资基金（PIF）宣布成功发行30亿美元绿色债券，开创了全球主权财富基金发行绿色债券的先例，有望为ESG投资注入新的发展动能。通过PIF绿色债券发行案例，我们不仅得以一窥这家主权财富基金的最新财务状况，更可从中提炼出对我国的启示和借鉴。

一、沙特发行绿色债券的背景和意义

本次债券发行包括12.5亿美元票面利率5%的五年期债券，12.5亿美元票面利率5.25%的十年期债券，以及5亿美元票面利率5.37%的100年期债券，吸引了欧洲、中国、日本等投资者的广泛认购，花旗、摩根大通和高盛等投行参

与了债券发行。

借由本次发债，PIF 披露了最新财务信息。根据债券募集说明书，自 2017 年以来，PIF 股东的年平均回报率为 12%，2021 年更是高达 25%。截至 2021 年 12 月 31 日，PIF 拥有 6 752 亿美元资产，并创造了 254 亿美元年净收入。

此次绿色债券发行展现了 PIF 进一步增加资产规模、推动国家经济多元化的决心。债券在发售伊始便获得了 8 倍超额认购，将为沙特多个 ESG 项目提供支持，并优化其境外资产结构。

PIF 还披露了筹集资金用途，其中最重要的项目便是 NEOM 新城的建设。这座 2.65 万平方千米的新城建设预计将投入 5 000 亿美元，旨在建设完全由清洁能源提供动力的智慧城市。NEOM 新城将全部采用风能和太阳能等清洁能源，成为毗邻红海、亚喀巴湾与苏伊士运河的海上贸易通道。本次绿色债券的发行与 NEOM 新城概念形成良好的协同效应，作为有机整体吸引了全球投资者。

二、国际绿色债券发展概况

根据国际资本市场协会（ICMA）2021 年最新修订的《绿色债券发行原则》，绿色债券是将募集资金或等值金额专用于为新增或现有合格绿色项目提供融资或再融资的各类型债券工具。全球绿色债券市场在 2014—2023 年间持续扩张，2021—2023 年增速均在 50% 以上，2021 年达到有史以来的最高值 5 174 亿美元。美国、中国、法国、德国发行量位居世界前列，如图 4-6 所示。

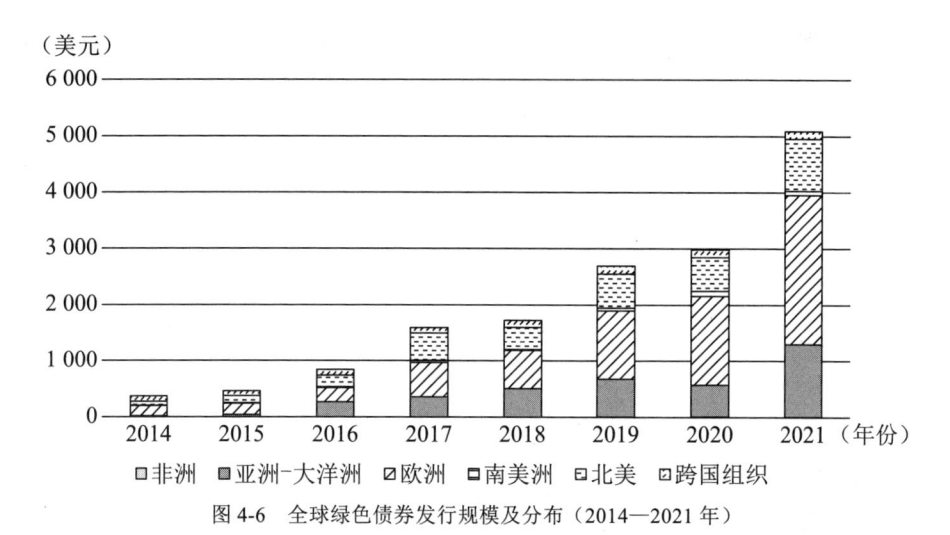

图 4-6　全球绿色债券发行规模及分布（2014—2021 年）

来源：Statista

相对于普通债券，绿色债券在募集资金用途、绿色项目评估与选择程序、募集资金的跟踪管理以及年度报告等方面具有特殊性。绿色主权债券是绿色债券的细分领域，具有"主权债券"和"绿色债券"的双重含义，即由政府财政部门或其他国家代理机构筹集资金，以国家名义发行、常以外币形式持有的绿色债券。截至 2024 年上半年，全球 52 个国家发行了符合 CBI 数据库标准的绿色债券，累计全球绿色债券发行总量达到 3.2 万亿美元。

目前，绿色主权债券的发行方大多为欧洲国家，这主要是由于欧洲国家布局 ESG 投资较早。绿色主权债券的发行额度更大、频次更高、流程更规范。我国香港特别行政区也在绿色主权债券方面表现积极，2021 年发售了 72 亿美元绿色主权债券。

三、主权财富基金参与 ESG 投资的国际实践

主权财富基金 2018 年以来积极打造绿色可持续形象，截至 2021 年末，全球主权财富基金的 ESG 投资已从 2020 年的 72 亿美元增至 227 亿美元，与可持续性相关的投资交易数量也从 2020 年的 19 笔增加到 37 笔。

2017 年 12 月，科威特投资局联合五家主权财富基金共同发起"One Planet 主权财富基金倡议"并成立工作组，致力于整合全球气候变化风险、投资低碳经济转型领域。2022 年，科威特投资局董事总经理 Ghanem Al-Ghunaiman 在接受彭博社采访时表示，该机构正在推动其投资组合 100% 符合 ESG 理念，尤其关注 ESG 中的"E"，即环境因素。再如，PIF 将负责开发沙特 70% 的可再生能源项目，在 2021—2025 年规划中提出将增加资产管理规模至 1.07 万亿美元，而绿色债券的发行势将成为其中重要的融资手段之一。

主权财富基金不仅关注海外 ESG 投资机会以创造收入，也考虑国内的长远利益，致力于支持本国绿色项目的发展。例如，根据绿色债券发行承诺，PIF 计划在 2026 年前在合格绿色项目中投入至少 100 亿美元。其在沙特国内投资 NEOM 新城、沙特国际电力水务公司（ACWA power）、红海开发公司、阿玛拉度假胜地（AMAALA）等。PIF 以绿色项目为抓手进行融资，为国内大型明星项目进行广泛宣传，吸引了众多国际投资者的关注，形成了较好的协同效应。同时，绿色债券由于其公益与可持续特性，融资成本更低、融资效率更高。

主权财富基金背后的政府支撑和庞大的资金规模使其资本市场行为带有国家战略导向性。为进一步地塑造可持续的国际形象，2019 年以来，全球各大主权财富基金不断加大 ESG 的投资布局。例如，阿联酋主权财富基金穆巴达拉投资公司

2021年成立"负责任投资部",将ESG投资制度化与机构化。根据笔者调研了解,其负责任投资部将参与到投资项目的尽职调查,并将ESG考察作为其尽职调查过程中的重要环节,更青睐新能源、可持续农业类项目,而规避博彩、高污染类项目。再如,2022年7月新加坡政府投资公司(GIC)成立专门的可持续发展办公室,从而在投资过程中全面落实ESG理念,将气候变化因素纳入投资组合。

欧美主权财富基金布局ESG要更早一些。以全球最大的主权财富基金——挪威政府全球养老基金GPFG为例,挪威财政部要求GPFG必须有专门的环境类投资。截至2021年底,GPFG环境相关投资总额达104.5亿美元,2010—2021年环境相关股权投资平均年化收益率达到10.4%。在选择投资标的时,GPFG要求被投项目必须有至少25%业务与以下三类活动有关:低排放/可再生能源、清洁能源、自然资源管理,如表4-5所示。

表4-5 部分主权财富基金的ESG投资实践

主权财富基金	ESG投资实践
沙特公共投资基金(PIF)	发行百年期绿色债券,重点关注ESG投资,将资本配置于可持续项目,建立面向全球的资本市场
科威特投资局(KIA)	推动其投资组合100%符合ESG理念,尤其关注ESG中的"E",即环境因素。全资子公司Entertech在清洁能源、循环经济、垃圾处理等方面全球领先
阿联酋穆巴达拉(Mubadala)	将"负责任投资"作为核心使命的一部分。将ESG原则纳入投资决策和公司运营,核心理念包括追求长期回报、可持续发展等
挪威政府全球养老基金(GPFG)	根据挪威财政部要求必须有专门的环境投资。选择投资公司时,要求必须有至少25%的业务与这三类活动有关:低排放能源和可再生燃料、清洁能源、自然资源管理
新加坡淡马锡(Temasek)	将气候变化因素纳入投资组合,重点投资生物、农业等行业,关注碳减排
新加坡政府投资公司(GIC)	成立专门的可持续发展办公室,在投资过程中全面落实ESG理念,将气候变化因素纳入投资组合
卡塔尔投资局(QIA)	在可再生能源领域非常活跃,关注储能技术、电动汽车等行业。2022年以来,积极在亚洲寻找相关合作伙伴

四、我国绿色债券市场与政策进展

我国新能源行业发展迅速,吸引众多投资者入场。根据全球可持续投资联盟(GSIA)定义,我国有明确ESG投资策略的公募基金超过70支,规模超过1 600亿元。据估算,中国ESG投资潜在市场规模超过1万亿元。碳中和承诺带来庞大的绿色投资需求，据清华大学气候变化与可持续发展研究院估算，若温度升幅目标被控制在 1.5～2℃，未来 30 年中国能源系统需要新增投资约 100 万亿元至 138 万亿元。高盛研究报告称，到 2060 年中国清洁能源基础设施投资规模将达到 16 万亿美元（约合 110 万亿元）。

绿色债券市场方面，2021 年中国境内发行绿色债券 488 支，同比增长 123.85%；规模达 6 083 亿元，同比增长 176.31%；发行人达 247 家，同比增长 87.12%，市场参与主体进一步丰富。从发行人角度看，绿色债券的发行人以国有企业为主。目前绿色债券有碳中和债券、可持续发展挂钩债券、蓝色债券、绿色熊猫债券四种。

绿色债券募集资金约 46.84% 投向清洁能源领域，主要为风电、光伏等；约 21.77% 投向绿色交通领域，主要为轨道交通等项目。总体来看，我国绿色债券更倾向于中短期，以三年期为主，基本不超过五年。长期绿色债券较少，绿色债券在解决绿色项目与融资资金期限错配的问题方面的作用仍有待加强，如图 4-7 及图 4-8 所示。

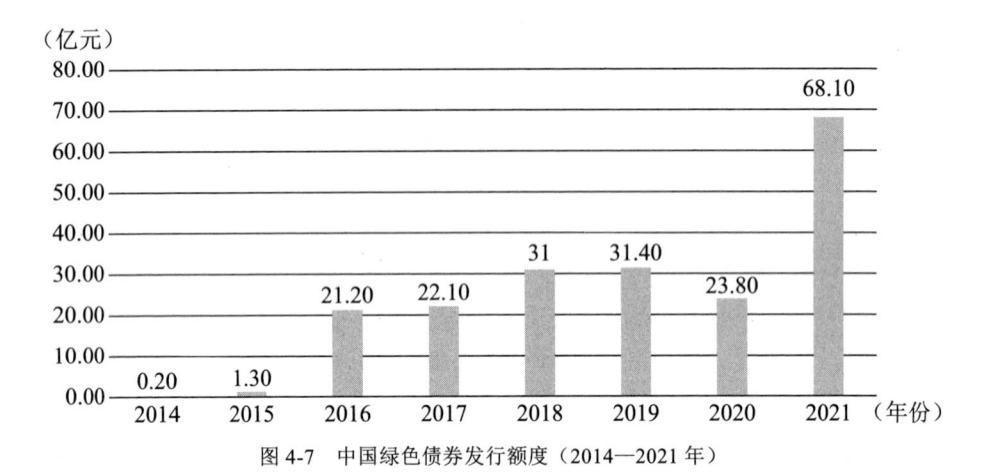

图 4-7 中国绿色债券发行额度（2014—2021 年）
来源：Statista

政策方面，我国以 2020 年提出"双碳"目标为起点，不断推出政策法规，完善绿色债券市场。2020 年 7 月 8 日，中国人民银行同国家发展改革委、中国证监会联合出台《关于印发〈绿色债券支持项目目录（2020 年版）〉的通知（征求意见稿）》，规范了国内绿色债券支持项目和领域；11 月 27 日，上交所、深交所先后发布公告，规范了绿色公司债券上市申请的相关业务行为。2021 年 4 月，《绿色债券支持项目目录（2021 年版）》正式发布，新版目录统一了绿色债券的标准及用途，对分类进行了细化，剔除了煤炭等化石能源清洁利用等高碳排放项目，引入低碳

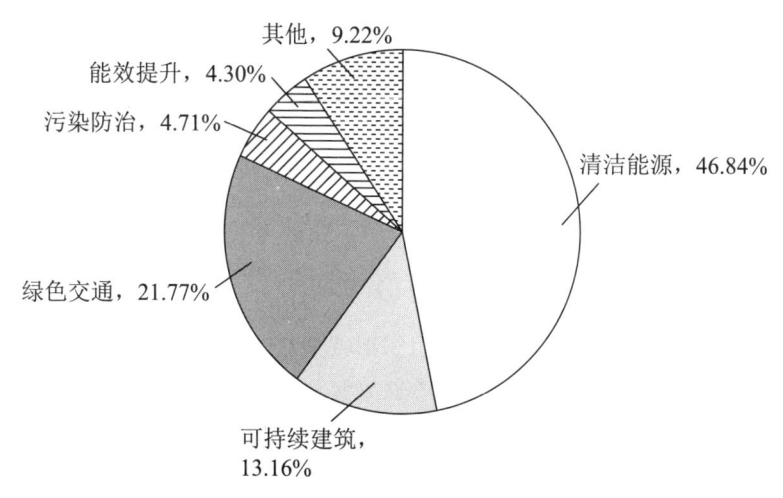

第四章　中东趋势前瞻：转型浪潮的中国机遇

图 4-8　中国绿色债券募集资金投向（2021 年）

来源：Wind

转型挂钩债券概念，鼓励企业利用绿色债券推进双碳，绿色债券的定义与规范愈发明确。2022 年 6 月，上交所发布《特定品种公司债券指引》，形成了以绿色债券等特定主题债券构成的特定品种债券序列。

第五节
迪拜家族办公室崛起：领航财富管理新时代

作为中东金融中心和全球财富增速最快的地区之一，阿联酋 2021 年以来财富管理规模显著增长：根据凯捷咨询（Capgemini）2023 年财富报告，2022 年全球高净值个人（HNWI）数量下降了 3.3%，而同年以阿联酋为代表的中东地区则增加了 2.8%。根据阿联酋《海湾报》2024 年 9 月报道，预计当年移居阿联酋的高净值人数将同比增长 70%，这使阿联酋连续三年成为对高净值人士最具吸引力的国家。BCG 预测，到 2027 年，阿联酋的金融财富将达到 1.3 万亿美元。阿联酋在财富管理行业快速发展的重要因素在于，迪拜在经济转型和金融发展方面的政策力度、司法体系以及税收政策为其赢得了广泛的国际声誉。

作为财富管理行业"皇冠上的明珠"，家族办公室（以下简称"家办"）是国际金融市场上日益重要的机构投资者。相较于其他投资主体，家办通常更加注

· 207 ·

重长期家族财富的保值增值,其投资决策常常受到家族价值理念和长远利益的考虑。2015年以来,中东家办数量也大幅增加。阿联酋70%的家办设在迪拜。迪拜大力度吸引全球投资者设立家办,为其雄心勃勃的"十年计划"注入强大动力,力求将迪拜打造成为全球金融中心之一,并最终推动阿联酋经济的多元化发展。

一、迪拜家族办公室的发展源流

历史上,中东海湾地区以部落为组织形式聚居。沙漠内陆主要由半游牧的贝都因部族占据,而沿海地区则是从事珍珠采集和贸易的商人长期定居。在经济起步阶段,政府为刺激经济发展,向特定企业家授予国际品牌的独家代理权。而另一些企业家通过与政府建立紧密合作关系,在建筑、零售、石油贸易等领域拓展了商业版图。这些举措为众多中东民营企业奠定了坚实的财务基础。

中东家族企业在国家经济发展中扮演着举足轻重的角色。阿联酋经济部数据表明,阿联酋高达90%的私营企业为家族企业,雇用了国家70%以上的劳动力,对GDP的贡献约为40%。中东海湾国家的财富家族起初将其资产交由欧美私人银行管理。因应家办行业在全球的崛起并满足自身的个性化需求,一些财富家族开始设立家办,以寻求更加专业化的财富管理解决方案。

中东大多数家办位于迪拜,早期以单一家办(SFO)为主,其代表有ZAD Investment Company(沙特亲王MishaalA.T.Al-Saud设立)、Al Ghurair Investment(阿联酋商人Al Ghurair家族设立)、Daher Capital(黎巴嫩商人Michel Daher设立)等。

迪拜政府2004年成立了迪拜国际金融中心(DIFC),旨在吸引国际金融机构和企业开展业务,推动经济多元化发展。为实现这一目标,迪拜政府以立法形式确立了DIFC的离岸性质,使其管辖范围拥有独立的司法体系和法院,并享有金融自由和税收优惠。DIFC通过其法律许可的"在岸－离岸"性质,确保在DIFC注册的机构仍可享受阿联酋本土金融机构的服务。

二、迪拜家族办公室发展的政策"组合拳"

为推动家办行业发展,迪拜陆续推出多项政策,包括:2008年《家族办公室计划》;2011年《单一家族办公室条例》;2015年进一步明确单一家族办公室的定义(为单一家族服务的私人财富管理公司,其服务包括投资管理、资产配置、财务规划、家族治理和财富传承等），并探讨为多个家族服务的可能性；2019 年《家族办公室规定》，取代了 2011 年条例。作为中东重要的商业中心，迪拜世界贸易中心（DWTC）2020 年为在迪拜设立的单一家办（SFO）和联合家办（MFO）引入了新的法规和许可。

2023 年 1 月生效的《2022 年第 37 号关于家族企业联邦法令》和同年 2 月发布的《DIFC 家族办公室安排条例》，进一步完善了法律规范、金融服务等体系。该规定对单一家办和联合家族实施分类监管原则：单一家办无需在 DFSA（DIFC 的独立监管机构）注册，仅联合家办需要完成注册程序。

2019 年以来，阿联酋尤其是迪拜政府在政策和法律层面上大力支持家族企业和财富管理行业的发展。阿联酋副总理兼财政部长谢赫·马克图姆·阿勒马克图姆 2022 年 9 月指出："迪拜将继续打造全面的生态系统，以支持家族企业的增长和可持续性发展，并提供最佳的投资环境，帮助其蓬勃发展。"

2023 年 3 月，DIFC 成立全球家族财富中心，成为迪拜财富管理和资产管理领域的关键里程碑。迪拜在 DIFC 按照英美法系打造特别司法管辖区，为国际企业和家办提供熟悉且透明的法律环境。2023 年 DIFC 域内有 400 多个注册基金会和 600 多个与家族企业有关的活跃实体，活跃注册公司超过 5 500 家，采用 FO 架构的实体占 DIFC 企业数量超过 10%。DIFC 对监管透明度和家族保密的承诺支持了单一家族办公室（SFO）数量 81% 的同比增长。2023 年 5 月，阿联酋副总统、总理兼迪拜酋长阿勒马克图姆宣布成立迪拜家族企业中心。该中心为家族企业提供领导力传承、继任计划方面的培训，以及法律、财务、家族治理在内的专业咨询服务，帮助家族企业探索技术创新和新的业务机会。

上述密集"组合拳"体现出迪拜政府对家族企业和财富管理行业的重视程度。迪拜大力发展家办行业的背后，有多重现实因素考虑。其一，与石油储量占比超过 90% 的阿布扎比相比，迪拜的石油储量相对较少，这使得发展国际金融中心的需求尤为迫切。迪拜为寻求经济振兴，自 20 世纪 70 年代起便开始探索经济多元化的发展道路。其二，高度国际化的迪拜汇聚了来自世界各国、为数众多的高净值群体，外来人口占总人口的比例高达近 85%。迪拜 DIFC 有望把握中东地区近 1 万亿美元财富代际传承的重要历史机遇，成为覆盖经济总量超过 8 万亿美元 GDP 的中东、非洲和南亚（MEASA）地区的全球财富管理中心。根据毕马威与 Agreus2023 年报告，阿联酋家办客户资产分布为：53% 家办的客户资产管理规模为 2.5 亿～5 亿美元，7% 为 5 亿～10 亿美元，7% 为 10 亿～20 亿美元，20% 为 20 亿～50 亿美元，7% 为 50 亿美元以上，另有 7% 小于 2.5 亿美元。

三、迪拜家族办公室的发展环境

国际局势、政策环境和市场需求等因素共同推动迪拜成为当前热门的家办设立地。迪拜以其发达的金融体系和友好的政策环境，吸引着越来越多的国际家办入驻。

（1）便利程度。DIFC 允许外资企业建立 100% 控股的分支机构，入驻 DIFC 的企业没有外汇管制，允许资金自由流动，企业利润可 100% 汇回母国。在地理区位上，阿联酋依托海湾腹地，占据欧洲、亚洲和非洲"十字路口"的战略区位。迪拜国际机场 2023 年客运量超过 8 000 万人次，与 200 多个国际目的地相连，具有全球范围内的可达性和便利性。

（2）司法体系。DIFC 的司法体系是在欧美海洋法系的基础上新建立而成的，拥有系统的法律和监管框架，为家族企业和家办量身定制了法律法规，囊括公司法、信托法、隐私和数据保护法、破产重组法等。DIFC 实行一体化管理模式，其内部管理机构在代表阿联酋官方进行监管的同时，又负责实际经营管理。在自由区内，企业可以免于适用部分阿联酋联邦和地方法律，提供了相对宽松和自由的经营环境。

DIFC 自身拥有独立的司法管辖权。这一权限的行使由 DIFCA（迪拜国际金融中心管理局）、DFSA（迪拜金融服务管理局）及 DIFC 法院共同负责。这些机构不仅制定了详尽且专业的法律法规，还为公司、证券、信托等提供全面的法律服务。DIFC 设立了伦敦国际仲裁院（LCIA），针对国际商业纠纷制定了专门的仲裁与调解细则，有利于促进国际商业纠纷的有效解决。通过这些举措，DIFC 构建了既符合国际标准又适应本地需求的法律体系，为吸引全球金融机构和企业入驻创造了良好的法治环境。

（3）税收优惠。相较于新加坡和我国香港地区，阿联酋在企业所得税率方面具有显著优势。根据阿联酋联邦法令，自 2023 年 6 月 1 日起征收 9% 的企业所得税。阿联酋设立了 40 多个自由贸易区，提供更具有竞争力的税收优惠。DIFC 为入驻的合资格单一家办提供了长达 40 年的零税保证，涵盖了零所得税、零资本利得税、零遗产税和零公司税等多个方面。由于 DIFC 实际是一个在岸的金融中心，辖区内的资产管理机构在税收和监管方面与在岸机构享有同等条件，可以享有阿联酋与各国的税收协定优惠，并拥有更多在阿联酋的投资机会。DIFC 还拥有阿联酋监管机构与央行的征税豁免条约认证，这进一步确保了税收的合理性和透明度。

(4）专业人才。2021年4月，阿联酋正式启动"吸引和留住全球人才"的战略计划，旨在将阿联酋打造为全球人才竞争力的前十强国家，以确保国家发展知识经济的人力资源。为实现这一目标，阿联酋推出一系列吸引人才的举措，包括十年黄金签证、"每天100名程序员"计划、迪拜商业英才项目（DBA）、退休居留签证计划。根据DIFC家族财富中心官方文件，域内就业人数已超过4万人，来自全球150多个国家，均为高技能的国际化人才，在迪拜所有经济部门中对人均GDP的贡献最高。

（5）投资者关系。中东已成为当前国际政经环境下资产管理机构和高增长企业的重要募资地。尽管中东主权财富基金2015年以来加快了对外投资步伐，但由于语言、文化、距离等客观因素的阻碍，外界与中东的深入沟通和有效合作仍面临一定的困难。在迪拜设立家办成为加强与主权财富基金等中东重要机构投资者互动的有效方式。通过这一方式，企业不仅能够及时获取中东第一手的政策信息和商业资讯，还能更好地与当地资方建立联系和声誉，为未来合作打下坚实基础。

四、迪拜家族办公室的挑战与前瞻

家办核心职责是实现财富的长期保值增值，而这需要有效的资产管理和传承规划，家办所在地还需要具备强大的软实力。与其他国际金融中心相比，迪拜家办行业仍有进一步发展空间。

一是，相对于中国香港、新加坡的家办而言，阿联酋本土家办的准入门槛较高。中国香港家办的最低设立门槛为2.4亿港元（约合3 000万美元）；新加坡根据申请类型的不同，最低门槛分别为13O的2 000万新元（约合1 486万美元）和13U[①]的5 000万新元（约合3 716万美元）；而阿联酋家办的最低设立门槛为5 000万美元。

二是，迪拜仍需形成家办的差异化比较优势。新加坡以其高度自由的外汇兑换、优良的法治环境和较低的地缘政治风险等特征，受到国际资本的青睐。香港则凭借其发达的金融市场尤其是活跃的证券市场和强大的人才优势，扮演着东西方"超级联系人"的角色。迪拜作为后起之秀，在地缘政治、政策环境和法律税务等方面的长期发展态势仍有待历史的检验。

---

① 13O和13U分别是新加坡金融管理局（MAS）推出的两个家族办公室税务激励计划，后者提供更广泛的税收优惠和更高的灵活性，适用于规模更大的家族办公室。

三是，迪拜面临着如何在国际监管与吸引外资之间取得平衡的挑战。DIFC对资金来源和投资要求并无特殊限制，其包容开放的态度虽然为其发展带来了新的机会，但也引起了国际社会的日益关注。金融行动特别工作组（FATF）曾在2022年将阿联酋列入需要加强审查的"灰名单"。2024年2月，FATF将阿联酋从其"灰名单"中删除，这既是对该国在反洗钱和反恐融资方面所做努力的认可，也标志着其国际金融地位迈向新的里程碑。自2022年起，阿联酋展现出更加坚定的打击金融犯罪的决心和行动力，不仅采取了积极的执法措施，如征收高额罚款、广泛开展检查以及依法扣押涉案资产，还进一步加强监管，包括成立专门的反洗钱、反恐融资法庭和执行办公室。在2023年10月的全体会议上，FATF表示，阿联酋已根据其行动计划采取了实质性措施。

五、迪拜家族办公室的监管体系

迪拜家办监管主要由迪拜金融服务管理局等政府机构负责，监管重点包括家族企业治理结构、财务管理、风险控制等方面。2018年以来的关键政策文件有《家族办公室规定2019》（简称"2019家办新规"）、《2022年第37号关于家族企业联邦法令》（简称"37号法令"）。

"2019家办新规"明确了家族办公室、家族企业的定义和业务范围，详细介绍了在DIFC设立家族办公室的流程，包括设立要求、豁免条例、经营准则和费用支付这四个方面。申请资质时，申请人需向注册官证明拟设立的家办将为家族提供专业服务，且单一家族的净资产需至少达到5 000万美元。此外，申请人还需提交财富来源、净资产金额及所需服务类别的相关文件。在特定情况下，注册官有权撤销已认证家办的营业资质。

"2019家办新规"的豁免条例主要包括会计记录、私人注册和私营企业状况等方面的规定。家办需要保留作为注册人根据《经营法》要求的会计记录，虽然豁免了提交账目和审计的义务，但注册官有权在必要时获取相关会计记录。此外，股东和董事的详细资料需保存在私人登记册内，在DIFC设立家办不受股东数量限制。

"37号法令"在"2019家办新规"基础上进一步完善，适用于阿联酋境内的家族企业。根据"37号法令"第四条规定，家办必须在与主管机构共同建立的专项登记册中进行正式注册。此外，还需准备一份备忘录以概述其基本架构和运营方式。家办可在自贸区内成立离岸实体——即自贸区机构（FZE）或自贸区公司（FZCO）——管理家族资产和公司，并允许所赚得利润100%回流到境外。

根据"37号法令",家办有权选择制定家族宪章,以更详细地管理办公室与家族相关的各方面事务,包括但不限于股权结构、家族价值观、家族成员在家办及其子公司中的任职资格、家族纠纷的解决机制,以及其他规则和条款。"37号法令"第六条提出可制定"家族宪章"选项,宪章明确规定了在家办及其附属公司中任职的股东和家族成员所应具备的最低学历及经验要求。

"37号法令"对股份向非家族成员转让设立了严格的监管措施和操作流程。根据第九条第五款,当单一股东持有95%或以上的具有表决权的股份时,其有责任向其他家族成员股东通知其收购股份的意向。

作为"追赶者"的迪拜立足于中东独特地缘政治和金融市场优势,凭借其优越的地理位置、健全的法律框架和大力度的税收优惠支持,努力建设国际家办的友好营商环境,为其提供定制化和创新的产品和服务。阿联酋为国际企业家提供了高度透明的发展环境和便捷的支持服务,成为值得高度关注的全球财富管理中心。

第六节
中东证券交易所前瞻:扬帆新兴市场

证券交易所的发展对于吸引国内外投资和提升国际竞争力具有重要意义。随着全球经济结构的调整和金融市场的日益开放,中东地区开始寻求经济多元化的途径,资本市场成为其转型的重要方向。2015年以来,中东证券交易所在国际市场上崭露头角,成为全球金融体系中不可忽视的一部分。这将推动中东金融业的发展成熟和区域经济的互联互通,也为国际投资者提供了更多选择。

一、中东主要证券交易所概况

中东证券交易所发展历史可以追溯到20世纪60年代。1967年,德黑兰证券交易所(TSE)成立,标志着中东证券交易所的起步。随后,其他中东国家也相继成立证券交易所,在市场规模、交易品种和国际化程度等方面不断发展。然而,中东地区证券交易所发展总体而言相对缓慢。当地经济主要依赖石油,产业结构单一,企业融资主要通过银行和政府,导致对资本市场的需求不足,也缺乏专业的中介机构支持。此外，当地企业多为国有控股或家族控股，透明度不高，与证券交易所的信息披露要求存在差距。

随着海湾各国经济多元化战略的不断推进，中东地区证券交易所在2014—2023年取得了显著进展。海合会成员国中，阿联酋和卡塔尔2014年首次被纳入摩根士丹利资本国际（MSCI）新兴市场指数，随后沙特和科威特分别于2019年和2020年加入。MSCI新兴市场指数旨在衡量全球新兴市场的股票表现，它包括23个新兴市场的股票，涵盖约850家公司。该指数的目的是帮助投资者了解和跟踪新兴市场的整体表现，以及在新兴市场中进行资产配置。

在MSCI新兴市场指数中，银行业在海合会国家中占据主导地位，成为该区域最重要的行业板块。从公司层面来看，沙特的拉吉哈银行以6.51%的权重位居榜首，紧随其后的是沙特国家银行，权重为4.72%。尽管沙特国家石油公司市值高达2万亿美元，但其在该指数中的权重相对较低，仅为3.22%。这主要是由于其自由流通股市值不高，交易所可供交易的股票数量相对较少，如表4-6所示。

表4-6 MSCI中东前十大指数成分股

名称	国家	市值（亿美元）	权重（%）	行业
沙特拉吉哈银行	沙特	439.0	6.51	金融
沙特国家银行	沙特	318.3	4.72	金融
科威特国民银行	科威特	240.0	3.56	金融
沙特电信公司	沙特	217.6	3.22	通信服务
沙特国家石油公司	沙特	217.2	3.22	能源
科威特金融公司	科威特	203.8	3.02	金融
卡塔尔国家银行	卡塔尔	196.7	2.92	金融
沙特基础工业公司	沙特	187.0	2.77	材料
阿联酋电信	阿联酋	181.7	2.69	通讯服务
阿布扎比第一银行	阿联酋	171.6	2.61	金融
合计		2 377.4	35.23	

来源：MSCI Middle East Index（截至2024年1月31日）

截至2024年初，海合会国家有7个证券交易所是世界证券交易所联合会（WFE）的成员，它们是：沙特证券交易所（Tadawul）、阿布扎比证券交易所（ADX）、迪拜金融市场（DFM）、巴林证券交易所（BB）、卡塔尔证券交易所（QSE）、马斯喀特证券交易所（MSM）、科威特证券交易所（BK），如表4-7所示。

表 4-7 海合会国家证券交易所情况（截至 2023 年末）

名　　　称	创办时间	上市公司数量	总 市 值	代 表 公 司
阿布扎比证券交易所（ADX）	2000 年	88 家	7 000 亿美元	阿布扎比国家能源公司
迪拜金融市场（DFM）	2000 年	超过 70 家	1 873 亿美元	迪拜水电局
沙特证券交易所（Tadawul）	2007 年	231 家	3 万亿美元	沙特国家石油公司
科威特证券交易所（BK）	1983 年	147 家	未披露	科威特电信
巴林证券交易所（BHB）	1987 年	42 家	20 亿美元	巴林铝业
卡塔尔证券交易所（QE）	1995 年	48 家	1 611 亿美元	卡塔尔保险
马斯喀特证券交易所（MSX）	1988 年	110 家	61 亿美元	阿曼铬铁矿

2023 年，海合会国家的 IPO 融资额达 106 亿美元，较 2022 年的 229 亿美元有所下降。该地区共有 47 宗 IPO 进行，与 2022 年的 48 宗相比略有减少。值得注意的是，这些 IPO 中有 62% 选择在沙特证券交易所的平行市场进行上市，显示了沙特市场对于 IPO 的强大吸引力。另外，有 50% 的 IPO 与能源、公用事业和资源行业公司相关，其他 IPO 的公司所在行业主要包括消费、健康和 TMT，如图 4-9、图 4-10 所示。

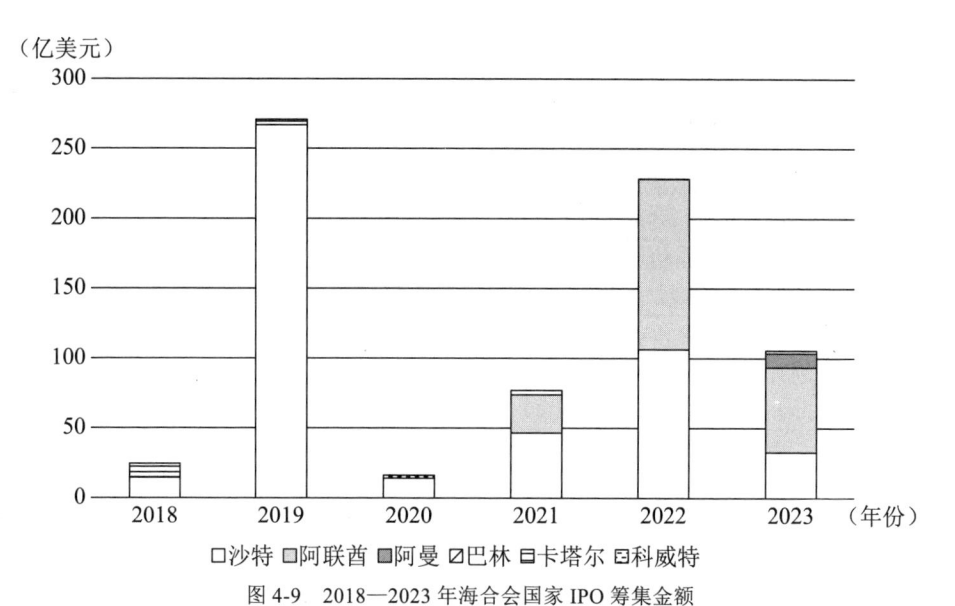

图 4-9　2018—2023 年海合会国家 IPO 筹集金额

来源：PWC

(宗)

图 4-10 2018—2023 年海合会国家 IPO 数量

来源：PWC

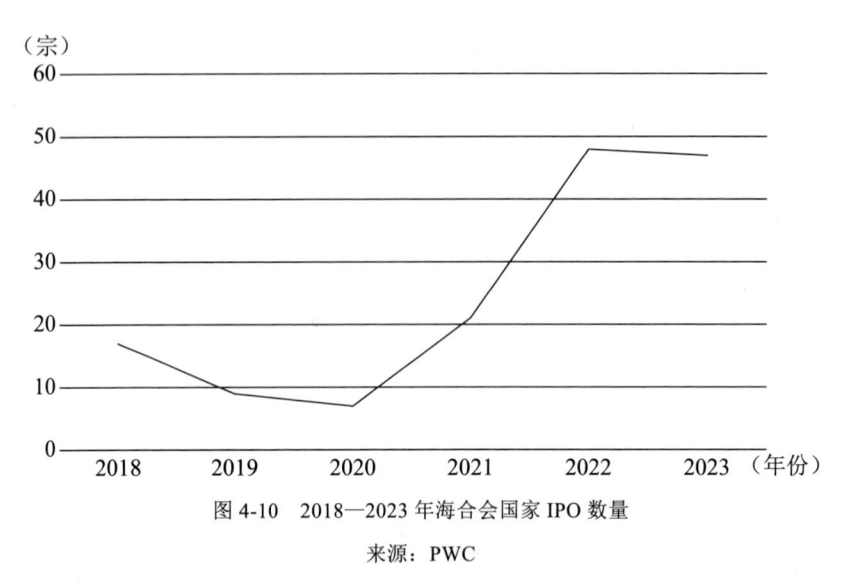

中东证券交易所在 2022 年全球最大 IPO 项目中展现出强劲实力，在前十席中占据三席，成为全球资本市场的重要参与者。其中包括阿联酋的阿布扎比证券交易所（ADX）和迪拜金融市场（DFM），以及沙特证券交易所（Tadawul）。这些交易所的上市活动在当前地缘政治和经济格局重塑进程中，不但对全球资本市场产生了深远影响，也进一步推动了中东地区的经济发展，如表 4-8、表 4-9 所示。

表 4-8 2022 年全球前十大 IPO

排名	公司	证券交易所	融资额（亿美元）
1	LG 新能源（LG Energy Solution）	韩国交易所	100.57
2	保时捷（Dr Ing hc F Porsche AG）	法兰克福交易所	85.06
3	中国移动	上海证券交易所	72.20
4	迪拜电力与水务局（Dubai Electricity & Water Authority）	迪拜金融交易所	56.78
5	中国海油	上海证券交易所	44.85
6	印度人寿保险（Life Insurance Corp of India）	印度国家证券交易所	25.53
7	中国中免	香港交易所	21.95
8	博禄（Borouge PLC）	阿布扎比交易所	18.73
9	美洲餐饮集团（Americana Restaurants International）	沙特证券交易所	18.73
10	天齐锂业	香港交易所	16.10

表 4-9　2023 年海合会五大 IPO

公　　司	交　易　所	定　价　日　期	筹集资金（亿美元）
ADNOC 天然气公司（ADNOC Gas Plc）	阿布扎比证券交易所	2023.03.13	25
Ades 控股有限公司（Ades Holding Co.）	沙特证券交易所	2023.10.13	12
纯健康控股公司（Pure Health Holding PJSC）	阿布扎比证券交易所	2023.12.20	10
OQ 燃气网络公司（OQ Gas Networks）	马斯喀特证券交易所	2023.10.24	8
ADNOC 物流与服务公司（ADNOC Logistics and Services PLC）	阿布扎比证券交易所	2023.06.01	8

在债券发行方面，2023 年海合会国家共计发行了价值 190 亿美元的债券，显示了该区域在固定收益市场的持续活跃和筹资能力，其中 82% 由纳斯达克迪拜（Nasdaq Dubai）发行。此外，海合会国家还在 2023 年发行了 216 亿美元的伊斯兰债券。与传统的商业债券相比，伊斯兰债券具有独特的特征和风险收益特性，也是传统融资的替代方案，并且与 ESG 原则高度兼容。

作为海湾地区最开放的经济体，阿联酋在中东金融市场活动中占据了核心地位，拥有三大交易所：迪拜金融市场（DFM）、阿布扎比证券交易所（ADX）和纳斯达克迪拜（Nasdaq Dubai）。这些交易所虽然同处一国，但各自拥有独立的交易系统和上市标准，形成了多元化的市场格局。其中，迪拜金融市场（DFM）主要服务于本地和区域性公司的股票交易，是阿联酋国内最主要的证券交易平台。纳斯达克迪拜（Nasdaq Dubai）位于迪拜国际金融中心（DIFC），受迪拜金融服务管理局（DFSA）监管，是中东、北非、南亚地区领先的国际交易所，其更注重吸引全球优质企业上市。纳斯达克迪拜交易所为迪拜政府所有，最大股东为迪拜政府机构 Borse Dubai。它还持有美国纽约纳斯达克证券交易所的股权，采用与其相同的市场治理和技术标准，在全球范围内具备了强大的市场影响力和资源整合能力。阿布扎比证券交易所（ADX）则以其深厚的金融背景和广泛的投资者基础，为阿联酋及中东地区公司提供了上市融资机会。三大交易所的协同发展，推动了阿联酋金融市场的繁荣和国际影响力的提升。

沙特证券交易所是中东地区最大规模的证券交易所之一，市值位居榜首。截至 2023 年 9 月底，该交易所上市公司的市值已超过 3 万亿美元。交易所目前有超过200家上市公司，发行股票、债务工具和ETF等不同证券。2019年，沙特阿美在该交易所挂牌上市，一度成为全球市值最高的公司。这一事件不仅巩固了沙特证券交易所（Tadawul）的地位，也进一步推动了沙特乃至整个中东地区的经济发展。

此外，中东地区的地理位置位于欧、亚、非三大洲的交汇之处，具有独特的"时差居中"优势，为全球金融市场提供了更长的交易窗口，填补亚洲、欧洲和美洲市场之间的交易时间空白。这种独特的时区定位使中东地区能够为全球投资者提供不间断的连续交易平台。

二、中东三大主要交易所

中东地区是全球金融市场中的新生力量。其中，迪拜金融交易所（DFM）、阿布扎比交易所（ADX）和沙特证券交易所（Tadawul）是三大最具影响力的交易所。它们对中东地区的经济增长与国际化进程有着显著贡献，作为东西方资本流动的桥梁，吸引了全球投资者的关注。

（一）迪拜金融交易所（DFM）

迪拜金融交易所（DFM）成立于2000年，作为阿联酋证券市场的主要组成部分，不仅涵盖股票交易，还涉及伊斯兰债券、ETF等。监管机构为阿联酋证券和商品管理局（SCA），确保其规范性和透明性。截至2022年底，共有超过70家公司在该交易所上市，上市公司市值达到了5 820亿迪拉姆（折合约1 584.62亿美元）。

迪拜金融交易所（DFM）是阿联酋的主要证券交易平台，包括主板、DMA、创业板和私募市场四大板块，以满足不同公司的融资需求。这四大板块构成了多层次资本市场，旨在为不同行业、规模和地区的各类公司提供上市和融资解决方案。其中，主板服务于规模较大的成熟企业，上市标准和监管要求较高；DMA为希望快速上市的公司提供机会，促进快速融资；创业板关注创新和成长型企业，上市标准灵活；私募市场服务于机构和高净值个人，提供非公开交易平台。

迪拜金融交易所（DFM）董事会由9名成员组成。董事会主席赛义德·阿尔·马里（H. E. Helal Saeed Al Marri）在麦肯锡、毕马威、阿联酋伊玛尔地产等知名机构担任过高管，其他董事会成员也曾在多个重要机构担任高管，包括迪拜政府企业服务部、阿联酋审计协会、阿联酋邮政集团等。管理团队由6名成员组成，他们拥有丰富的经验和专业知识。

2023年3月，迪拜金融市场（DFM）联手迪拜商会和20家顾问机构，正式推出"IPO加速计划"。该计划旨在支持地区企业的业务增长和IPO上市，通过与全球顶尖机构的合作，为企业提供一站式服务及市场知识和经验。此举旨在吸引更多创新和有潜力的企业来迪拜上市，进一步巩固迪拜作为全球商业和金融中心的领先地位。

代表案例：迪拜水电局IPO

迪拜水电局（DEWA）是全球领先的市政服务商，成立于1992年，由已独立运营的迪拜电力公司和迪拜自来水集团合并而成。2022年，DEWA在迪拜金融市场（DFM）首次公开发行32.5亿股股票，占其已发行股本的6.5%，成为第一家在DFM进行IPO的政府实体，跻身2022年全球第四大IPO。在此次发行中，迪拜政府将其持有的部分股份出售，所获得的收益将为迪拜未来的发展提供关键的资金支持，并助力实现2050年净零经济目标。

（二）阿布扎比交易所（ADX）

阿布扎比证券交易所（ADX）成立于2000年，最初名为阿布扎比证券市场（ADSM），2014年正式更名为阿布扎比证券交易所。在阿联酋时任总统哈利法·本·扎耶德·阿勒纳哈扬指导下，阿布扎比修订了相关法律，使阿布扎比证券交易所改制为股份制公司，并由阿布扎比控股公司（ADQ）全资拥有。

阿布扎比证券交易所（ADX）是中东最大的证券交易所之一，它不仅交易股票，还交易政府或公司债券、ETF以及其他经监管机构批准的金融产品，如表4-10所示。

阿布扎比证券交易所（ADX）2019年以来迅速发展，在IPO方面表现尤为抢眼，2022年的IPO融资规模达到约45亿美元，首次进入全球前十大市场之列。截至2023年前三季度，阿布扎比证券交易所（ADX）的IPO融资规模约为38亿美元，位居全球第五。自2023年初至2024年末，阿布扎比证券交易所（ADX）的ETF交易量增长了364%，成为中东和北非地区最活跃和流动性最强的ETF市场。

表4-10 阿布扎比证券交易所上市及披露规例

	第一市场 （First market）	第二市场 （Second market）
股票类型	本地公共股份公司的股票：第一市场的一、二类股票 本地股份公司的股票：二类股票	本地私人股份公司的股票

续表

	第一市场 (First market)	第二市场 (Second market)
二类股票转移至 一类股票	需满足以下条件： a. 在第二类股票中，上市至少 1 个财政年度 b. 净资产不低于实缴资本的 100% c. 公司股东数量不少于 100 名 d. 自由流通股份占股本比例不低于 20% e. 该公司在转让上市日期前的三年内至少有两个财政年度盈利 例外情况： 自由流通股份占股本比例低于 20%，但注册资本不低于 5 亿迪拉姆	不适用
年度转移	公司每年一次可转移类别，需提供截至财政年度的审计财务报表	不适用
本地公众公司首次上市	a. 发售供公众认购的政府公司股份，以及第一类和第二类之间转让的规定，需至少等待两个完整财政年度 b. 符合上市条件转为公众股份的公司股份	不适用

来源：Abu Dhabi Securities Exchange（ADX）Operational Rules Booklet（2022.03）

2023 年以来，阿布扎比证券交易所（ADX）加速国际合作，与全球证券交易所和金融机构建立紧密关系，推动交叉上市等业务：9 月，与纽约梅隆银行宣布了一项全新的合作协议，为跨国公司在阿布扎比证券交易所（ADX）进行双重上市提供全面支持；11 月，与纽约证券交易所（NYSE）签署备忘录，加强在双重上市等领域合作，引入更多创新投资工具、指数和 ETF 产品，并促进可持续发展项目的合作；12 月，与深圳证券交易所签署合作备忘录，与中国资本市场更好对接，吸引中国企业赴阿布扎比上市。

代表案例：Borouge IPO

2022 年 6 月，Borouge 成功上市，成为阿布扎比证券交易所有史以来规模最大的上市交易。这一里程碑式上市也成为 2022 年全球第八大 IPO，募资总额超过 20 亿美元。这一大规模的融资活动吸引了全球各地的投资者，获得了近 42 倍超额认购。作为一家成立于 1998 年的阿联酋化学公司，Borouge 已成为全球领先的聚烯烃解决方案供应商。此次上市无疑成为阿布扎比证券交易所国际影响力的有力证明，有助于进一步推动阿联酋及中东地区的金融发展。

（三）沙特证券交易所（Tadawul）

沙特证券交易所（Tadawul）成立于2007年，是沙特唯一的证券交易所，也是中东地区最大的证券交易所之一。沙特证券交易所（Tadawul）2022年已跻身全球前十大证券交易所之列，由沙特资本市场管理局（CMA）进行监管。截至2022年底，共有223家公司在该交易所上市，覆盖能源、基础设施、通讯、消费等行业。根据国际证券交易所联合会的排名，沙特证券交易所（Tadawul）在新兴股票市场中按市值计算位列第三，仅次于中国和印度。交易所涉及的证券类型广泛，包括股票、伊斯兰债券（Sukuk）、ETF和公募基金等。

自2015年起，沙特证券交易所（Tadawul）允许合格外国投资者通过衍生工具和ETFs对上市公司进行投资。同年，沙特首次允许外国公司在主板进行交叉上市。2019年10月，沙特资本市场管理局（CMA）推出新规，允许外国公司在沙特证券交易所直接上市。外国公司需遵守沙特公司相同的上市、披露和治理要求，确保市场公平、透明和有效。新规还赋予外国投资者直接投资主要市场上市的外国发行人股票的权利，促进资本流动和市场的活跃度。2021年初，修订了证券发行和持续义务的规则，包括上市资格、信息披露、监管框架和投资者保护等，为吸引更多的外国投资提供了有力支持，如表4-11所示。

表4-11 全球各大证券交易所的总市值（截至2023年底）

全球排名	交易所名称	市值（亿美元）
1	纽约泛欧交易所集团（纽约证券交易所、纽约泛欧交易所、纽约泛欧全美证券交易所、纽约泛欧交易所创业板市场、纽约泛欧交易所高增长板市场构成）	315 760
2	纳斯达克证券交易所	306 097
3	泛欧交易所集团（阿姆斯特丹交易所、布鲁塞尔交易所、巴黎交易所构成）	58 361
4	上海证券交易所	71 863
5	日本交易所集团（东京证券交易所、大阪交易所、东京商品交易所构成）	63 107
6	印度国家证券交易所	51 314
7	深圳证券交易所	45 287

续表

全球排名	交易所名称	市值（亿美元）
8	香港交易所	45 497
9	伦敦证券交易所集团	30 583
10	多伦多证券交易所集团（多伦多证券交易所、加拿大蒙特利尔交易所、多伦多证券交易所创业板、蒙特利尔气候交易所构成）	33 654
11	沙特证券交易所	27 270

来源：全球证券交易所联会、彭博资讯

1. 上市条件

沙特证券交易所（Tadawul）上市条件包括满足特定的公司形式、资本和治理要求，聘请沙特财务顾问，准备招股说明书，遵循公开招股或私募配售股票的规则，以及遵守交易和监管规定等。具体要求如表4-12所示。

表4-12 沙特证券交易所上市条件

上市要求	主板市场	平行市场
市值要求	至少3亿沙特里亚尔（约合79.88万美元）	至少1 000万沙特里亚尔（约合2.66万美元）
资金要求	拥有12个月的足够营运资金	—
股价要求	无最低交易价格要求	—
分配	公众持有的发行股本不少于总发行股本的30%；至少有200名公共股东	公众持有的发行股本不少于总发行股本的20%，或公众持有的股票市值不低于3亿沙特里亚尔（约合79.88万美元），以较小者为准；至少有50名公共股东
经营历史	三年经营历史	一年经营历史
管理连续性	三年管理连续性	一年管理连续性
会计准则	符合沙特注册会计师组织规定	符合沙特注册会计师组织规定
财务报表要求	涵盖申请前三年期间	涵盖申请前最后一年
资本变动/重组要求	经历重大重组或进行外部融资的发行人，必须至少经历一个完整财年后方可申请	—

来源：沙特证券交易所网址、Baker McKenzie. (2022). Cross-Border Listings Guide

2. 代表案例

（1）沙特阿美 IPO

沙特阿美创立于 1933 年，是世界最大的石油公司。2019 年 12 月成功在沙特证券交易所（Tadawul）上市，筹集了约 256 亿美元资金。这一数字刷新了 2010 年以来 IPO 的募资规模纪录，超过 2014 年阿里巴巴纽约上市创下的 250 亿美元的融资高点，使其一跃成为全球市值最高的公司。沙特阿美 2024 年 1 月市值高达 2.13 万亿美元。

（2）阿美利加餐饮 IPO

2022 年，阿美利加餐饮集团（Americana Restaurants International，简称"阿美利加"）是当年全球第九大 IPO，选择在沙特证券交易所和阿布扎比证券交易所同时上市，成功筹集了 18 亿美元。阿美利加餐饮是中东规模最大的餐厅运营商之一，经营着包括肯德基、必胜客等在内的多个全球知名品牌。阿美利加餐饮此前曾在科威特证券交易所上市，于 2017 年退市。此次在沙特证券交易所重新上市，无疑是对沙特资本市场的高度认可和信任。

三、中国机遇

2023 年以来，我国各大证券交易所积极寻求与中东地区的合作。2023 年 2 月香港交易所、9 月上海证券交易所、12 月深圳证券交易所相继与沙特证券交易所（Tadawul）签署合作备忘录，11 月上海证券交易所与迪拜金融交易所（DFM）签署合作备忘录，12 月深圳证券交易所与阿布扎比证券交易所（ADX）签署合作备忘录。香港交易所宣布将沙特证券交易所纳入认可证券交易所名单，于沙特交易所上市的公司可申请在港二次上市。

这些积极行动标志着中国与中东地区在资本市场领域的合作迈向了新阶段，不仅有利于推动指数、基金、REITs 等产品合作，探索 ETF 互通、上市公司交叉上市，还将有助于共建中沙跨境资本服务机制，促进双方跨境投资，拓展金融科技、ESG、数据交换等领域的合作机遇。

中东市场监管框架逐步完善，该地区的初创生态系统正迅速崛起，且竞争压力相对较小，为投资者提供了丰富的商业机会。除了资金支持外，中东地区还拥有迅速的自上而下的决策机制。尽管中东初创企业相对处于早期阶段，但发展速度十分迅猛。一旦某家公司或行业在当地获得认可，便能够迅速获得有力支持。这一特点使得中东在全球初创生态系统中占据着越来越重要的地位。随着中东地区经济的快速发展和数字化转型的加速，越来越多的投资者和企业开始认识到该地区的巨大潜力和宝贵机会。

中东资本市场对我国而言是一个巨大的增量市场，以沙特、阿联酋为代表的海湾国家经济转型计划衍生出大量的融资需求。随着"一带一路"倡议的推进以及 2024 年伊始阿联酋和沙特正式被纳入金砖国家，新兴经济体之间的交流将进一步加深，中阿双边资本市场的合作也会进入更多实质性阶段。通过加强国际合作、推动金融科技创新、强化监管和市场规范等措施，中东地区的证券交易所在未来将发挥更大潜能。

参考文献

一、外文参考文献

1. Porter，M.E.（1986）. Competition in Global Industries. Boston：Harvard Business School Press.
2. Sheffi，Y.（2005）. The resilient enterprise：Overcoming vulnerability for competitive advantage. MIT Press.
3. Fabozzi，F. J.，& Mann，S. V.（2012）. The Handbook of Fixed Income Securities. McGraw-Hill Education.
4. Hofstede，G.（2001）. Culture's consequences：Comparing values，behaviors，institutions，and organizations across nations.Thousand Oaks，CA：Sage Publications.
5. Khalid M. Kanoo.（1997）. The House of Kanoo：a century of an Arabian family business. London：London Centre of Arab Studies. pp. 3-30. OCLC 3997399.
6. Allen J.Fromherz，Qatar：A Modern History（Washington：Georgetown University Press，2012），pp.47-73.
7. Tim Niblock and Monica Malik，The Political Economy of Saudi Arabia，pp.49-50.
8. Alexander，N.（1999）. Saudi Arabia：Country study guide（p. 77）. Washington，D.C.：International Business Publications.
9. Brad Setser，Rachel Ziemba，Understanding the New Financial Superpower-the Management of GCC Official Foreign Assets，Council on Foreign Relations，RGE Monitor，December 2007.
10. Nimrod Raphaeli and Bianca Gersten，Sovereign Wealth Funds：

Investment Vehicles for the Persian Gulf Countries, Middle East Quarterly, Spring 2008, p.46.

11. Wisniewski P. Sovereign Wealth Funds' (SWFs') social media strategies[C]. European Conference on Social Media. 2023, 10 (1): 353-363.

12. El-Kharouf F, Al-Qudsi S, Obeid S. The Gulf corporation council sovereign wealth funds: are they instruments for economic diversification or political tools?[J]. Asian Economic Papers, 2010, 9 (1): 124-151.

13. Blundell-Wignall, A., Y. Hu and J. Yermo (2008), Sovereign Wealth and Pension Fund Issues, OECD Working Papers on Insurance and Private Pensions, No.14, OECD Publishing. Doi: 10.1787/243287223503.

14. Granovetter, M. (1985). Economic action and social structure: The problem of embeddedness. *American Journal of Sociology*, 91 (3), 481-510.

15. Cantor, R., & Packer, F. (1994). The credit rating industry. Federal Reserve Bank of New York Quarterly Review, 19 (2), 1-26.

16. Cole, P. (1981). Bedouin and social change in Saudi Arabia. Journal of Asia and African Studies, 16 (4), 134.

17. Nurunnabi, M. (2017). Transformation from an oil-based economy to a knowledge-based economy in Saudi Arabia: The direction of Saudi Vision 2030. Journal of the Knowledge Economy, 8 (2), 536-564.

18. Brass, D. J. (2022). New developments in social network analysis. Annual Review of Organizational Psychology and Organizational Behavior, 9, 225-246.

19. Dyer, W.G., & Whetten, D.A. (2006). Family firms and social responsibility: Preliminary evidence from the S&P 500. *Entrepreneurship Theory and Practice*, 30 (6), 785-802.

20. Diwan, K. (2009) Sovereign Dilemmas: Saudi Arabia and Sovereign Wealth Funds, Geopolitics, 14 (2), 345-359.

21. Lin, Changle. Integrated Asset Allocation Strategies: Application to Institutional Investors. (2016).

22. The Investment Strategies of Sovereign Wealth Funds, 2015, Abdulaziz Alosaimi.

23. IMF, Sovereign Wealth Funds-A Work Agenda. Prepared by the Monetary and Capital Markets and Policy Development and Review Departments. Approved

by Mark Allen and Jaime Caruana. February 29, 2008.

24. Al-Hassan, A., Papaioannou, M., Skancke, M., Sung, C.Sovereign wealth funds: aspects of governance structures and investment management. IMF Working Paper (2013).

25. Hertog, S. (2010). Princes, brokers, and bureaucrats: Oil and the state in Saudi Arabia (p. 109). Ithaca, NY: Cornell University Press.

26. Niblock, T., & Malik, M. (n.d.). Political economy of Saudi Arabia (pp. 49-50).

27. Tim Niblock and Monica Malik, The Political Economy of Saudi Arabia, London and New York: Routledge, 2007, p.14.

28. Changle Lin, Integrated Asset Allocation Strategies: Application to Institutional Investors, Princeton University, 2016.

29. Dyck, A., & Morse, A. (2011). Sovereign Wealth Fund Portfolios. Chicago Booth Research Paper No. 11-02.

30. Khalid A. Alsweilem, Angela Cummine, Malan Rietveld, Katherine Tweedie, A comparative study of sovereign investor models: Sovereign fund profiles, The Center for International Development Harvard Kennedy School and The Belfer Center for Science and International Affairs Harvard Kennedy School, p8.

31. Fahad Nazer, Will US-Saudi 'Special Relationship' Last? Al-Monitor, April 8, 2016.

32. Tim Niblock and Monica Malik, The Political Economy of Saudi Arabia, London and New York: Routledge, 2007, p.14.

33. IFSWF, Partnering for Success: Sovereign Wealth Fund Investments in Private Markets, 2021.

34. QIA Reivew 2016. P14.

35. Global SWF, SWF annual report 2022.

36. Energy Institute Statistical Review of World Energy 2023.

37. IMF Regional Economic Outlook: Middle East and Central Asia, 2022.4.

38. Invest in Spain, IE Business School. (2022). 2021 Sovereign Wealth Funds Report.

39. Deutsche, D. (2020). 2020 Middle East Family Office Survey.

40. PricewaterhouseCoopers. (2016). Middle East Family Business Report.

41. PricewaterhouseCoopers.（2019）. Middle East Family Business Report.

42. PricewaterhouseCoopers.（2021）. Middle East Family Business Report.

43. Deutsche.（2020）. Middle East Family Office Report.

44. KPMG International.（2023）. Global family office compensation benchmarkreport.

45. International Working Group of Sovereign Wealth Funds. Sovereign Wealth Funds Generally Accepted Principles and Practice.

46. Fahad Nazer，Will US-Saudi 'Special Relationship' Last? Al-Monitor，April 8，2016.

47. "Qatar"，U.S. Energy Information Administration，January 30，2013.

48. Qatar National Vision 2030. General Secretariat for Development Planning. p2.

49. Zahlan，The Creation of Qatar，p.24.

50. Crystal，Oil and Politics，p.114.

51. Economy Middle East. ETF trading on Abu Dhabi Securities Exchange hits $1.2 billion [N/OL]. 2023-11-15.

52. Abu Dhabi Securities Exchange（ADX）Operational Rules Booklet（2022.03）.

53. Stephanie Flanders et al.，Saudi Crown Prince Discusses Trump，Aramco，Arrests，Bloomberg，5 October 2018.

54. 2022 Annual Report "State-Owned Investors 3.0".

55. Mubadala Direct Investments Platform - 2021 Achievements.

二、中文参考文献（含译文、译著）

1. 姜英梅. 中东金融体系发展研究：国际政治经济学的视角 [M]. 北京：中国社会科学出版社，2011.

2. 高波. 海合会国家金融制度 [M]. 北京：中国金融出版社，2017.

3. 黄振. 列国志：阿拉伯联合酋长国 [M]. 北京：社会科学文献出版社，2015.

4. 克里斯托弗·M. 戴维森. 迪拜：脆弱的成功 [M]. 北京：社会科学文献出版社，2014：107.

5. 大卫·F. 史文森. 机构投资的创新之路 [M]. 北京：中国人民大学出版社，2021.

6. 喻海燕. 中国主权财富基金投资与风险管理研究 [M]. 北京：中国金融出版社，2019.

7. 冯璐璐，惠庆. 中东地区经济发展模式与比较 [M]. 银川：宁夏人民出版社，2016.

8. 张红霞. 主权财富基金外国投资偏好研究 [M]. 北京：中国社会科学出版社，2020.

9. 戴利研. 全球视野下的主权财富基金 [M]. 北京：经济管理出版社，2017.

10. 朱伟林，李江海，崔旱云. 全球构造演化与含油气盆地（代总论）[M]. 北京：科学出版社，2014.

11. 马文彦，保罗·唐斯. 价值捕手——主权基金如何重塑数字经济的投资模式 [M]. 北京：中信出版集团，2022.

12. 埃伦·R. 沃尔德；尚晓蕾译. 沙特公司：沙特的崛起与沙特阿美石油的上市之路 [M]. 北京：中信出版社，2019.

13. Thomas Zellweger，高皓. 家族企业管理：理论与实践 [M]. 北京：清华大学出版社，2021.

14. 仝菲. 阿拉伯联合酋长国现代化进程研究 [M]. 北京：社会科学文献出版社，2013.

15. 黄振. 列国志：阿拉伯联合酋长国 [M]. 北京：社会科学文献出版社，2014.

16. 曼弗雷德·凯茨·德·弗里斯. 沙发上的家族企业 [M]. 北京：东方出版社，2013.

17. 谢赫·穆罕默德·本·拉希德·阿勒马克图姆. 我的构想 [M]. 北京：外语教学与研究出版社，2007.

18. 叶楠. 新常态下主权财富基金的投资战略研究 [M]. 武汉：武汉大学出版社：2015.

19. 谢平，陈超. 谁在管理国家财富 [M]. 北京：中信出版社，2010.

20. 郭雳. 主权财富基金的监管因应与治理改革 [M]. 北京：北京大学出版社，2019.

21. 李光斌，梁燕玲. 列国志：卡塔尔 [M]. 北京：社会科学文献出版社，2019.

22. 杨力. 中东地区主权财富基金研究报告 [M]. 上海：上海人民出版社，2015.

23. 黄振. 列国志：阿拉伯联合酋长国 [M]. 北京：社会科学文献出版社，2016.

24. 埃伦·R. 沃尔德. 沙特公司——沙特阿拉伯的崛起与沙特阿美石油的上市之路 [M]. 北京：中信出版社，2019.

25. 高波. 海合会国家金融制度 [M]. 北京：中国金融出版社，2017.

26. 谢平，陈超. 论主权财富基金的理论逻辑 [J]. 经济研究，2009，44（2）：4-17.

27. 张瑾. 中东地区主权财富基金的透明度 [J]. 阿拉伯世界研究，2015，（1）：92-105.

28. 刘禹，董洋. 主权财富基金的公私属性与投资者地位 [J]. 北方经贸，2021，（6）：78-80.

29. 姜英梅. 海湾国家石油美元投资模式 [J]. 阿拉伯世界研究，2013，（1）：10-22.

30. 孙冰. 卡塔尔，"首富"是怎样炼成的？ [J]. 中国经济周刊，2010，（39）：60-61.

31. 益言. 主权财富基金：发展、治理与投资策略 [J]. 中国金融，2009，（11）：46-48.

32. 杨力，虞玲. 中国与中东主权财富基金合作探析 [J]. 国际展望，2018（10）.

33. 罗兰·贝格管理咨询公司. 阿拉伯式的家族管理 [J]. 中外管理，2010，（8）：64-65.

34. 杨力. 中东主权财富基金发展的原因、影响及其对策 [J]. 阿拉伯世界研究，2015，（3）：4-16.

35. 鲁少军. 论主权财富基金信息披露法律规制及对中投公司的借鉴意义 [J]. 上海金融，2010，（1）：64-67.

36. 高皓，刘中兴，叶嘉伟. FO光谱模型：定位你的家族办公室 [J]. 新财富，2014（6）：110-117.

37. 虞玲. 中东主权财富基金的国际政治经济影响 [J]. 阿拉伯世界研究，2015，（3）：17-30.

38. 马雨彤. 科威特石油工业发展述略 [J]. 西安石油大学学报（社会科学版），2019，28（2）：57-62.

39. 张瑾. 海合会国家主权财富基金的发展及其影响 [J]. 阿拉伯世界研究，

2010，（1）：21-28.

40. 喻海燕，田英．中国主权财富基金投资——基于全球资产配置视角 [J]．国际金融研究，2012，（11）：47-54.

41. 宋微．开展"一带一路"主权财富基金合作的实施路径分析 [J]．国际贸易，2019，（4）：28-33.

42. 姜英梅．卡塔尔经济发展战略与"一带一路"建设 [J]．阿拉伯世界研究，2016（6）：35-47.

43. 谢平，陈超，柳子君．主权财富基金、宏观经济政策协调与金融稳定 [J]．金融研究，2009，（2）：1-16.

44. 张瑾．卡塔尔主权财富基金与"一带一路"战略下的中卡金融合作 [J]．上海师范大学学报（哲学社会科学版），2016，45（4）：56-66.

45. 罗婷．定居政策对沙特贝都因人的影响——基于"游牧—定居"连续统视角 [J]．西部学刊，2024，（08）：136-139.

46. 陈琪，段九州．埃及政商关系演变的原因和影响（1974-2011）[J]．清华大学学报（哲学社会科学版），2018，33（5）．

47. 郭栋．绿色主权债券："碳中和"驱动的债券创新与债务治理 [J]．中国货币市场，2022，（01）：62-66.

48. 陆怡玮．萨勒曼执政以来的沙特经济改革述评 [J]．阿拉伯世界研究，2020，（4）：76-98.

49. 孟德会．荣氏家族企业社会网络的构建与传承探究 [J]．中国市场，2020，（11）：200-202.

50. Angel．古埃及的黄金之城（下）"黄金之战"[J]．中国黄金珠宝，2013（18）：46-48.

51. 陈小迁．海湾君主制国家现代国家治理多维研究 [D]．西安：西北大学，2019.

52. 佟伶．海合会国家主权财富基金投资模式研究与借鉴 [D]．北京：对外经济贸易大学，2015.

53. 沈捷妮．中东主权财富基金对美元地位的影响研究上海 [D]．上海：上海外国语大学，2014.

54. 寒江．巴林：珍珠之路穿越千年 [N]．环球时报，2024-02-08（9）．

55. 兴业证券．解密阿布扎比投资局管理投资之道：海外资金深度研究三 [R]．2019.

56. 赵甜甜，范鑫欣．财新．中东资本在 A 股与港股如何布局？[EB/OL]．

（2024-10-05）[2024-10-16].

57. 驻阿拉伯联合酋长国大使馆经济商务处. 阿布扎比证券市场转型为股份制公司[N/OL]. 2020-04-01[2024-10-15].

58. 张志强，王珂英，王克. 碳达峰、碳中和的经济学解读[N]. 人民网，2021-06-22[2024-10-15].

59. 商务部国际贸易经济合作研究院等. 对外投资合作国别（地区）指南-阿联酋[EB/OL].（2021年版）[2024-11-27]. www.mofcom.gov.cn.

60. 大公低碳科技（北京）有限公司.（2021）. 2021年中国境内绿色债券市场运行报告[EB/OL].（2022-09-01）[2023-11-30].

61. 埃伦·R.沃尔德. 沙特公司——沙特阿拉伯的崛起与沙特阿美石油的上市之路[M]. 中信出版社，2019.

62. 陈小迁. 海湾君主制国家现代国家治理多维研究[D]. 西北大学，2019.

本书数据来源